九州大学
人文学叢書
15

12-13世紀における
ポンティウ伯の
中規模領邦統治

大浜聖香子

九州大学出版会

目　次

序　章　中世フランスの国家と社会——中規模領邦をめぐって——………… *1*
　第1節　中世フランス領邦をめぐる研究　*1*
　第2節　中規模領邦という視点——ニウスのサン＝ポル伯研究——　*8*
　第3節　本論の課題　*13*
　　1．問題の所在
　　2．史料：ブリュネル編『ポンティウ伯文書集』
　　3．ポンティウ伯家の展開
　　4．ポンティウ伯領の概観
　　5．本論の構成と方法論

第1章　ポンティウ伯文書と文書局——伯の文書行政——………………*27*
　はじめに　*27*
　第1節　ポンティウ伯文書の概観——形式，内容，受益者——　*29*
　　1．伯文書の類型
　　2．伯文書の内容と受益者
　第2節　ポンティウ伯文書の文書形式学的検討　*36*
　　1．伯文書の文書形式
　　2．文書局作成文書の判別
　第3節　ポンティウ伯文書局と文書局構成員　*52*
　　1．伯の聖職者による伯文書作成の始まり
　　2．Datum per manum N 書式
　　3．伯側近の聖職者たち
　　4．印章管理職の世襲
　おわりに　*61*

第 2 章　ポンティウ伯の統治と側近たち……………………………………63
はじめに　*63*
第 1 節　検討対象に関して——文書証人欄に登場する人間たち——　*64*
第 2 節　伯の親族　*65*
第 3 節　伯の宮廷側近——伯の助言者たち——　*68*
　1．俗人領主
　2．法行為当事者としての俗人領主
第 4 節　伯の宮廷役人セネシャル　*81*
第 5 節　伯の地方役人バイイ　*84*
おわりに　*85*

第 3 章　ポンティウ伯権力と所有——ポンティウ伯の dominium——………*89*
はじめに　*89*
第 1 節　伯の領主的諸権利の変遷　*91*
　1．11 世紀のポンティウ伯の領主的諸権利
　2．伯権力の発展期（12-13 世紀初期）におけるポンティウ伯の領主的諸権利
　3．13 世紀以降のポンティウ伯の領主的諸権利——諸権利としての現金——
第 2 節　伯の諸権利を構成するもの——諸権利の管理と経営——　*101*
　1．ラントとして現れる諸権利と伯領で通用する単位
　2．伯領の特殊立地に由来する諸権利の管理
第 3 節　ポンティウ伯の「君主的諸権利」　*105*
　1．公的空間の支配
　2．造幣と流通
おわりに　*115*

第 4 章　ポンティウ伯の上級裁判権……………………………………*117*
はじめに　*117*
第 1 節　12-13 世紀初期におけるポンティウ伯の上級裁判権の始まりと
　　　　その早熟性　*119*
第 2 節　13 世紀ポンティウ伯による上級裁判権の掌握と統治活動への
　　　　活用　*124*

1.　マリとジャンヌの時代のポンティウ伯の上級裁判権
　　2.　伯が上級裁判権を手放す事例
　　3.　ポンティウ伯領における伯以外の上級裁判権保持者
　第3節　ポンティウ伯領における上級裁判権の対象犯罪　*133*
　　1.　ポンティウ伯の上級裁判権の対象
　　2.　伯以外の上級裁判権保持者の対象
　おわりに　*136*

第5章　ポンティウ伯とコミューン ……………………………………… *139*
　はじめに　*139*
　第1節　ポンティウ伯領におけるコミューン文書発給状況概観　*142*
　　1.　ポンティウ伯領におけるコミューンとその文書
　　2.　アブヴィルとアミアン——伯領の中心とさらなる上位都市——
　第2節　アブヴィル文書に見る伯と都市関係　*149*
　　1.　コミューンに保証された一定の自治
　　2.　コミューンと伯役人ヴィコントの協力
　　3.　伯のコミューンに関する権利
　　4.　伯のコミューン政策
　第3節　伯の広域的なコミューン政策——在地領主のコミューン——　*160*
　　1.　ワヴァンの事例——俗人領主配下のコミューンと伯の介入——
　　2.　サン゠ジョスの事例——修道院領主，伯，コミューンの権利関係の錯綜——
　　3.　マルカンテルの事例——伯領外の状況が領内の権力関係に及ぼす影響——
　おわりに　*166*

結　論 ………………………………………………………………………… *169*

　参考史料・文献　*179*
　付録　ポンティウ伯文書一覧　*195*
　あとがき　*217*
　人名索引　*221*
　地名索引　*225*
　事項索引　*230*

略号表

CCP:FOSSIER, R., éd., *Chartes de Coutume en Picardie (XIe-XIIIe siècles)*, Paris, 1974.

RAPA : DELABORDE, H. -F., PETIT-DUTAILLIS, Ch., BOUSSARD, J. et NORTIER, M. éds., *Recueil des actes de Philippe Auguste*, 5 vols., Paris, 1916-2004.

RACP : BRUNEL, C. F., éd., *Recueil des actes des comtes de Pontieu (1026-1279)*, Paris., 1930.

序　章
中世フランスの国家と社会
――中規模領邦をめぐって――

第 1 節　中世フランス領邦をめぐる研究

　中世フランスの領邦研究は 19 世紀から行われてきた。19 世紀の国家史研究は，A. リュシェールの王権研究に代表されるように[1]，近代国家への発展を展望しながら統治制度の枠組みに関心を集中させるとともに，フランス王と大諸侯との関係に最大の関心を置くものであったが，領邦についてもその延長線上にあったと考えられる[2]。20 世紀に入ると，19 世紀の静的な領邦研究への批判から，領邦内部の実態と機能への関心が生じ，同時に，長期にわたる中世のコンテクストの中で，初期・盛期・末期の各時代における歴史的展開の中に位置づける試みが始まった。

　中世初期に関しては，ベルギー人研究者の J. ドーントが，カロリング体制が崩壊し，王権が弱体化したのち，領邦が公権力の受け皿となる過程を追跡した研究が，依然として古典的な地位を占めている[3]。

　中世盛期には，公権力が城主・領主層にまで細分化するが，このような政

---

1) LUCHAIRE, A., *Histoire des Institutions monarchiques de la France sous les premiers capétiens （987-1180）*, Paris, 1891 ; id., *Les premiers capétiens, 987-1137*, Paris, 1901.
2) F. ロット，R. フォティエ編の制度史概説の一巻である『領主的諸制度』は，実態は領邦概説であり，1957 年の出版とはいえ，このような 19 世紀的視点に貫かれている。LOT, F. et FAWTIER, R., éds., *Histoire des institutions fraçaises au Moyen Age*, t. I. *Institutions seigneuriales*, Paris, 1957.
3) DHONDT, J., *Études sur la naissance des principautés territoriales en France*, Bruges, 1948.

治的分権状況の克服過程において，パグスとの連続性を持たない新たな領邦が，広域的諸権力へと成長する。この時代を対象とするフランスの領邦研究は数少ないが，1950年代のJ. リシャールによるブルゴーニュ公領研究を始めとして，主に1970年代に行われた。O. ギヨのアンジュー伯領の政治制度史研究，M. ビュールのシャンパーニュ伯領研究，またドイツのラント研究の影響を受けた，M. パリスの辺境地帯ロレーヌの研究がその代表的成果である[4]。

中世末期については，王家の親族に与えられる親王領としての領邦が問題の要として現れる。親王領は，中世末期の政治史においては，特にシャルル6世期に，王弟たちの独自の行動が王権を麻痺に至らしめた経緯から，王権確立の阻害要因として，伝統的には消極的否定的な評価が付されてきた[5]。

20世紀末になると，中世末期国家史研究に新たな視角が生じる[6]。この動きを率いたのは，B. グネとその周囲に集う一群の歴史家たちであったが，そこでは従来の国家史研究につきまとっていた「発展史観」からの脱却が顕著である[7]。たとえば，王権の絶対王政へ至る集権化成功物語としての発展史観によって，消極的評価を付されてきた中世末期の親王領領邦を，王権成

---

4) RICHARD, J., *Les ducs de Bourgogne et la formation du duché*, Paris, 1954 ; GUILLOT, O., *Le comte d'Anjou et son entourage,* Paris, 1972 ; PARISSE, M., *La noblesse lorraine*, Nancy, 1976 ; Bur, M., *La formation du comté de Champagne*, Nancy, 1977. 領邦という観点においては，フランス王権もまた，王領地を基盤とする一領邦君主として理解されうる。この視点に関しては，日本人研究者下野義朗氏が一連の研究を著している。下野義朗「9，10世紀フランスにおける政治体制の変換（カロリング王朝の衰退：領域大諸侯支配権の形成）」『西洋中世社会成立期の研究』創文社，1992年。

5) Cf. LACOUR, R., *Le Gouvernement de l'apanage de Jean, duc de Berry, 1360-1416*, Paris, 1934. 古典的な見解については，以下の文献を参照。LOT, F. et FAWTIER, R., éds., *Histoire des institutions françaises au Moyen Age,* t. II. *Institutions royales（les droits du Roi exercés par le Roi）*, Paris, 1958, pp. 122-139（Démenbrement du domaine : Apanage）.

6) ここ四半世紀ほどの中世フランスの政治・国制史研究動向については，以下の文献を参照。AUTRAND, F., BARTHELEMY, D. et CONTAMINE, Ph., L'espace français : histoire politique du début du XIe à la fin du XVe siècle, dans BALARD, M., éd., *L'Histoire médiévale en France. Bilan et perspectives*, Paris, 1991, pp. 101-125.

7) GUENÉE, B., Espace et État dans la France du Bas Moyen Âge, dans *Annales : Économie, Société, Civilisation*, no. 4, 1968, pp. 744-758.

序　章　中世フランスの国家と社会

長の障害としてではなく，この時期の広域的諸権力再編の研究の中に位置づけることが試みられる。王権と王国の上位権力としての存在を前提とした上で，各領邦を，自身の活動のために王権や王国を必要とし，各々が王権に類似もしくは独自の統治制度を有する「諸侯国家」と捉えるのである[8]。そこでは，王権が領邦を吸収していくのではなく，両者の共生関係が重要視されており[9]，各領邦についての代表的研究は，研究の方法や対象は異なるものの，いずれもそのような見方にたっている（B. シュネルプのブルゴーニュ公領低地地方研究，J. ケレルヴェのブルターニュ公領の家産相続の過程および郷土意識発祥の研究，A. ルゲのブルボン公領の財政と対王権関係の研究など[10]）。

---

8) LEGUAI, A., Royauté et principauté en France aux XIVe et XVe siècles : l'évolution de leurs rapports au cours de la guerre de Cent Ans, dans *Le Moyen Âge*, 5 série, 102, 1995, pp. 121-135.

9) CONTAMINE, Ph. et MATTÉONI, O., éds., *La France des principautés : Les Chambre des comptes XIVe et XVe siècles*（*Colloque tenu aux Archives départementales de l'Allier, à Moulins-Yzeure, les 6, 7 et 8 avril 1995*），Paris, 1996. 日本学界においても，「諸侯国家」と王権の関連について扱い，王国における「諸侯国家」の位置づけを問う研究が佐藤猛氏や上田耕造氏によって著されている。佐藤猛『百年戦争期フランス国制史研究――王権・諸侯国・高等法院――』北海道大学出版会，2012 年；上田耕造『ブルボン公とフランス国王――中世後期フランスにおける諸侯と王権――』晃洋書房，2014 年。

10) LEGUAI, A., *Les ducs de Bourbon pendant la crise monarchique du XVe siècle : contribution à l'étude des apanages*, Paris, 1962 ; KERHERVÉ, J., *L'État breton aux XIVe et XVe siècles : les ducs, l'argent et les hommes*, Paris, 1987 ; SCHNERB, B., *L'État Bourguignon : 1363-1477*, Paris, 1999. なお日本学界においても，研究動向の理解を同じくする「ブルゴーニュ国家研究会」によって，活発な研究が行われている。畑奈保美「1477 年マリー・ド・ブルゴーニュの「大特権」――低地の自立主義と「ブルゴーニュ国家」をめぐって」『歴史』東北史学会，第 94 号，2000 年，1-31 頁；中堀博司「中世後期ブルゴーニュ伯直営製塩所グランド＝ソヌリの管理体制：ブルゴーニュ公国形成との関連において」『史學雜誌』第 110 巻，第 8 号，2001 年，1527-1555 頁；花田洋一郎『フランス中世都市制度と都市住民――シャンパーニュの都市プロヴァンを中心にして――』九州大学出版会，2002 年；金尾健美「ヴァロワ家ブルゴーニュ公フィリップ・ル・ボンの財政」『川村学園女子大学研究紀要』第 17－22 号，2006－2011 年；小山啓子『フランス・ルネサンス王政と都市社会――リヨンを中心として――』九州大学出版会，2006 年；藤井美男『ブルゴーニュ国家とブリュッセル：財政をめぐる形成期近代国家と中世都市』ミネルヴァ書房，2007 年；藤井美男編，ブルゴーニュ公国史研究会著『ブルゴーニュ国家の形成と変容――権力・制度・文化――』九州大学出版会，2016 年。

方法論の面でも，20世紀末には多くの革新がみられた。なかでも，諸制度の具体的機能への関心が高まるなか，近代的価値観を前提とする「官僚制度」の進展度の評価などに代わって，制度の社会史としてのプロソポグラフィー研究が一世を風靡した[11]。そこでは，広域支配を行う権力体を，政治的影響力を有する諸権力や政治性を有する諸社会集団の集合体と見なし，それらが君主の周囲に集合し，組み合わさった有機体と捉え，それらの機能の具体相を研究する前提として，社会集団の集合的プロフィールが描かれる。

　こうした一連の中世フランス政治史の問題関心や方法論の変容に伴って，注目すべき研究プロジェクトが行われた。1984年にJ.-Ph. ジュネを総責任者として開始された「近代国家の生成」プロジェクトがそれである[12]。こ

---

11) AUTRAND, F., éd., *Prosopographie et genèse de l'Etat moderne. Actes de la table ronde organisée par le C.N.R.S. et l'Ecole Normale Supérieure de jeunes filles, Paris, 22-23 octobre 1984*, Paris, 1986. 代表的な個別研究としては，F. オトランの高等法院評定官，H. ミレのラン司教座参事会員研究が有名であるが，彼らのリーダー，B. グネの学位論文が同様の問題関心をすでに含んでいた。GUENÉE, B., *Tribunaux et gens de justice dans le Bailliage de Senlis à la fin du moyen âge（vers 1380-vers 1550）*, Strasbourg, 1963 ; AUTRAND, F., *Naissance d'un grand corps de l'État : les gens du Parlement de Paris, 1345-1454*, Paris, 1981 ; MILLET, H., *Les chanoines du Chapitre cathédral de Laon, 1272-1412*, Rome, 1982.

12) Cf. éd., *Culture et idéologie dans la genèse de l'Etat moderne. Actes de la table ronde organisée par le C.N.R.S. et l'Ecole française de Rome, Rome, 15-17 octobre 1984*, Rome, 1985 ; AUTRAND, F., éd., *Prosopographie et genèse de l'Etat moderne. Actes de la table ronde organisée par le C.N.R.S. et l'Ecole Normale Supérieure de jeunes filles, Paris, 22-23 octobre 1984*, Paris, 1986 ; GENET, J.-Ph. et VINCENT, B., éds., *Etat et Eglise dans la genèse de l'Etat moderne. Actes du colloque organisé par le C.N.R.S. et la Casa de Velázquez, Madrid, 30 novembre et 1er décembre 1984*, Madrid, 1986 ; GENET, J.-Ph., éd., *L'Etat moderne: Genèse. Bilans et perspectives. Actes du Colloque tenu au CNRS à Paris les 19-20 septembre 1989*, Paris, 1990 ; éd., *Théologie et droit dans la science politique de l'Etat moderne. Actes de la table ronde organisée par l'Ecole française de Rome avec le concours du CNRS, Rome, 12-14 novembre 1987*, Rome, 1991 ; GENET, J.-Ph. et LOTTES, G., éds., *L'Etat moderne et les élites, XIIIe-XVIIIe siècles. Apports et limites de la méthode prosopographique. Actes du colloque international CNRS-Paris I, 16-19 octobre 1991*, Paris, 1996 ; GENET, J.-Ph., La genèse de l'Etat moderne : les enjeux d'un programme de recherche, dans *Actes de la recherche en sciences sociales*, 118, 1997, pp. 3-18. このプロジェクトについて，日本学界においては，花田洋一郎氏によって詳細な関連文献目録

序　章　中世フランスの国家と社会

の研究計画は近代国家の出発点を 1280–1360 年とみなし，その生成過程を 13 世紀から 18 世紀に至る長期的スパンで理解する試みである。その検討においては，近代国家の起源探しよりも生成過程が重視され，また社会における諸権力の絡み合いや実践が蓄積された結果，社会制度やルールとみなされるようになっていったと理解される。そして国家の形成をこうした様々な場で働く社会諸権力の関係に見出すのである。ここにも絶対王政を頂点とする王権発展史観からの脱却が見られる。このような観点に立てば，領邦もまた，諸権力の活動する多様な場の一つとして位置づけられるのである。この「近代国家の生成」プロジェクトの問題関心は，現在まで様々な研究集会へと受け継がれている[13]。

　中世の国家・政治と社会について考察する上で，いまひとつ重要な論点が，「紛争と紛争解決」研究である。紛争と紛争解決は，社会構造や政治の秩序にどのような影響を与えたのかがこの研究の課題である。欧米における紛争史研究を牽引したのは，1970 年代，80 年代のアメリカにおけるフランス中世地域社会の研究者たちであった[14]。法人類学の影響を受けた F. L. チェイエットや S. D. ホワイトと，さらに彼らに影響を受けた B. H. ローゼンワインや P. J. ギアリは中世フランスの修道院史料を用い，修道院が当事者となった紛争事例を検討した[15]。彼らによると，紛争解決の手段として

　　が刊行されている。花田洋一郎「国際研究プロジェクト「近代国家の生成」関連文献目録」『西南学院大学経済学論集』第 44 巻，第 2，3 号，2010 年，269-285 頁。また近代国家生成研究において，エリート論，つまり人間関係や諸社会集団のせめぎ合いの問題を最も詳細に論じたのは，以下の論文である。藤井美男「近代国家形成過程における都市エリートの学説史的検討―対象と方法をめぐって―」『経済史研究（九州大学）』第 66 巻，第 5・6 号，2000 年，43-65 頁。

13）花田洋一郎「国際研究プロジェクト「近代国家の生成」関連文献目録」，284 頁。
14）このようなアメリカの紛争史研究とその後の欧米の紛争史研究については，服部良久氏が詳細な研究動向論文を著している。服部良久「中世ヨーロッパにおける紛争と紛争解決―儀礼・コミュニケーション・国制―」『史學雜誌』第 113 巻，第 3 号，2004 年，60-82 頁；同「中世ヨーロッパにおける紛争と秩序―紛争解決と国家・社会―」『史林』第 88 巻，第 1 号，2005 年，56-89 頁。欧米の代表的な論文の翻訳集として，服部良久編訳『紛争のなかのヨーロッパ中世』京都大学学術出版会，2006 年。
15）CHEYETTE, F. L., Suum cuique tribuere, in *French Historical Studies*, 6, 1970, pp. 287-299（F. L. チェイエット，図師宣忠訳「各人にその取り分を―11-13 世紀南フラン

裁判と調停・和解のいずれが選択されるのかは厳密に区分されておらず，彼らは特に和解の役割を重要視する。中世フランス地域社会においては，人々は封建制・領主制・親族関係・友好や同盟・集落・修道院との関係などの様々な人的結合関係の中にあった。紛争時には，こうした紛争当事者の社会的紐帯が圧力となり，紛争を和解へと導いた。和解は，紛争を生み出しこれを解決してゆくコミュニティの社会結合を創造したり確認することに貢献したとされる。そして中世の国家と社会の秩序は，このような社会的人的ネットワークの上に存在していたのである。紛争解決は中世の人々にとって，より安定的なあるいは新たな社会的紐帯を生み出す試みでもあった。すなわち地域の社会的結合関係や権力秩序を変容させ，再編する可能性を持つ行為でもあった。その点で紛争と紛争解決研究は，社会史と政治史をつなぎうるものといえる。重要なのは，紛争解決研究の射程は，「国家のない社会」ばかりではなく，「政治的コミュニケーション論」として，国家と社会のあり方自体にも向けられていることである。そこでは，村落共同体，大小の政治的領域，都市，教会組織などの中間団体や下位組織が相対的に強い自律性を持ち，それぞれの慣習を保持しつつ秩序を維持する様子とともに，それらの相互関係が問われている[16]。このような観点は，領邦研究にとっても重要な

スにおける法と紛争解決—」服部良久編『紛争のなかのヨーロッパ中世』4-22頁）；WHITE, S. D., "Pactum ... legem vincit et amor judicium" The Settlement of Disputes by Compromise in Eleventh-Century Wenstern France, in *The American Journal of Legal History*, 22, 1978, pp. 281-308（S. D. ホワイト，轟木広太郎訳「合意は法に勝り，和解は判決に勝る—11世紀西フランスにおける和解による紛争解決—」服部良久編『紛争のなかのヨーロッパ中世』23-56頁）；WHITE, S. D., Feuding and Peace-Making in the Tournaine around the Year 1100, in *Traditio*, 42, 1986, pp. 195-263 ; ROSENWEIN, B. H., *To be the Neighbor of Saint Peter. The Social Meaning of Cluny's Property, 909-1049*, 1989 ; GEARY P. J., Vivre en confit dans une France sans état: Typologie des mechanismes de règlement des conflits, 1050-1200, dans *Annales Economies, Sociétés, Civilisations*, 41, 1986, pp. 1107-1133（P. ギアリ「紛争に満ちたフランス中世社会」同，杉崎泰一郎訳『死者と生きる中世』白水社，1999年，130-161頁）．

16) 代表的な共同研究として，服部良久氏が主宰したものを2点挙げよう。HATTORI, Y., ed., *Political Order and Forms of Communication in Medieval and Early Modern Europa*, Roma, 2014；服部良久編『コミュニケーションからみたヨーロッパ中近世史—紛争と平和のタピスリー』ミネルヴァ書房，2015年．

論点を提供することは疑いない。

　中世の政体について考察する際，以上に挙げた観点に加えて，中世後期から近世の「複合国家」と，それに続く「礫岩国家」の観点も看過することはできない。「複合国家」とは1975年にH. G. ケーニヒスバーガが提唱した国家概念である。中世後期から近世の国家は中央集権的な国家ではなく，複合的な国家形態をもち，身分制議会などの中世以来の政治形態を保った国家であった。つまり君主は国家全体を絶対主義的に統治することはできず，支配下の様々な地域との交渉，妥協，調停を通じて緩やかに統治していたのだった[17]。このケーニヒスバーガの論点を引き継いだJ. H. エリオットは「複合王政」論を唱えた。彼は中世とは異なる，しかも絶対主義とも異なる，主権を持った新たな国家・政体に注目し，中世後期から近世の君主の支配領域の多くが，古来の法と権利を持つ独立した国家ないしは政体の集合体であったと論じた。中世後期から近世のヨーロッパは中央集権的な主権国家からなるのではなく，服属する様々な地域との合意のもと緩やかな統治を行う主権国家あるいは政体の集合体であり，そのような国家のほうがヨーロッパでは常態であった[18]。こうした「複合国家」，「複合王政」論の延長線上に位置するのが，H. グスタフソンの「礫岩国家」論である。中世後期から近世の国家の支配領域に所属する各地域は，中世以来の伝統的な地域独自の法，権利，行政制度を根拠に，君主に対して地域独特の接合関係を持って礫岩のように集合していた。礫岩国家論は君主とそれに服属する複数の地域または領邦との間に，集合のありかたに関する複数の複雑な交渉が常に存在することを重視する。つまり礫岩国家論は国家がどういう形態をとるにせよ，常に服属地域が組み替えられたり離脱したり変形することを前提としている。この

---

17) KOENIGSBERGER, H. G., *Dominium Regale or Dominium Politicum et Regale : Monarchies and Parliaments in Early Modern Europe : Inaugural Lecture in the Chair of History at University of London King's Collage 25th February 1975*, London, 1975, pp. 1-28（H. G. ケーニヒスバーガ，後藤はる美訳「複合国家・代表会議・アメリカ革命」古谷大輔・近藤和彦編『礫岩のようなヨーロッパ』山川出版社，2016年，26-54頁）．

18) ELLIOT, J. H., A Europe of Composite Monarchies, in *Past and Present*, 137, 1992, pp. 48-71（J. H. エリオット，内村俊太訳「複合君主制のヨーロッパ」古谷大輔・近藤和彦編『礫岩のようなヨーロッパ』）．

服属地域の可変性が礫岩国家の特徴である[19]。このような「複合国家」、「礫岩国家」の概念もまた、内部に様々な社会集団を抱える中世盛期の領邦研究にとって重要な観点となるであろう。

第2節　中規模領邦という視点——ニウスのサン＝ポル伯研究——

これらの新たな観点は、広域的諸権力への権力集中過程だけではなく、多様な諸権力の相互関係への関心に注意を向けるものであるが、中世盛期の領邦史においても、これらの新たな国家＝社会史の関心を取り入れた注目に値する研究が近年発表された。2005年にベルギー人研究者 J.-F. ニウスにより著されたサン＝ポル伯領の研究がそれである[20]。サン＝ポル伯領は、北フランスのピカルディ地方に位置し、中世中期に展開した中規模領邦である。中規模領邦とは、王権やそれに比肩する大領邦でもなければ、単なる城主領とも言い難いこれらの中間的存在であって、ある程度の公的権力を行使した。そしてその内部では、中小領主権力や教会などの諸勢力がその中規模な領邦君主と勢力を争っていた。

このニウスの研究を理解するためには、サン＝ポル伯領の立地していたピカルディ地方について知っておかなくてはならない。中世盛期のピカルディ地方はフランス王国において、地政学的に特色のある興味深い土地であった。ピカルディ地方はカペー朝フランス王国、フランドル伯、アンジュー朝アングロ・ノルマンの境界地帯であり、これらの勢力の影響を受けた。そしてピカルディ地方では中世を通じてフランドル、ノルマンディ、シャンパーニュのような大領邦が形成されなかった広域的な領域支配の空白地帯でもあり、ブーローニュやサン＝ポル、そしてポンティウのような中規模領邦、小

---

19) GUSTAFSON, H., The Coglomarate State : A Perspective in State Formation in Early Modern Europe, in *Scandinavian Journal of History*, 23, 1998, pp. 189-213（H. グスタフソン，古谷大輔訳「礫岩のような国家」古谷大輔・近藤和彦編『礫岩のようなヨーロッパ』）．
20) NIEUS, J.-F., *Un pouvoir comtal entre Flandre et France : Saint-Pol, 1000-1300*, Bruxelles, 2005.

規模な領主領などがモザイクのように並存していた[21]。このように強大な勢力の境界地帯であると同時に，その内部には群小の伯領・領主領が生まれ，しかもそれらが独立した持続的な地位を保ち続けたのはなぜなのだろうか。

この問いに対し，R. フォシエは1968年に発表した著書において，ピカルディ地方のこれらの特性をカペー朝フランス王権の働きかけに帰する説を唱えた。フォシエによると，中世盛期にこの土地における強大な君主権の出現が妨げられ，群小伯領や領主領が維持されたのは，フランス王権によってそのように作りだされたからであった。そしてピカルディ地方の経済的，社会的進展もまた，フランス王権の存在を活用してなされたものであると同時にフランス王権の役に立つために作られたものであり，ピカルディはフランス王権にとっての人間，穀物，街道の貯蔵庫であったという，フランス王権とピカルディ地方との相互依存的関係を唱えた[22]。

フォシエの説に対して，ニウスはそうした外部要因による説明に満足せず，サン゠ポル伯の伯領統治のなかにより内在的な答えを見出そうとした。ニウスは，サン゠ポル伯領では，フランドルなどの強力な権力体に隣接しながらも高度に自立的な伯権力が展開し存続したと唱え，伯権の歴史的展開や伯領の統治方法を考察した。サン゠ポル伯の発展において，伯が伯領内の権力基盤を強固に構築した点に着目し，その過程を重点的に検討する。その際，領内の土地や財等の諸権利の集約だけでなく，人的関係や資源，つまり俗人領主との権力関係や，宮廷役人の整備，親族関係の構築もまた，伯権の増強に重要な役割を果たしたとされ，大きな関心が払われている。

ニウスは，これらの中規模領邦を「第二ランクの伯 comtes de second rang」，「周縁の伯領 comtés de périphériques」，「境界の領主領 seigneurie de frontière」と称する。「第二ランクの伯」は，パグスを起源とする領邦とは異なり，一城砦の拠点を起源とする。しかし，ある一定の広範囲の領域を支配しうる権力体へと成長を遂げた点で，一城主とも一線を画する。ゆえに

---

21) ピカルディ地域史については，フォシエが研究の第一人者である。FOSSIER, R., *La terre et les hommes en Picardie*, 2 vols, Paris et Louvian, 1968.
22) *Ibid.*, pp. 734-735.

「第二ランクの伯」は，規模と性質の面で，領邦と城主支配圏の中間的存在と位置づけられる。ニウスはその性質を「半領邦君主 mi-princier」，「中間的領域 territoire intermédiaire」と形容している。またその領地である「周縁の伯領」は，領邦の周縁部や領邦同士の境界地帯である「外縁地帯 zone externe」に位置している。このような中規模領邦を研究するには，強大な権力体である領邦との関係と，同時に自らの領内において拮抗しあう有力領主たちに優越し，彼らを統御する方法や，自身の権力基盤の確立方法の検討が必要である[23]。

　ニウスの著書は3部9章から成り，その論点は多岐にわたるが，本論と関係の深い論点に関して紹介すると以下の通りである。
　第1部「伯」においては，サン＝ポル伯家の展開が描かれる。カンダヴェヌ家に始まるサン＝ポル伯領は，1110年から勢力拡張を始め，比較的遅い開始時期にかかわらず急速に進展した。1205年にカンダヴェヌ家の断絶により，サン＝ポル伯はシャティヨン家に引き継がれる。シャティヨン家の下で，伯領の統治構造の制度的骨組みが整えられていった。
　第2部「伯領」では伯領という土地空間が分析の対象となる。サン＝ポル伯の勢力範囲を測定するために，伯領内に分布する財源と権利の調査を行う。また伯が間接的に権力の行使が可能であった範囲である，封建関係の広がりにも着目する。従来ピカルディ地方では，12世紀末から13世紀初期まで封建制は進展しなかったと理解されてきたが，サン＝ポル伯領では12世紀には既に封が偏在し，封建制が浸透していた。
　第3部「伯の権利」では伯領内で伯により行使された権利を検討する。サン＝ポル伯は君主的諸権利を行使した。12世紀初頭から14世紀初頭に及ぶ貨幣の鋳造や13世紀初頭に遡る上級裁判権の保有とその後の上級裁判権独占への動き，軍事奉仕の徴集権の検討から，伯の君主権の明確な出現は13世紀後期とみなされ，サン＝ポル伯の君主権の発展は全体的に遅い展開を示すとされる。

---

23) NIEUS, J.-F., *Un pouvoir comtal* ..., pp. 9-11.

続いてこれらの権利を行使する伯の意思が，サン＝ポル伯領内にどのように表れるのかという観点から，伯の協力者の存在を探る。彼らは伯の宮廷側近，宮廷役人，地方役人に分類される。まず伯の宮廷側近の出自には変化が認められる。12世紀には，サン＝ポル城主圏または初期伯領周囲の古い家系の出身者が多い。しかし13世紀初頭には，中級・下級貴族が主流になり，直接伯への個別的・専門的奉仕に結び付けられるようになる。

　宮廷役人のうちセネシャルは，特に13世紀に言及回数が大幅に増加する。セネシャルは伯によって任命される一代限りの役職であった。セネシャルは12世紀を通じてフランス王権の影響を受けつつ広範の権限を持つ職へと変化し，13世紀初頭には，伯の代理人として伯の封建法廷の開催，判決の執行，文書の作成などを行う職となっていった。その背景にはシャティヨン家による伯家相続がある。シャティヨン家の伯はサン＝ポル伯領を不在にすることが多かったため，伯の代理としてセネシャル職を重用したのである。

　もう一つの宮廷役人であるシャンスリエ（ラテン語でカンケラリウス）は，1193年から1202年にかけて確認される。当時サン＝ポル伯の伯文書の作成はアラス司教の文書局に委ねられていたため，シャンスリエが伯文書作成に関わった可能性は低い。シャンスリエの職務は発給された伯文書の有効性を認可することのみであった。12世紀から13世紀の世紀転換期におけるサン＝ポル伯の文書局は組織化されているとはいえなかった。

　サン＝ポル伯の地方役人のうち最も重用されたのはバイイである。13世紀には伯領内の全ての城に駐在しており，バイヤージュの整備がなされた。バイイの役割は裁判の主催，通行税やサンスの徴収，会計管理と金庫の管理など多岐にわたった。

　こうしたサン＝ポル伯の宮廷や官職，基本的制度は12世紀から既に存在しており，12世紀から13世紀の世紀転換期にかけて人的構成や職権の変化などの質的転換期を迎えた。そして13世紀のシャティヨン家の伯領からの隔たりを背景に，統治制度の改良が行われた。

　最後に伯領内の地域に深く根ざした社会集団としてコミューンの検討がなされる。サン＝ポル伯領内のコミューン文書は，12世紀末から13世紀初頭

に発給された。その中でサン=ポル文書が，伯領内の他のコミューン文書の元となった。これは伯の伯領内における法統一の試みの一環であった。サン=ポル文書の内容は，全体的に伯の影響力の強い内容となっている。コミューンの代表者メール，エシュヴァン，ジュレは共同体の利害の代弁者であると同時に，伯の権利の保護者でもあるという両義的性格を持っていた。伯の統治体制におけるコミューンの地位は，1220年以降は定着している。13世紀において，伯にとって共同体の好意と協力は大いに必要であった。

　ニウスの研究は，最終的により大きな政治単位に吸収されたことから，積極的評価を与え難い存在であった中規模領邦を，諸権力の相互関係の展開の場として位置づけ直した点，大規模な領邦が形成されなかったピカルディ地方を舞台に考察した点，従来の領邦研究が，上からの視点に基づく統治史の性格が濃いことに対し，地域史的問題関心を前面に押し出しているなどの諸点で，非常に興味深い[24]。

　ニウスは自身の著作の最後で，ピカルディという地域の独自性を挙げ，また個々の地域の事例を検証する必要性を述べる。確かにニウスの手によってサン=ポル伯領において明らかにされた統治構造は，他地域では未解明のままである。ニウスの研究で見られた伯領統治の発展の過程が，サン=ポル伯領固有のものか，それとも他の中規模領邦にも確認される普遍的現象であるのかの判断もまた，残された検討課題である。ピカルディは北フランスの大部分を占める広域な地域であり，内部は幾つもの伯領や領主領といった個別権力が存在する。よってニウスが指摘するように，別の中規模領邦の事例を検討する必要性が生じる。その際，ニウスがサン=ポル伯による領邦統治を明らかにするために検討した，伯の諸権利や収入，統治制度およびそれを支える側近や役人，そしてピカルディ地方において特に重要な自治都市コミューンについて，これらの論点を共有した比較研

24）同様な関心は，D. バルテルミのクーシ城主領研究にもすでに見られた。BARTHÉLEMY, D., *Les deux ages de la seigneurie banale : pouvoir et société dans la terre des sires de Coucy（milieu XIe-milieu XIIIe siècle）*, Paris, 1984; BARTHÉLEMY, D., *L'ordre seigneurial, XIe-XIIe siècle*, Paris, 1990.

第3節　本論の課題

1．問題の所在

　以上の領邦研究の状況を踏まえ，本書においては，ニウスによるサン＝ポル伯領研究をモデルとし，サン＝ポル伯領に隣接するポンティウ伯領を研究対象としたケース・スタディーを行う。その目標はポンティウ伯による伯領統治の具体相を明らかにすることである。そしてポンティウという土地を舞台とした個別地域研究によって，ピカルディ地方においてはポンティウ伯領やサン＝ポル伯領のような中規模領邦が生まれ，それらが自立した持続的地位を保ち続けたのはなぜなのか，またどのようにそれはなされたのかを考える一助としたい。

　ポンティウ伯領は，11世紀初頭から1279年まで存在した，ピカルディ地域に位置する中規模領邦である。サン＝ポル伯領の西に接し，規模も同等であるため，ピカルディ全体を視野に入れた比較の対象となり得る。また，刊行史料集として，C. F. ブリュネル編による『ポンティウ伯文書集』が存在し，まとまったかたちで検討対象を設定できる[25]。この『ポンティウ伯文書集』を主たる史料として用い，ポンティウ伯の伯領統治の展開を追跡する。具体的には，伯文書発給による伯の文書行政，伯の側近の人的関係の復元，伯の所有する諸権利とその運営，伯の上級裁判権，伯のコミューン政策の5つの側面からポンティウ伯の伯領統治の実態を明らかにし，立体的に復元することを目指す。

2．史料：ブリュネル編『ポンティウ伯文書集』

　本研究では，主要史料としてブリュネル編『ポンティウ伯文書集』を用いる。

---

25) BRUNEL, C. F., éd., *Recueil des actes des comtes de Pontieu（1026-1279）*, Paris, 1930. （以降はRACPと略記する）『ポンティウ伯文書集』に収められている文書の年代別の分類や，発給した伯の分類については，資料0-3を参照。

この 1930 年の『ポンティウ伯文書集』の刊行は，19 世紀末から 20 世紀初頭の君主の文書史料刊行の潮流のなかに位置づけられる。文書史料の伝来については，オリジナルにせよ，カルチュレール（記録簿）内の写本の状態にせよ，基本的に文書受益者のもとにしか残っていない。当時古文書学校エコール・デ・シャルトの教授であったブリュネルは，ポンティウ伯文書の残されている可能性のある教会や修道院，都市などを渉猟し，ポンティウ伯発給の文書を徹底的に収集した。こうして出来上がった『ポンティウ伯文書集』には 1026 年から 1279 年までの約 250 年間の 486 通のポンティウ伯文書が収められており，中世盛期の北フランスの一君主の文書集としては，他に類を見ないほど整備された文書集である。所収されている伯文書の類型，内容，受益者，文書形式学的検討は，続く第 1 章で詳しく述べる。

この文書集を用いることで，ポンティウ伯がどのようなことに関心を持ち，どのような活動を行い，伯領内の文書受益者に対しどのような姿勢で臨んでいたのか，ひいては伯が伯領をどのように治めようとしていたのか，そのために伯が何を重視していたのかを知ることができるだろう。

その一方でポンティウ伯文書を用いた検討には，伯文書があくまで伯の側，伯の都合に基づき作成されていることから，伯の視点による統治史的性格の検討に制限され，受益者の視点を欠いているという限界があることにも留意しつつ検討を行いたい。

3. ポンティウ伯家の展開

本論に入る前に，本書の検討対象や時期を明確化するために，以下ではまず，ポンティウ伯の歴史をまとめ，伯の起源と伯家の展開，ならびに伯領の発展を紹介する。

ポンティウ伯家の起源は，10 世紀末から 11 世紀初頭に遡ると推測される[26]。伯家の創設者と目されるのは，サン＝リキエ修道院のアヴエ職という，司教や修道院長の代わりに司法や軍事・経済的権限を行使する世俗の代理人の役職を務めていたユーグという人物である。996 年頃，ユーグはフラ

---

26) 以下の記述については，RACP の序論を参照。

序　章　中世フランスの国家と社会

資料 0-1　12-13 世紀におけるポンティウ伯領，近辺ピカルディ地方地図
(NIEUS, J.-F., *Un pouvoir comtal ...*, p. 15 をもとに筆者作成)

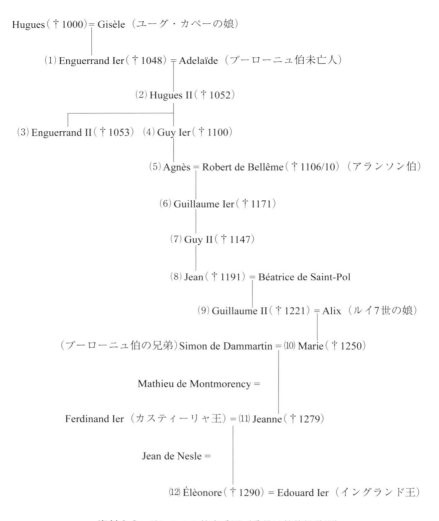

資料 0-2　ポンティウ伯家系図（番号は伯位継承順）
（『ポンティウ伯文書集』をもとに筆者作成）

ンス王ユーグ・カペーにより，アブヴィルの城を与えられる[27]。これ以降アブヴィルは，ポンティウ伯家の最重要拠点となる。ユーグの息子アンゲランは，1043年にブーローニュ伯の未亡人アデライドと結婚した。この婚姻をもって，アンゲランは伯号を獲得した[28]。

　小規模伯領に過ぎなかったポンティウ伯は12世紀になると，家系の地位，伯領の規模を増大させる。12世紀初頭，女性相続人アニェスは，ロベール・ド・ベレームと結婚する。ロベールはアランソン伯，セー伯の伯号を持つ，ノルマンディの有力家系ベレーム家の出身であった[29]。ベレーム家によるポンティウ伯相続により，ポンティウ伯は本来の領地と併せて，ノルマンディ地方の土地，諸権利を所有することとなる。ロベールの息子ギョーム1世（在位1106-1171）は，イングランドやフランス王権との対外関係に関心を持ち，ポンティウ伯領内に留まるよりも，ノルマンディの領地に滞在する場合が多かった[30]。そのため，ギョーム1世の時代までは，ポンティウ伯領の領内において，伯による統治の強化の積極的な動きが生じることはなかった。

　しかし12世紀後期，ギョームの孫ジャン（在位1147-1191）の時期になると，伯の発給文書が飛躍的に増加するなど[31]，伯領領内における伯の権利や影響力を強化する働きが開始される。ジャンの息子ギョーム2世（在位1192-1221）は，前伯の動向を更に推し進めた。

　ギョーム2世以後のポンティウ伯は，男性相続人の恒常的不在により，女性相続人が外部の有力家系の男性と婚姻を繰り返す，不安定な状況で展開する。ギョーム2世の娘マリ（在位1225-1250）の結婚相手であった，ブー

---

27) RACP, pp. I-III.
28) 歴代のポンティウ伯については，資料0-2の家系図を参照。
29) ベレーム家に関しては以下の文献を参照。LOUISE, G., *La Seigneurie de Bellême, Xe-XIIe siècles. Dévolution des pouvoires territoriaux et construction d'une seigneurie de frontière aux confins de la Normandie et du Maine à la charnière de l'an mil*, Rouen, 1993.
30) THOMPSON, K. H., William Talvas, count of Ponthieu, and the politics of the Anglo-Norman realm, in BATES, D. and CURRY, A., eds., *England and Normandy in the Middle Ages*, London, 1994, pp. 169-184.
31) 資料0-3を参照。

在位期間	伯	文書数	年平均発給数
996-1000	Hugues Ier d'Abbeville		
1000-1048	Enguerrand Ier	2	0.04
1048-1052	Hugues II		
1052-1053	Enguerrand II	1	1
1053-1100	Guy Ier	11	0.23
1100-1106	Robert de Bellême & Agnès de Ponthieu	1	0.17
1106-1126	Guillaume Ier de Ponthieu dit Talvas	7	0.35
1126-1147	Guy II (& Guillaume Ier)	22	1.05
1147-1191	Jean (& Guillaume Ier)	82	1.86
1191-1221	Guillaume II	151	5.03
1221-1250	Marie de Ponthieu Simon de Dammartin	113	3.9
1251-1278	Jeanne de Dammartin Ferdinand Ier, roi de Castille (Ferdinand III)	89	3.3
合計		479	

資料 0-3　各ポンティウ伯ごとの発給文書数
(『ポンティウ伯文書集』をもとに筆者作成)

ローニュ伯の兄弟であるシモン・ド・ダンマルタンは，1214年のブーヴィーヌの戦いにおいてフランス王フィリップ・オーギュストに対立したため，ポンティウ伯はフランス王の手により領地を没収されてしまう。マリの死後，マリとシモンの娘ジャンヌがポンティウ伯を継いだ（在位1250-1278）が，ジャンヌもマリ同様に男性相続人を残さなかった。最後のポンティウ伯相続人となるエレオノール（ジャンヌの娘）は，1254年にイングランド王エドワード1世と結婚した。1290年のエレオノールの死をもって，ポンティウ伯領は最終的にイングランドに併合されることとなる。

　以上のポンティウ伯の展開から，ポンティウ伯領の歴史の画期は，ジャンとギョーム2世の時代であり，この約半世紀の期間に，ポンティウ伯の本格的伯領統治が開始し，整えられたと判断される。なぜならこの両伯の在位期は，家系の断絶の危機に繰り返しさらされてきたポンティウ伯家において，男性相続人が連続し，家系が安定した貴重な時期であり，同時にベレーム家の影響の濃いギョーム1世までの，伯の領内不在状態や外的関係の重

視傾向を脱却し，ポンティウ伯が本格的に自領内の運営に関心を向け始めた時期でもあった。この伯の志向は，文書発給の急激な増加によって確認することができる。また，この 12 世紀後期から 13 世紀という時代は，ニウスのサン＝ポル伯の検討時代とも重なる。よって，伯の統治の展開や実態，それに関与する人間集団を追跡するには，主にジャンとギョーム 2 世の時代以降を対象とすることが，最も適当であろう。

4．ポンティウ伯領の概観

　ポンティウ伯領はフランス北東部のピカルディ地方に位置する，東西約 60km，南北約 70km の四角形の伯領である。中世盛期においては，東をサン＝ポル伯，アルトワ伯と接し，西はドーヴァー海峡，ノルマンディ公領，ウ伯領に面する。また北はブーローニュ伯領，エダン伯領と接し，南はアミアンのバイヤージュと接していた。ポンティウ伯領には 4 つの川が流れており，北より順に，伯領の北の境界であるカンシュ川，その流域に多数の集落が存在するオティ川，大都市アミアンと伯領の中心地アブヴィルを結ぶ大河であるソンム川，南でウ伯との境界をなすブレル川が流れている。

　ポンティウ伯領の起源は明らかにはなっていないが，シャルルマーニュの後継者のフランク王たちがヴァイキングからピカルディを防衛するために，アブヴィルの周囲に辺境伯領を創設したことに由来するとされている。ロベール家のユーグ・ル・グランやその息子ユーグ・カペーはフランス王になる前に，アブヴィルとドマールに城を築いている[32]。

　フォシエはピカルディ地方を 6 つの地域に分類しているが[33]，その中でもポンティウは海に面した立地ゆえに特に重要な土地であった。ソンム川とカンシュ川は王国北部の往来の主要な道を形成しており，カントヴィック，エタプル，モントルイユの 3 地点が要所として栄えていた。またサン＝ヴァルリー，ル・クロトワは，ブーローニュとセーヌ川河口を結ぶ主要な港

---

32) FOSSIER, R., *La terre et les hommes en Picardie* ..., p. 485.
33) *Ibid*., pp. 481-488. フォシエはピカルディをカンブレジ，アルトワ，テルノワ，ヴェルマンドワ，ポンティウ，アミエノワの 6 地域に分類している。

であった[34]。

　とりわけ13世紀初頭まで，フランドル伯領やノルマンディ公領に阻まれて，フランス王権にとってはここが北の海に出るための唯一の土地であり，それゆえにユーグ・カペー以来，フランス王権はこの土地を常にコントロール下に置こうとした。つまり，フランス王権と緊張関係にあるフランドルやノルマンディといった大規模領邦に囲まれて，ここはすぐれて境界地帯と呼ぶべき場所であった。

　988年，ユーグ・カペーの息子ロベール（後のロベール2世）は，フランドル伯アルヌルフ2世の未亡人シュザンヌと結婚しモントルイユを得た。ロベールは996年にシュザンヌと離婚した後も，モントルイユを返還せずに保持し続けた。その後ユーグ・カペーは，ポンティウにおける二大修道院であるサン＝リキエ修道院とサン＝ヴァルリー修道院をモントルイユの支配者に指定した。996年頃ユーグ・カペーはユーグという人物を王の名においてサン＝リキエ修道院のアヴエ職に任命し，アブヴィルの城の支配権を与えた。このユーグがポンティウ伯家の祖となる人物である。ユーグはロベール2世の意向によりユーグ・カペーの娘ジゼルと結婚し，フランス王家の娘婿の地位に昇進した。このようにポンティウ伯家とポンティウ伯領は当初からフランス王権の強い監督下に置かれていた。1043年にユーグの後継者アンゲランはブーローニュ伯の未亡人アデライドと結婚し伯号を得る。この出来事についてフランス王権からの反対はなかった。なぜならフランス王はノルマンディ公を抑制するためにアブヴィルの領主を必要としていたためである。同様に1090年にアンゲランの孫ギイが再び伯号を取得した際にも，新たな伯の忠誠を期待した王権はこれを承認した[35]。このようにポンティウ伯領はフランス王権にとって極めて重要な場所であった。13世紀初頭までフランス王権はポンティウ伯と伯領を影響下に置くために絶えず働きかけており，ポンティウ伯領をめぐるフランス王権とポンティウ伯家との良好な関係を保ち続けた。

---

34) *Ibid*., p. 485.
35) *Ibid*., pp. 485-486.

以下の項では本論に入る前に、ポンティウ伯領を構成する主要な地点を、その成り立ちから本論で取り扱う時期を中心に、簡潔に紹介する。これらの集落は、これから行われるポンティウ伯文書を用いた伯の統治の各側面の検討においても、頻繁に登場するであろう。

（1） アブヴィル[36]

ポンティウ伯領の中心に位置するアブヴィルは、アミアンの北 40km の場所にある。またその北 70km にはブーローニュ、アラスがあり、南西 90km にはルーアン、145km 南にはパリが存在する。アブヴィルの中心をソンム川が横切っており、ソンム湾やピカルディ海岸やドーヴァー海峡からわずか 25km の位置にある、沿岸集落の一つである。

歴史記録において、アブヴィルの言及が最初に確認されるのは、831 年のアリウルフの年代記においてである[37]。その記録によると、アブヴィルはソンム川の中の小島であり、北からの侵略を逃れてきた漁師たちが住み着き、侵略者に対抗してこの地に立てこもったという。サン＝リキエ修道院長アンギルベルトはこの小島を守るため、この地に城を建設させた。この城を中心として、アブヴィルの町は形成されていく[38]。992 年にはユーグ・カペーがこの地を要塞化し、彼は娘ジゼルと後のポンティウ伯である祖ユーグの婚姻時に、彼女へこの地を与えた。これにより、アブヴィルとポンティウ伯の深い関係が始まっていくこととなる。

中世盛期になるとアブヴィルはサン＝リキエ修道院長の支配の下で、ドーヴァー海峡の重要な商業港となった[39]。同時にアブヴィルはポンティウ伯領の首都ともなり、ソンム川の両岸に急速に拡大した。1095 年にはポンティウ伯ギイ1世がサン＝ピエール・ダブヴィル修道院を建立した。この

---

36) FAVIER, J., éd., *Dictionnaire de la France médiévale*, Paris, 1993, pp. 12-13; *Grand Larousse encyclopédique*, t. 1, Paris, 1960-1975, p. 11.
37) HARIULF, *Chronicon Centulense*, dans LOT, F., éd., *Chronique de l'abbaye de Saint-Riquier*, Paris, 1894.
38) CANBY, C., Abbeville, *Encyclopedia of Historic Places*, I, New York, 1984, p. 2; HOIBERG, D. H., ed., Abbeville, *Encyclopædia Britannica*, 1, Chicago, 2010, p. 11.
39) *Ibid.*, p. 11.

場所ではフランス王ルイ6世によるギイの騎士叙任式も行われた。また第1回十字軍が行われた際には，アブヴィルは北部地方から集まった軍隊の集合地点となった。

　アブヴィルは，リュで生産される塩や大青染料の販売や，毛織物工業といった商業の成功により急速に発展した。それに伴い都市住民の数とその政治的重要性は増大していった。12世紀には，都市住民たちは自らへの特権を認める文書を要求するようになる。これを受けて1184年，ポンティウ伯ジャンはアブヴィルへコミューン文書を授与した。また約1世紀後，ポンティウ女伯ジャンヌは修道院に対し，森林を耕作用地へ変えることを認めるが，これが地方経済のさらなる発展につながっていった。

　またこの時期，アブヴィルはフランス王権にとっても重要な場所であった。1214年のブーヴィーヌの戦いにおいては，アブヴィルの義勇軍も国王側で参戦した。13世紀半ばには，アブヴィルは「フランス王の良き都市（ボンヌ・ヴィル）の一つ」であった。アブヴィルの港は王国の最高の港の一つであり，その商業や経済は相当なものであったとされる。1259年には王国三部会がアブヴィルで開催され，イングランド王ヘンリー3世とフランス王ルイ9世が，フィリップ・オーギュストによる征服の問題を解決するパリ条約の締結のためにこの地で面会した。

　1272年，ポンティウ伯領が婚姻によりイングランド王の支配下へ移るに伴い，アブヴィルもまたイングランド領となった。しかしフランス王フィリップ5世は，イングランド王エドワード2世が封臣の義務を果たしていないことを口実に，アブヴィルを再び占領し，結果としてアブヴィルは再びイングランドの支配下へ戻った。しかしながら，都市民と新たな支配者であるイングランド王の間では，その後多くの諍いが沸き起こることとなる。

(2)　モントルイユ[40]

　モントルイユはポンティウ伯領の北部に位置し，アブヴィルから北に

---

40) FAVIER, J., éd., *Dictionnaire de la France médiévale*, p. 664; *Grand Larousse encyclopédique*, t. 7, p. 503.

40km の場所にある。その北 30km にはブーローニュがあり，75km 東にはアラスがある。またパリへは南に 185km 離れている。モントルイユはカンシュ川を見下ろす突端の上にあり，地理上特権的な地位にあった。この集落はエキュイール谷とラ・マドレーヌ谷によって近隣の台地から切り離されており，この立地は必然的にモントルイユへ防衛上の特性を与えることとなった。また海から 10km 以上離れているにもかかわらず，モントルイユは長い間最も重要な海港の一つであった。この特性によって，この地はモントルイユ＝シュル＝メール（海に面したモントルイユ）とも呼ばれることがある。

モントルイユはポンティウ伯領の集落の中で，特にフランス王権との関係の深い集落という特徴がある。980 年にモントルイユは後のフランス王の王領となった。987 年にユーグ・カペーが王位についたとき，モントルイユは豪華で謎に包まれた港カントヴィックの後継として，フランス王領の唯一の海港であった[41]。1188 年，フランス王フィリップ・オーギュストはモントルイユのコミューンへコミューン文書を授けた。また 13 世紀の初めに，フィリップ・オーギュストは海側からの攻撃に備え，モントルイユに強固な城を建造した。

中世盛期において，モントルイユの人口は 1 万人を超えていた。また同時期においてモントルイユはラシャなどの毛織物を輸出しており，その高い評判をイタリアやフランドル，アルトワと競うほどであった。しかし中世末期になると，カンシュ川への砂の堆積により，カンシュ川を通じての海上貿易は衰退し，モントルイユの町もまた衰退していった。そしてモントルイユの存在感は薄れていくこととなる。

(3) サン＝ヴァルリー＝シュル＝ソンム[42]

サン＝ヴァルリーはソンム川河口に位置し，ル・クロトワ，ル・ウルドルとともに，ソンム湾に面した 3 つの港の一つである。ソンム湾を見下ろす

---

41) BERNARD, A., *La citadelle de Montreuil-sur-Mer*, Montreuil, 2006, p. 6; LEROY, J., *Quand Montreuil était sur mer – Quentovic*, Boulogne-sur-Mer, 1979.

42) FAVIER, J., éd., *Dictionnaire de la France médiévale*, p. 860; *Grand Larousse encyclopédique*, t. 9, p. 540.

突端の上に建設され，中世においては，ル・クロトワから横断できる浅瀬の端であった。

981年，ユーグ・カペーはルコンにある聖ヴァルリーの聖遺物を奪うため，ブランクタクの浅瀬を渡った。中世の都市サン＝ヴァルリーはこの時代に，サン＝ヴァルリー修道院の周囲に建設された。ルーアンとブーローニュを結ぶ道が通り，また数時間で浅瀬を横断できることから，サン＝ヴァルリーは重要な通過地点となった。1066年9月，ノルマンディ公ギョームがイングランドを征服するために出発したのもこの港からであった[43]。中世においてサン＝ヴァルリーは，今日よりはるかに規模の大きかったクレシーの森からの木材の供給地としての役割を担った。サン＝ヴァルリーには城壁が築かれ，要塞化した旧市街の内側には城が建設された。

(4) リュ[44]

リュはアブヴィルの北約24kmに位置する集落である。リュはソンム湾に近く，海岸付近に水源のある沿岸河川のメイ川が流れている。

中世盛期において，リュは漁港や塩の生産地として長い間繁栄し，ポンティウ伯領の主要な地点の一つであった。11世紀にはランノワ地区にらい病院が建設され，1220年にはリュはポンティウ伯からコミューン文書を受け取るに至った。

(5) ドゥラン[45]

ドゥランはアブヴィルの北東に位置し，アラスから西へ約34km，アミアンから北へ約29kmの距離にある。この地は931年にDolincumの名で確認される[46]。中世初期から盛期にかけて，ドゥランはヴェルマンドワ伯のも

---

43) LEFRIS, F., *Histoire civile, politique et religieuse de Saint-Valery et le comté de Vimeu*, 1858, réédition, Paris, 2005.
44) *Grand Larousse encyclopédique*, t. 9, p. 433.
45) FAVIER, J., éd., *Dictionnaire de la France médiévale*, p. 358; *Grand Larousse encyclopédique*, t. 4, p. 210.
46) DAUZAT, A. et ROSTAING, C., éds., *Dictionnaire étymologique des noms de lieux en France*, Paris, 1963, réédition 1979, p. 252.

とにあり，ヴィコンテの中心地であった[47]。その後ポンティウ伯の主要地点となり，中世を通じて重要な要塞としての役割を果たした。

1225年，ドゥランはフランス王領に組み込まれ，その後はフランス王領の都市として歩んでいくこととなる。

(6) クレシー＝アン＝ポンティウ[48]

クレシーは南のアブヴィルと北のエダンを結ぶ道の間にある。その地形はなだらかな丘と谷間に囲われた台地であり，クレシーの領域は主にブナやコナラなどの森によって覆われている。これらの森林は伐採され活用された。

クレシー＝アン＝ポンティウという名の示す通り，クレシーは中世を通じてポンティウ伯領に属していた。ポンティウ伯ギョーム2世は1194年6月2日にこの集落へコミューン文書を与え，また1210年にギョーム2世によってクレシー施療院が建てられた[49]。

5. 本論の構成と方法論

序章の最後に，本論の構成と方法論について述べる。12世紀後半から13世紀の時期を中心に，ポンティウ伯の伯領統治のあり方を立体的に検討するにあたり，本論を5つの章に分けて考察を進める。

第1章「ポンティウ伯文書と文書局」では，研究全体の前提として，史料『ポンティウ伯文書集』の情報を整理し把握することを目指す。同時に伯の文書行政を考察するために，伯文書を網羅的に検討して伯文書の文書形式の特徴を分析し，伯の統治の変遷と関連して論ずる。具体的には，伯文書テクストの構成要素である書式を検討することによって，伯文書局の作成文書か受益者作成文書かを判断し，その割合の時間的変化を論ずる。また文書の終末定式に現れる文書局スタッフの言及や肩書，文書の認証書式の検討から，伯文書局の起源や人的構成，制度化の過程についても論ずる。

---

47) Doullens, *Encyclopædia Britannica*, 8, Cambridge, 1911, p. 449.
48) *Ibid.*, p. 322; *Grand Larousse encyclopédique*, t. 3, p. 629.
49) PRAROND, E., éd., *Cartulaire du Ponthieu*, t. 2, Abbeville, 1897, p. 533.

第 2 章「ポンティウ伯の統治と側近たち」では，伯の側近の人的関係を復元するために，伯文書の証人欄に現れる人間たちを検討する。まず伯文書の証人欄に現れる人物の登場回数を数え，登場頻度によって，側近として伯の統治に参加した人間を明らかにする。またこれら伯の側近たちの肩書きや出身地の分布の，伯の時代毎の変化から，伯の宮廷の構成の時間的変遷を検討する。他方で，これらの側近が文書の本文に当事者として現れる事例を採り上げ，彼らの活動や伯との関係を考察する。

　第 3 章「ポンティウ伯権力と所有」では，伯の所有する諸権利とその運営を検討するため，伯の寄進・贈与文書に贈与物件として現れる伯の諸権利を網羅的に検証する。最初に伯の領主的諸権利を検討し，伯の所領や諸権利の実体と時間的変化，さらにはその運営管理の実態を考察する。続いて森林や水といった公的空間や貨幣などの伯の君主的諸権利に注目し，伯がこれらの君主的諸権利をどの程度掌握し，活用していたのかを確認して，伯の伯領内における領域的統治の実態を明らかにする。

　第 4 章「ポンティウ伯の上級裁判権」では，伯の君主的諸権利の一つである上級裁判権を対象に，伯による上級裁判権の獲得の過程を明らかにする。そのために伯文書の中で上級裁判権に関係する言及が見られるもののテクストを精読し，まず伯がいつから上級裁判権を有していたのかを時代をおって確認する。そして伯が上級裁判権を伯領統治の一環として活用している状況を確認する。また伯の上級裁判権が対象とした犯罪の種類についても明らかにする。

　第 5 章「ポンティウ伯とコミューン」では，伯とコミューンの関係を明らかにするため，伯や領主が伯領内の都市・集落に発給したコミューン文書群の内容を分析する。まずは伯領の全コミューン文書の元となった，中心都市アブヴィルのコミューン文書テクストを分析することで，伯とコミューン双方に属する権利を明らかにし，伯とコミューンの関係を整理した上で，伯の対コミューン政策やコミューンの自立性の有無を考察する。その後，他の領主が発給したコミューン文書の内容の検討により，領主とコミューンに対する伯の卓越的影響力と伯の伯領規模でのコミューン政策を論ずる。

第 1 章
ポンティウ伯文書と文書局
―― 伯の文書行政 ――

はじめに

　ポンティウ伯の伯領統治を考察する際，まず初めに統治の手段として伯文書の発給行為に着目することは重要と考えられる。なぜなら 12 世紀を通じて法行為における文字の価値が飛躍的に上昇し，文書の政治的価値が高まったこと自体には異論がなく，公権力の統治を考察する場合，文書行政の具体相を研究することは不可欠と言えるからである[1]。そこで本章では，本書の

---

1) Cf. CLANCHY, M. T., *From Memory to Written Record, England 1066-1307*, Oxford/Cambridge, Mass., 1979 ; FIANU, K. et GUTH, D. J., éds., *Ecrit et pouvoir dans les chancelleries médiévales : espace français, espace anglais. Actes du colloque international de Montréal, 7-9 septembre 1995*, Louvain-la-Neuve, 1997 ; GASSE-GRANDJEAN, M.-J. et TOCK, B.-M., éds., *Les actes comme expression du pouvoir au Haut Moyen Age. Actes de la Table Ronde de Nancy, 26-27 novembre 1999*, Turnhout, 2003. そのほか，12 世紀以降の実務における文書の価値の高まりの問題全般については，BRITNELL, R., ed., *Pragmatic Literacy. East and West, 1200-1330*, Woodbridge, 1997 ; HEIDECKER, K., ed., *Charters and the Use of the Written Word in Medieval Society*, Turnhout, 2000 ; SCHULTE, P., MOSTERT, M. and VAN RENSWOUD, I., eds., *Strategies of Writing : Studies on Text and Trust in the Middle Ages. Papers from "Trust in Writing in the Middle Ages" (Utrecht, 28-29 November 2002)*, Turnhout, 2008 ; ANHEIM, E. et CHASTANG, P., Les pratiques de l'écrit dans les sociétés médiévales (VIe-XIIIe siècle), dans *Médiévales*, 56, 2009, pp. 5-10 ; BERTRAND, P., A propos de la révolution de l'écrit (Xe-XIIIe siècle): considérations inactuelles, dans *Médiévales «pratiques de l'écrit»*, éds. par E. Anheim et P. Chastang, 56, 2009, pp. 75-92. さらに，近年では，証書系資料のみならず，台帳・管理系資料（行政内部資料）についても関心が高まっている。代表例として，HERMAND, X., éd., *Decrire, inventorier, enregistrer entre Seine et Rhin au moyen age*, Paris, 2012.

主要な史料であるブリュネル編『ポンティウ伯文書集』の情報を整理するとともに、ポンティウ伯の文書行政を検討する。具体的には、伯の法行為の最も直接的な現れである伯文書の形式分析を行うとともに、伯の文書行政を担う伯文書局のあり方を考察する。

　文書形式と文書は、従来から、史料刊行および文書形式学における中心的な研究対象であった。この際、最も注目されたのは王、皇帝、教皇の文書、文書局であり[2]、その他の文書発給主体については、研究は進んでいるとは言い難い。特に12世紀以前については、一部を除いて多くの領邦では、俗人は固有の文書局を持たず、もっぱら受益者が文書を整備、作成したほか、必要なら、その都度、教会組織（人）を頼ったとすら論じられている[3]。文書局の構造や成員を直接示すような史料は一般に例外的であり、文書行政を研究するには、発給された文書自体を頼りにするしかないが、幸いポンティウ伯領については、信頼できる伯文書集が刊行されており、そこに収録された文書の網羅的検討から、12-13世紀のポンティウ伯文書形式、および文書局の特徴を析出することが可能である。他方、領邦君主の文書研究のいくつかにおいては、王を含む君主同士の文書形式の比較等も行われており、ポン

---

2) 王文書については、BISTRICKY, J.(Hrsg.), *Typologie der Königsurkunden. Kolloquium de Commissison Internationale de Diplomatique in Olmütz, 30.8-3.9. 1992*, Olmütz, 1998. フランス王文書局に関しては、TESSIER, G., *Diplomatique royale française*, Paris, 1962 ; BAUTIER, R.-H., Recherches sur la chancellerie royale au temps de Philippe IV, dans *Bibliothèque de l'Ecole des Chartes*, 122-123, 1964-1965, pp. 89-176 et pp. 313-459. 教皇文書に関しては、HERDE, P. und JAKOBS, H. (Hrsg.), *Papsturkunden und europäisches Urkundenwesen. Studien zu ihrer formalen und rechtliche Kohärenz vom 11. bis 15. Jahrhundert. Commission internationale de diplomatique, Symposion Heidelberg, 28. september bis 1. Oktober 1996*, Köln/ Weimar/ Wien, 1999 ; HIESTAND, R. (Hrsg.), *Hundert Jahre Papsturkundenforschung : Bilanz - Methoden – Perspektiven : Akten eines Kolloquiums zum hundertjährigen Bestehen der Regesta Pontificum Romanorum vom 9.-11. Oktober 1996 in Göttingen*, Göttingen, 2003.

3) 文書の受益者作成問題については、最初の体系的な叙述として、M. プルーによるフィリップ1世王文書集成の序論（PROU, M., éd., *Recueil des actes de Philippe Ier, roi de France*, Paris, 1908.）のほか、B.-M. トックのアラス司教文書・文書局研究が、方法論的にも重要である（TOCK, B.-M., *Une chancellerie épiscopale au XIIe siècle : Le cas d'Arras*, Louvain-la-Neuve, 1991.）。

ティウ伯文書の特徴を同時期の周辺の君主文書と比較することも重要な課題となる[4]。

　検討対象となる『ポンティウ伯文書集』において，編者ブリュネルはポンティウ伯の文書局の存在を指摘しているが，文書局の実態や具体的活動については触れていない。そこで本章では，伯文書が集中して発給された 12 世紀後半から 13 世紀前半の 3 人の伯，ジャン，ギョーム 2 世，マリを対象として，彼らの文書を網羅的に研究し，文書局作成の文書形式の特徴を分析するとともに，これを伯の統治の変遷と関連して論じたい。また，第 2 章では伯の俗人側近について論じるが，本章における伯の文書発給態勢や伯の文書局の研究は，伯の聖職者側近の調査にも直接関係するものである。なぜなら，伯が文書局を有していたのならば，それを構成するのは伯の周囲に常時存在した聖職者だと考えられるからである。よって文書に現れる文書局スタッフの言及から，ポンティウ伯文書局と共にそれを構成する伯の聖職者側近のあり方についても検討する。

第 1 節　ポンティウ伯文書の概観——形式，内容，受益者——

　本節では検討の前提として，対象期間のポンティウ伯文書の類型とその各伯在位期毎の変化，並びに伯文書に記された内容について概観する。かつてルマリニエは，初期カペー王の文書形式，文書の受益者，証人欄等の数量的検討から，11 世紀から 12 世紀初めの時期の王の政治的理念，影響圏，側近

4）領邦君主文書，文書局研究については，SILAGI, G. (Hrsg.), *Landesherrliche Kanzleien im Spätmittelalter. Referate zum VI. Internationalen Kongreß für Diplomatik, München 1983*, München, 1984 ; CASTELNUOVO, G. et MATTEONI, O., éds., *Chancelleries et chanceliers des princes à la fin du Moyen âge : actes de la table ronde de Chambéry, 5 et 6 octobre 2006*, Chambéry, 2011. 重要な個別論文としては，上記論文集所収のものに加えて，以下のものがある。LEONARD, E. G., Chanceliers, notaires comtaux et notaires publics dans les actes des comtes de Toulouse, dans *Bibliothèque de l'Ecole des Chartes*, 113, 1956, pp. 37–74 ; PREVENIER, W., La Chancellerie des comtes de Flandre, dans le cadre européen, à la fin du XIIe siècle, dans *Bibliothèque de l'Ecole des Chartes*, vol. 125, 1967, pp. 34–93. なお，サン＝ポル伯に関しては，近年ニウスの編集により，伯文書集が刊行された。NIEUS, J.-F. éd., *Les chartes des comtes de Saint-Pol (XIe-XIIIe siècles)*, Turnhout, 2008.

	合計		notice		charte		lettre		mandement		不明	
ジャン (1149-1192)	64	4	6.3%	52	81.3%	4	6.3%	0		4	6.3%
ギョーム2世 (1192-1221)	151	0		120	79.5%	17	11.3%	1	0.7%	13	8.6%
マリ (1221-1250)	113	0		81	71.7%	25	22.1%	3	2.7%	4	3.5%
	328	4	1.2%	253	77.1%	46	14.0%	4	1.2%	21	6.4%

資料1-1 各伯ごとの伯文書の形式による分類(『ポンティウ伯文書集』をもとに筆者作成)

集団などの変化を検証したが，ここでも同様な作業をポンティウ伯文書について行いたい[5]。なおこれらの項目の分類は，ポンティウ伯文書集の編者ブリュネルの分類に従うこととする。

1. 伯文書の類型

　ポンティウ伯文書は形式により，大きく四類型に分類される。各伯在位期における発給文書数と各文書類型数は，資料1-1の通りである[6]。

　まずはノティティア notice が挙げられる。法行為を三人称形式で語るこの文書類型については，伯ジャンの在位期にのみ僅か4通が存在するが，1163年を最後に伯文書から姿を消す[7]。

　続く一人称形式の証書 charte は最も頻繁に用いられた形式である。その数はジャン期において52通，ギョーム2世期においては120通に上り，マリ期にも81通を数えるなど，三伯いずれの時代においても7割以上の安定した割合を占めている[8]。

---

5) LEMARIGNIER, J.-F., *Le gouvernement royal aux premiers temps capetiens (987-1108)*, Paris, 1965.

6) なおここで挙げた三類型のいずれに属するのか不明の文書は以下の通りである。
ジャン期：RACP, nos 86, 93, 118, 121；ギョーム2世期：nos 127, 129, 135, 148, 158, 190, 193, 210, 246, 249, 252, 262, 275：マリ期：nos 313, 321, 362, 389.

7) RACP, nos 48, 52, 66, 68.

8) ジャン期：RACP, nos 49, 51, 53-56, 58-65, 67, 69-72, 85, 87-92, 94-106, 108-112,

第三の形式として，書簡 lettre が挙げられる。書簡とは形式が簡潔で，特定された宛先と挨拶の文句を備える文書である。書簡は 13 世紀に多く作成され，特にマリ期においては，伯発給文書の約 4 分の 1 を占めるまでに増加している[9]。この書簡の一種として親書 lettre missive が存在する[10]。親書の形式は，発給者と宛先の記載の順序を入れ替えるなど，文書というより手紙の特徴を有するものであり，主として特定の有力者個人へ宛てられた。

また書簡の一種である令状 mandement が確認される。令状は，発給者が自らの役人等へ命令を伝達するために用いた文書であり，「命じる」を意味する動詞 mandare を用いる点が特徴である。令状の初出の例は，作成時期が 1119 年から 1157 年の間と推定される文書だが，それ以外は主に 13 世紀に用いられた[11]。

2. 伯文書の内容と受益者

資料 1-2 から分かる通り，伯文書の内容として最も数が多いものは寄進文書である。全時期を通じて 105 通が数えられ，全伯文書の 32% を占める[12]。文書の受益者については，資料 1-3 にまとめたが，ここからはジャ

114-117, 119-120, 124-126；ギョーム 2 世期：nos 128, 130-134, 136-147, 149-157, 159-162, 164, 166-168, 170-173, 176-180, 184, 186-189, 191-192, 194-197, 200-209, 211-212, 214-229, 231, 233-245, 247-248, 253-261, 263-265, 267-273, 276-277；マリ期：nos 278-279, 281, 283-292, 295-299, 302-304, 307, 309-311, 315-317, 319, 322-349, 351-352, 354, 356, 360-361, 365, 367-368, 370-372, 374-376, 378, 381, 383-388, 390.

9）ジャン期：RACP, nos 75, 107, 113, 122, 123；ギョーム 2 世期：nos 163, 165, 169, 174, 175, 181, 182, 183, 185, 198, 199, 213, 230, 232, 250, 251, 266, 274；マリ期：nos 280, 282, 293, 294, 300, 301, 305, 306, 308, 312, 314, 318, 320, 350, 353, 355, 357, 358, 359, 363, 364, 366, 369, 373, 377, 379, 380, 382.

10）ジャン期：RACP, nos 107, 113, 122-123；ギョーム 2 世期：nos 182, 230；マリ期：nos 355.

11）RACP, nos 181, 199, 293, 369, 373, 393, 415, 441.

12）ジャン期：RACP, nos 49, 53, 55,58, 59-60, 63, 65, 69, 72, 86, 91, 95, 98, 102-105, 108, 112, 113, 119, 124, 126；ギョーム 2 世期：nos 135, 147, 151, 157, 172-173, 176, 196, 198, 201, 208-209, 211, 214, 217, 219-221, 226-227, 235, 239, 245, 248-249, 256, 259-260, 263, 265-268, 270-271, 275；マリ期：nos 288-289, 302, 304, 306-307, 315, 321-342, 344-345, 348, 350-351, 366, 368, 371, 374, 376, 382, 385-386, 388, 390.

内　　容	ジャン文書	ギョーム2世文書	マリ文書	計
寄進	24	36	45	105
確認	18	43	31	92
合意	3	13	8	24
贈与	2	10	8	20
コミューン文書授与	1	10	1	12
告示	5	7		12
紛争調停	2	6	2	10
ヴィディムス		3	6	9
規定		4	4	8
承認	1	5		6
契約	2	3	1	6
要求	4	1	1	6
マンドマン		1	3	4
保護		3		3
売却			3	3
交換		2		2
賠償	2			2
宣誓	1			1
オマージュの受取		1		1
返還		1		1
不明		1		1
計	65	151	113	328

資料1-2　各伯ごとの伯文書の内容（『ポンティウ伯文書集』をもとに筆者作成）

ン期に18，ギョーム2世期に45，マリ期に38の教会機関が受益者として現れており，それらの約半数がポンティウ伯領内に位置している。

　各伯発給文書の宛先となった受益教会機関をさらに詳しく検討すると，特定の教会への寄進を繰り返していたことがうかがえるが，多数の寄進文書を受け取っている教会機関を，親密な関係を有する教会機関とみなすことは許

されるであろう。その中で，突出して多くの寄進を受けている教会機関が，ノートル＝ダム・ド・バランス修道院である。その他，伯と親密な関係を有すると見られる教会機関には，サン＝ヴュルフラン・ダブヴィル教会参事会，ヴァル・ド・ビュイニーレプラ院などが挙げられる。

　その一方で，ポンティウ伯は隣接する他の伯領との境界地域に位置する教会機関にも寄進文書を発給している状況もまた読み取ることができる。例えばサン＝ジョス＝オ＝ボワ修道院，ノートル＝ダム・ド・ガル修道院，ノートル＝ダム・ド・セルカン修道院などは，伯領の境界地域に位置しながら，ポンティウ伯の寄進を何度も受けている。ポンティウ伯は伯領の境界地域において，伯の影響力の浸透と拡大を図るため，積極的に境界地域の教会機関へ働きかけを行っているようである。また，ギョーム2世期とマリ期には，伯領外の教会にも幅広く寄進文書を発給している状況が確認される。例として挙げると，アミアン司教，サン＝ピエール・ド・コルビー修道院，ノートル＝ダム・ド・ブーローニュ教会参事会などが，伯領外にありながらポンティウ伯が寄進を行った教会機関である。ここで重要なのは，各伯は親密な関係を有する，特定の教会への寄進を繰り返すと同時に，従来関係を持たなかった教会との，新たな関係の構築にも励んでいた状況がうかがえる点である。

　なお寄進物件，諸権利の所在地に関して検討すると，文書テクスト中に所在地の言及がある大半の物件がポンティウ伯領内に所在することが確認できる（ジャン期は24件中21件，ギョーム2世期には51件中38件，マリ期には44件中38件）。

　文書の内容として，次に多いのは確認である。確認文書は三伯を通じて92通を数え，伯文書全体の28％を占める[13]。特にギョーム2世の時代に

13）ジャン期：RACP, nos 51, 56, 61, 67-68, 71, 85, 87-90, 94, 96, 99, 101, 110-111, 121；ギョーム2世期：nos 128-129, 133, 136, 143, 146, 149, 154, 156, 158, 161-162, 165-166, 168, 171, 174, 177-179, 183, 185, 189-192, 202, 206, 210, 215, 225, 231, 234, 246-247, 253, 255, 258, 261, 264, 273-274, 276；マリ期：nos 280-281, 283-286, 290, 294, 299, 301, 308, 310, 313-314, 316, 343, 349, 356, 363, 370, 372, 375, 377-381, 383-384, 387, 353.

斜体：以前から関係あり
網掛濃：ポンティウ伯領内に位置
網掛薄：隣接伯領との境界地帯に位置

ジャン発給文書の受益者教会施設

教会施設（所在地のアルファベット順）	回数
Prieuré Saint-Pierre d'Abbeville	5
Hôpital Saint-Nicolas d'Abbeville	3
Chapitre Saint-Vulfran d'Abbeville	2
Abbaye Saint-Silvin d'Auchy	1
Abbaye Notre-Dame de Balances	12
Abbaye Notre-Dame de Bertaucourt	1
Abbaye Notre-Dame de Cercamp	2
Prieuré Saint-Sauveur de Doullens	1
Abbaye de Saint-Josse-au-Bois	9
Abbaye Notre-Dame de Gard	3
Prieuré Saint-Léger de Lucheux	1
Abbaye Notre-Dame d'Ourscamps	1
Hôpital Saint-Jean de Jérsalem	1
Abbaye Saint-Riquier	1
Abbaye Saint-Pierre de Selincourt	1
Abbaye Notre-Dame de Séry	4
Temple de Jérsalem	3
Léproserie de Val de Buigny	7

ギョーム 2 世発給文書の受益者教会施設

Prieuré Saint-Pierre d'Abbeville	3
Hôpital Saint-Nicolas d'Abbeville	2
Chapitre Saint-Vulfran d'Abbeville	8
Chapitre Notre-Dame d'Amiens	1
Eveque d'Amiens	2
Hôpital d'Amiens	1
Abbaye Saint-Vast d'Arras	1
Abbaye Saint-Silvin d'Auchy	1
Abbaye Notre-Dame de Balances	21
Hôpital Saint-Jean de Beauvais	1
Abbaye Notre-Dame de Cercamp	4
Abbaye Notre-Dame de Clairvaux	1
Abbaye Saint-Pierre de Corbie	1
Hôpital Saint-Nicolas de Crécy	1
Prieuré Saint-Sauveur de Doullens	2
Abbaye de Saint-Josse-au-Bois	4
Abbaye Notre-Dame d'Épagne	5
Chapitre Notre-Dame d'Eu	1
Abbaye Notre-Dame de Forest-Montiers	1
Abbaye Notre-Dame de Gard	3
Chapellenie du Gard-lez-Rue	1
Léproserie de Lannoy	1
Abbaye Notre-Dame de Longpont	1
Chapitre Notre-Dame de Longpré	3
Hôpital de Montdidier	1
Église de Montigny	1
Abbaye Saint-Sauve de Montreuil	1
Prieuré Notre-Dame de Moreaucourt	1
Chapitre Notre-Dame de Noyelles	1
Léproserie de Quesne	1
Archevêque de Reims	1
Hôpital de Rue	2
Abbaye Saint-André-au-Bois	1
Hôpital Saint-Jean de Jérsalem	2
Abbaye Saint-Josse-sur-Mer	4
Abbaye Saint-Maurice	1
Abbaye Saint-Riquier	3
Hôpital Saint-Nicolas de Saint-Riquier	3
Abbaye Saint-Valery	2
Abbaye Notre-Dame de Séry	1
Temple de Jérsalem	2
Léproserie de Val de Buigny	4
Léproserie de Val de Montreuil	2
Prieuré Saint-Marie-Madeleine de Verjolay	1
Abbaye Notre-Dame de Willencourt	5

資料 1-3 ポンティウ伯文書の受益教会一覧（『ポンティウ伯文書集』をもとに著者作成）

マリ発給文書の受益者教会施設

Hôpital Saint-Nicolas d'Abbeville	2
Chapitre Notre-Dame d'Amiens	2
Abbaye Notre-Dame de Balances	7
Chapellenie de Berles	1
Chapitre Notre-Dame de Boulogne	2
Abbaye Notre-Dame de Cercamp	1
Abbaye Saint-Pierre de Corbie	1
Abbaye de Saint-Josse-au-Bois	8
Abbaye Notre-Dame d'Épagne	3
couvent des Bons-Hommes de Erloy	5
Abbaye Notre-Dame de Gard	3
Chapellenie du Gard-lez-Rue	1
Léproserie de Lannoy	2
Abbaye Notre-Dame de Longpont	1
Prieuré Notre-Dame de Maintenay	3
Prieuré Notre-Dame de Moreaucourt	3
Chapitre Notre-Dame de Noyelles	2
Abbaye Notre-Dame d'Ourscamps	1
Prieuré de la Sainte-Trinite de Pontarme	1
Abbaye Notre-Dame de Rieval	1
Hôpital de Rue	2
Abbaye Saint-Acheul	2
Abbaye Saint-André-au-Bois	1
Abbaye Saint Denis	1
Abbaye Saint-Josse-sur-Mer	3
Abbaye Saint-Leu d'Esserent	2
Abbaye Saint-Michel de Doullens	1
Prieuré Saint-Pierre d'Abbeville	1
Abbaye Saint-Riquier	1
Abbaye Saint-Valery	1
Chapitre Saint-Vulfran d'Abbeville	6
Église Saint-Vulfy de Rue	1
Abbaye Saint-Pierre de Selincourt	2
Abbaye Notre-Dame de Séry	2
Léproserie de Val de Buigny	3
Léproserie de Val de Montreuil	1
Prieuré de Wariville	1
Abbaye Notre-Dame de Willencourt	2

は，寄進文書よりも多くの確認文書が発給されている。確認文書の内容は，以前のポンティウ伯による寄進行為の確認，教会財産の全般的な確認のほか，他の俗人領主による教会機関への寄進行為の確認も見られる。この場合には，確認という行為は，第三者の行為の認証，告示に近づいているとも言える。

その他の文書内容としては，コミューン文書授与が12通[14]，告示文書が12通[15]，紛争調停が10通[16]，過去の文書を全文再録し確認するヴィディムスが9通数えられる[17]。

第2節　ポンティウ伯文書の文書形式学的検討

本節では，ポンティウ伯文書が，文書形式上，どのような書式にしたがって書かれているのかを検討する[18]。この際，各伯の文書形式，書式の特徴とともに，時期を通じての変化にも着目する。また，文書形式上の特徴から，伯文書局が作成した文書を，書式上の特徴によって識別する。伯の文書行政のあり方を論じる本論にとって，伯の文書局の存在と機能が重要な論点となるからである。

1. 伯文書の文書形式
(1)　ジャン期（1149-1192）

ジャン期の伯文書は64通が存在するが，その内残存するオリジナルは42.2％にあたる27通である。半数以上の14通が横長の文書である。

---

14) ジャン期：RACP, no 109；ギョーム2世期：nos 127, 131, 134, 148, 150, 152, 155, 203, 212, 257；マリ期：no 292.
15) ジャン期：RACP, nos 70, 117, 120, 123, 125；ギョーム2世期：nos 140, 175, 236, 244, 250-251, 272.
16) ジャン期：RACP, nos 48, 97；ギョーム2世期：nos 130, 153, 160, 167, 200, 218；マリ期：354, 359.
17) ギョーム2世期：RACP, nos 186, 207, 269；マリ期：nos 287, 291, 298, 303, 347, 364.
18) 文書形式学および専門用語については，高山博／池上俊一編『西洋中世学入門』東京大学出版会，2005年，59-72頁，特に67-69頁を参照。本書では，文書形式の諸要素について，日本語での混乱を恐れて，ラテン語法術語のカタカナ表記で表現する。

内層的諸特徴については，まずジャン期の伯文書では，34.4％にあたる22通に聖なるものへの呼びかけ（以下，インヴォカチオ）が存在する。伯文書に用いられたインヴォカチオには3種類が存在した。最も多く用いられた書式は In nomine Patris, Filii et Spiritus Sancti（Amen）書式で，半数以上の14例に用いられている[19]。この書式はジャンの在位期を通じてまんべんなく使用されている。次に In nomine sancte et individue Trinitatis 書式が7通に使用されている[20]。この書式はジャン期以前の1026年から既にポンティウ伯文書に用いられており，ジャン期においては1150年代から1173年にかけて現れる。最後に In nomine Domini 書式の使用が1通に確認される[21]。ノートル＝ダム・ド・バランス修道院宛文書やヴァル・ド・ビュイニーレプラ院宛文書には常に父と子と聖霊書式が用いられており，テンプル騎士団宛文書では常に三位一体書式が採用されているなど，受益者に応じた書式の使い分けが見て取れる[22]。

　発給者が自らを一人称で表す書式（以下，インティチュラチオ）に関しては，「ポンティウの伯」の肩書きが，全文書において伯の個人名に付されている。ほとんどの文書は comes Pontivi 書式を持つが，6例は comes de Pontivo, comes Pontivensis, Pontivensium comes, comes Pontivorum と記されている[23]。また謙譲書式は16通に確認される。最も多い書式は Dei patientia 書式で，11通に登場する[24]。この書式は2通の例外を除き，全てがノートル＝ダム・ド・バランス修道院宛文書に用いられている。次に Dei gratia 書式が3通に見られる[25]。その内2通は comes de Pontivo 書式と共に使用されており，それぞれノートル＝ダム・ド・セルカン修道院，ノート

---

19) RACP, nos 53, 55, 58, 63, 87, 91, 94-96, 105, 108, 114-115, 126.
20) RACP, nos 49, 51, 62, 65, 67, 71, 88.
21) RACP, no 64.
22) ノートル＝ダム・ド・バランス修道院宛：RACP, nos 91, 94, 96, 105；ヴァル・ド・ビュイニーレプラ院宛：nos 95, 108, 114, 126；テンプル騎士団宛：nos 49, 65.
23) Comes de Pontivo : RACP, nos 58, 87, 88 ; comes Pontivensis : no 61 ; Pontivensium comes : no 69 ; comes Pontivorum : no 71.
24) RACP, nos 68, 70, 72, 90, 91, 94, 96, 98, 101, 103, 108.
25) RACP, nos 53, 87, 88.

資料1-4　歴代ポンティウ伯の印章図像（『ポンティウ伯文書集』, pp. LXXI-LXXX）

第1章　ポンティウ伯文書と文書局

Guillaume II

Guillaume II

Marie

Simon de Dammartin

Mathieu de Montmorency

Jeanne　　　　　　　　　　Jean de Nesle

資料 1-4　（続き）

ル＝ダム・ド・ガル修道院を受益者とする教会財産の確認文書である．そして Dei permissione はサン＝ジャン・ダミアン教会への寄進文書，Dei miseratione がサン＝ソヴール・ド・ドゥラン修道院への寄進文書にそれぞれ 1 回ずつ現れる[26]．

次に，冒頭定式部に続いて現れることが多い告示定式（以下，ノティフィカチオ）に関しては，44 通にその存在を認めることができ，30 種類の書式が確認される．その中で複数回使用されている書式は 7 種類であった．その内 2 種類は各々同一の受益者宛に用いられており，5 種類は全て異なる受益者宛に用いられていた．最も多く用いられた書式は，Notum fieri volo omnibus tam presentibus quam futuris quod 書式であり，使用回数 6 回を数えるが，これは全てノートル＝ダム・ド・バランス修道院宛文書に使用されていた[27]．

---

26) Dei permissione : RACP, no 63 ; dei miseratione : no 69.

文書の内容に関係しない一般的な考慮が書かれる前文（以下，アレンガ）は19通に登場し，17種類が数えられる。2種類のアレンガが各2回，全て同一の受益者ヴァル・ド・ビュイニーレプラ院宛に用いられている[28]。

　文書の有効性を保証する標章が予告される強固部（以下，コロボラチオ）は27通に存在する[29]。ほとんどがutから始まる従属節で文書内容の永続を希望し，印章の添付を予告する主節が続く構成をとっている。

　終末定式の日付に関しては，年のみの表記をとる事例が56.3％に当たる36例を数え[30]，年月の表記がある事例はわずか1例に留まり，年月日が判明する例は6例である[31]。編者ブリュネルは，受胎告知の祝日3月25日を一年の起点として採用している[32]。

　最後に印章について述べる。ポンティウ伯の印章が付された文書自体は，ジャン期以前の伯ギイ1世の時期である1100年に既に登場している[33]。ジャン期における印章付文書の初出は1154年であり[34]，残存するオリジナル文書の内で，印章自体が残っているのは7例，印章の痕跡が残っているのは19例である[35]。ポンティウ伯の印章は，ギイ2世（1131-1147）の時代からジャンを経て次代ギヨーム2世までの12世紀中，同じ図像が用いられている[36]。ジャンの印章は直径80mmのキュベット型で，その図像は右

27）RACP, nos 91, 94, 96, 102, 105, 108.

28）例として，1180/84年のヴァル・ド・ビュイニーレプラ院宛文書のアレンガを挙げる。RACP, no 108 , « ... Opere precium est res gestas litteris annotare, ne quod bono studio geritur, per malum discordie in posterum perturbetur. ... », no 126, nos 95, 114.

29）RACP, nos 53, 55, 58, 60-61, 64-65, 67-70, 72, 85, 89, 97, 98-99, 103, 105-106, 109, 114-115, 119, 123-125.

30）RACP, nos 48, 51, 56, 58-59, 61-68, 70, 85, 87-90, 92, 92, 94-97, 99-102, 105-106, 115, 119, 124-126.

31）RACP, nos 49, 53, 72, 103, 109, 114.

32）RACP, p. LXIII.

33）RACP, no 11.

34）RACP, no 49.

35）印章自体が残存：RACP, nos 52, 53, 55, 59-60, 87, 98 ; 印章の痕跡が残存：nos 49, 51, 56, 62, 65, 69, 72, 88-89, 95, 99-100, 105-106, 108-109, 114-115, 126 ; また印章の告示があっても印章が付されていない事例も存在する：no 64.

36）RACP, p. LXXV.

向きに駆ける騎馬像であり，円錐形の兜をかぶり，右手に槍を持ち，左腕に盾を持っている。その銘文は + SIGILLVM IOHANNIS COMITIS PONTIVI である[37]。

(2) ギョーム 2 世期（1192-1221）

　続くギョーム 2 世文書は総数 151 通を数え，その内オリジナルで伝来するものは 25.2％にあたる 38 通である。ジャン文書と同じく，半数以上の 22 通が横長の形状の文書である。

　まずインヴォカチオに関しては，ギョーム 2 世文書の 9.9％にあたる 15 例にその存在が確認できる。書式はジャン期と同じ 3 種類が登場する。その内訳は In nomine Patris et Filii et Spiritus Sancti 書式が 11 例[38]，In nomine sancte et individue Trinitatis 書式が 3 例[39]，In nomine Domini 書式が 1 例である[40]。いずれの書式もノートル＝ダム・ド・バランス修道院宛の 2 例を除いて，個人，教会機関，コミューンといった全て異なる受益者宛に発給されている。しかし，ポンティウ伯文書におけるインヴォカチオの使用は，1212 年の例を最後に姿を消す[41]。

　次にインティチュラチオに関しては，「ポンティウの伯（Ego）N comes Pontivi」の書式が確立される[42]。謙譲書式については，3 例が確認される。まず Dei gratia 書式が伯の封臣ユーグ・ドクシーによるノートル＝ダム・ド・セルカン修道院への寄進確認文書に使用されている。続いて Dei patientia 書式が一つはノートル＝ダム・ド・バランス修道院とギイ・ダルグール間の紛争合意文書に，いま一つがノートル＝ダム・ド・バランス修道院とロベール・ド・モントルイユの妻アド間の紛争合意文書に用いられている。しかし謙譲書式は 1203/04 年以降は現れなくなる[43]。こうしたイン

---

37) 資料 1-4 を参照。
38) RACP, nos 132, 134, 136, 141, 150, 161-162, 171, 177, 187, 206.
39) RACP, nos 149, 207, 227.
40) RACP, no 154.
41) RACP, no 227.
42) RACP, nos 131-134, 136, 139, 141, 143, 145, 149-150, 152-157, 160, 161, 188, 197, 209, 165.

ヴォカチオと謙譲書式の消滅に関しては，近隣の君主文書との類似が認められる。サン＝ポル伯文書においても，インヴォカチオは1202年までは継続的に現れるが，その後はほとんど見られなくなる。同様に謙譲書式も12世紀中期においてはサン＝ポル伯文書の70％に現れるが，1180年代から減少を始め，12世紀末になると使用はまれになる。また，この傾向はフランドル伯文書においても同様である[44]。

　興味深い点として，1203/04年を境に，以降この「ポンティウの伯」の肩書きに「モントルイユの et Monsteroli」という書式が追加され，「ポンティウとモントルイユの伯 N comes Pontivi et Monsteroli」という書式が確立することが挙げられる[45]。ポンティウ伯がモントルイユの伯を名乗ることは歴史的に見ると不可解である。モントルイユは980年以降フランス王の王領地であり，フランス王は常にモントルイユの諸権利を保持していたからである[46]。

　伯が統治の正当性を持たなかった領地名を，伯の肩書きに加えることは，モントルイユに対する伯の統治の意欲の現れであると考えられる[47]。1203/04年からポンティウ伯がモントルイユの伯を名乗り始めた理由は，伯文書から読み取ることはできない。しかし，モントルイユにおいて，コミューンに対しても教会に対しても，ポンティウ伯が一定の影響力を有していたことがうかがえる。例えば1210年に伯とモントルイユのコミューンの間に交わされた取り決めにおいては，かつては伯に属していたモントルイユ

---

43) Dei gratia : RACP, no 143 ; dei patientia : nos 153, 160.
44) NIEUS, J.-F., *Les chartes des comtes* ..., p. 52.
45) RACP, nos 162, 166-168, 170-173, 177-179, 181, 184, 187, 191-192, 194, 196, 200, 202-204, 206-208, 212, 214-216, 218-219, 222-228, 231, 233, 235-236, 238-242, 244-245, 247-248, 253-260, 267-269, 271-273, 276.
46) モントルイユの歴史的展開については，以下の文献を参照。LEBECQ, S., BETHOUART, B. et VERSLYPE, L., éds., *Quentovic : environnement, archéologie, histoire : actes du colloque international de Montreuil-sur-Mer, Étaples et Le Touquet et de la journée d'études de Lille sur les origines de Montreuil-sur-Mer, 11-13 mai 2006 et 1er décembre 2006*, Villeneuve d'Ascq, 2010 ; DE LHOMEL, G., *La Vicomté de Montreuil-sur-Mer*, Montreuil-sur-Mer, 1904.
47) RACP, pp. XXVIII-XXX.

の沼沢地において，泥炭採掘を行う権利を都市民へ与え，販売収入の半分を伯へ納めることが定められた[48]。1209/10 年には伯がモントルイユのコミューンのバンリュウを定めている[49]。また 1183/84 年にはサン＝ジョス＝オ＝ボワ修道院へ，ポンティウとモントルイユにおける教会財産の確認を行っている[50]。1210 年にはサン＝ソヴ・ド・モントルイユ教会へ，ギイ 1 世の文書のヴィディムスを発給しており，モントルイユにある教会もポンティウ伯による確認を求めていた状況が窺える[51]。他方，この時期ポンティウ伯は，フランス王との関係が悪化していたようである。1212/13 年には，ポンティウ伯とフランス王はムフリエールの森をめぐって対立状態にあった[52]。また 1214 年のブーヴィーヌの戦いにおいても，ギョーム 2 世はフィリップ・オーギュストと対立した[53]。更に興味深いことに，この「モントルイユの et Monsteroli」の部分は，フランス王やブーローニュ伯などの有力君主が関与する文書においては記されていない[54]。この点においては，伯による正当性のないモントルイユ支配に関して，伯の有力者に対する配慮が窺えるのである[55]。

　ノティフィカチオにおいては，128 通に 51 種類の書式が確認される。その内複数回使用されている書式は 14 種類であった。10 回以上使用された書式を列挙すると，最も多く用いられた書式は，notum facio presentibus et futuris quod 書式で 23 通が確認される[56]。続いて notum facio tam presentibus quam futuris quod 書式が 15 通[57]，notum facio omnibus tam futuris quam presentibus quod 書式が 12 通[58]，tam presentibus quam futuris notum facio

---

48) RACP, no 197.
49) RACP, no 204.
50) RACP, no 106.
51) RACP, no 207.
52) RACP, no 232.
53) RACP, p. VII.
54) RACP, nos 188, 250, 251.
55) RACP, pp. XXVIII-XXX.
56) RACP, nos 145, 156, 171-173, 179, 191, 192, 194, 200-201, 208, 215-216, 218, 225, 241-242, 244, 248, 258-259, 272.
57) RACP, nos 130, 132, 139, 141, 146, 153, 160-162, 170, 203, 209, 219, 239, 260.

第 1 章　ポンティウ伯文書と文書局

quod 書式が 10 通となっている[59]。受益者は多様であり，ポンティウ伯の側で作成された可能性が高い。

　アレンガは 15 通の文書に現れ，11 種類が確認される。アレンガに関して着目すべき点は，伯発給のコミューン文書群に同一の書式が使用されていた点である。1218 年までの 8 のコミューン文書に，1184 年に先代伯ジャンがアブヴィルのコミューンへ与えた文書（no 108）を元にした書式が用いられている[60]。中でも 3 通のコミューン文書である，マルカンテル文書（no 150），ウルニー文書（no 212），ポール文書（no 257）に関しては，アレンガが同一であるだけではなく，インティチュラチオ，宛先，ノティフィカチオもほぼ同一の書式を持つ[61]。また伯の聖職者シルベステル宛の贈与文書においても，これら 3 コミューン文書と同一のアレンガが用いられている[62]。そして 2 通のコミューン文書クレシー文書（no 131），ノワイエル文書（no 134）は，この 2 例に共通のアレンガを持ち，以下のインティチュラチオ，宛先，ノティフィカチオに関しては，ほぼ同じである[63]。こうしたコミューン文書群における，大部分の書式における類似性の存在からは，受

---

58) RACP, nos 154, 157, 166-167, 184, 187, 196, 206-207, 214, 256, 276.
59) RACP, nos 131, 134, 150, 152, 155, 212, 222, 228, 233, 257.
60) Abbeville（RACP, no 109）, Crécy（no 131）, Waben（no 148）, Marquenterre（no 150）, Ponthoile（no 152）, Doullens（no 155）, Mayoc（no 203）, Ergnie（no 212）, Port（no 257）.
61) RACP, no 109, « Quoniam ea que littelis annotantur melius memorie commendantur, ego Johannes, comes Pontivi, tam presentibus quam futuris notum facio quod, ... cum burgenses scriptum autenticum non haberent, ad petitionem eorumdem burgensium, de assensu uxoris mee Beatricis, et consilio hominum meorum, concessi eis communiam habendam et tanquam fidelibus meis contra omnes hominess in perpetuum tenendam, secumdun jura et consuetudines communie Ambianis, vel Corbeie, vel Sancti Quintini, salvo jure Sancte Ecclesie, et meo, et heredum meorum, et baronum meorum. ...».
62) RACP, no 132.
63) RACP, no 131, « Quoniam jam labilis est humana memoria et ea que littelis annotantur cicius ad mamoriam revacantur, ego Willelmus Talvas, comes Pontivi, tam presentibus quam futuris notum facio quod, de assensu Guidonis, patrui mei, et Ingerranni, senescalli mei, et consilio himinum meorum, concessi hominibus de Cresciaco communiam habendam et tanquam fidelibus meis in perpetuum contra omnes homines tenendam, secundum jura et cinsuetudines communie Abbatisville, salvo jure Sancte Ecclesie, et meo, et heredum meorum, et baronum meorum. ... ».

益者側が特定の先行文書を参照して作成した可能性も考えられるが，逆に，文書発給のイニシアティヴを伯の側に求めることも可能である[64]。

コロボラチオは72.2％にあたる109通に備わっている。その内88通のコロボラチオがジャン期と同様，ut で始まる従属節で文書内容の永続を希望し，印章の添付を予告する主節という構成をとっている[65]。また1216年からは後のマリ期で盛んに用いられることになる，In cujus rei testimonium で始まる書式が使用され始める[66]。

終末定式においては，着目すべき変化として，印章の告知の定着に伴い，従来法的効力の保証として必要とされた証人欄が，1212年頃から姿を消してゆく。証人欄を備えた最後の文書は1219年に作成された[67]。

日付については，46.6％に相当する70通が，年と月の表記を備えている[68]。一方，年のみの表記も31.1％にあたる47通と依然数多い[69]。その一方で年月日までが判明する文書は13.2％にあたる20通と，ある程度の数にのぼる[70]。

伝来するオリジナル文書38通の内，印章自体が残存している文書は7例，印章の痕跡が残っている文書は28例である[71]。ギョーム2世の印章に

---

64) ポンティウ伯とコミューンの関係については，第5章「ポンティウ伯とコミューン」を参照。

65) ut で始まる：RACP, nos 128, 130-132, 134, 139, 141, 147, 149, 150, 153, 154-157, 159-162, 165-167, 169-174, 176-179, 184, 187-188, 191-192, 194, 196-198, 200, 203-204, 206, 208-209, 211-218, 220-223, 225-228, 235-238, 239-243, 245, 248, 254-260, 263-264, 266, 268, 270, 271-272；ut 以外で始まる：nos 137-138, 143, 146, 163-164, 186, 189, 202, 207, 219, 224, 231, 233, 247, 274。

66) RACP, nos 250-251, 253, 273.

67) ギョーム2世期の証人欄を備えた文書は44通が存在する。RACP, nos 131-132, 134, 136, 139, 141, 143, 145, 149-150, 152-157, 160-161, 167, 170-173, 177-179, 191-192, 194, 196-197, 202, 207, 209, 212, 215-216, 222, 224-225, 227-228, 257, 269.

68) RACP, nos 137, 139, 141, 142, 149, 154, 164, 166-170, 172, 176-178, 181, 187-189, 191-192, 194-202, 206-209, 213-214, 222-224, 227-228, 230-239, 245, 247, 250-251, 253-255, 258-259, 263-268, 270, 273-274.

69) RACP, nos 128, 138, 143, 146-147, 151, 153, 159-163, 165, 171, 173-175, 179, 182-185, 203-205, 211, 215-221, 225, 229, 240-244, 248, 256, 260-261, 269, 271, 272.

70) RACP, nos 127, 130-134, 136, 140, 144-145, 150, 152, 155-157, 180, 186, 212, 226, 257.

は2種類の図像が存在する。まず一つ目は先代ジャンと同じ図像であり，円錐形の兜をかぶり，右手に槍を持ち，左腕に盾を持つ右向きの騎馬像である。その銘文は + SIGILLUM WILLELMI COMITIS PONTIVI である。いま一つは直径75mmで右向きに駆ける騎馬像で，右手に剣を掲げ，左腕に盾を持つ図像である。銘文は SIGILLUM WILLELMI COMITIS PVNTIVI である[72]。

(3) マリ期 (1225-1250)

マリ文書の総数は113通であり，オリジナルの伝来数は31%にあたる35である。その内横長の文書が32通と圧倒的に多い。

マリ期には，ギヨーム2世期に確認された諸現象の進展と定着が認められる。

まずインティチュラチオでは，肩書きについて，「ポンティウとモントルイユの女伯 comitissa Pontivi et Monsteroli」という書式の使用が定着する。マリの夫と共に文書を発給する場合には，夫も「ポンティウとモントルイユの伯」と名乗っている。ただし，フランス王の関与する文書や，ウ伯，アルトワ伯などの他の伯宛文書においては，「モントルイユの」の部分が省かれている[73]。

第1節で確認した通り，マリ期には全発給文書の21.2%の24通が書簡の形式を持って作成されている[74]。この文書類型を特徴付ける宛先と挨拶書式については，ほとんどが omnibus / universis presentes litteras / paginam inspecturis salutem (in Domino) に統一されている。また令状の使用も，基本的にマリ期から開始されたといえる（最初の令状は，1234年発給[75]）。

---

71) 印章自体が残存：RACP, nos 189, 195, 212, 214, 232, 235, 137bis；印章の痕跡が残存： nos 141, 143, 145-146, 150, 154, 156-157, 160, 166, 177-178, 188, 191, 194, 200, 208-209, 221, 223, 225-226, 236, 243-244, 248, 259, 268.
72) RACP, pp. LXXVII-LXXVIII, 資料1-4参照。
73) フランス王関与文書：RACP, nos 278-279, 287, 296；ウ伯宛文書：no 297：アルトワ伯宛文書：nos 357-358.
74) RACP, nos 293-294, 300-301, 304-306, 312, 318, 320, 350, 353, 355, 357, 358, 363-364, 369, 373, 377, 379, 382.

ノティフィカチオに関しては，96 通に存在し，32 種類が確認される。その内複数回使用された書式は 18 種類であった。最も頻繁に用いられた書式を順に 5 つ挙げると，まず universis presentes litteras inspecturis notum facio quod 書式が 17 通に使用されている[76]。続いて notum facio universis presentes litteras inspecturis quod が 12 通に見られ[77]，notum facimus presentibus et futuris quod が 7 通[78]，Noveritis quod が 7 通[79]，Noverint universi quod が 5 通に使用されている[80]。受益者は個人，教会機関，コミューンと多様であり，ポンティウ伯の側でこれらの文書が作成された可能性が高い。

アレンガは僅か 3 通の文書に現れ，全て異なる書式が使用されている[81]。

コロボラチオに関しては，マリ期当初は ut で始まる従属節が印章の添付を予告する主節を導く書式がよく用いられていたが，1235 年からは In cujus rei testimonium で始まる書式が主流を占めるようになり，約半数の 52 通で用いられている[82]。これに続く書式としては，1203/04 年に現れた presens litteras（scriptum / cartam）sigilli mei（sigillorum nostrorum）munimime roboravi（roboramus / volui roborari / fecimus rovorari）の書式が 20 通に使用されている[83]。また presens litteras（parginam / cartam）sigillorum nostronum munimine duximus roborandas（roborandam）の書式が 9 通の文書に見られる[84]。マリ期においては，印章の告示書式の約 3 分の 1 が一定の書式に統一されている状況が確認される。

---

75) RACP, nos 293, 369, 373.
76) RACP, nos 323-324, 326-331, 333-335, 338-339, 341, 345, 361, 374.
77) RACP, nos 285, 296, 299, 325, 365, 368, 371, 372, 378, 381, 384, 390.
78) RACP, nos 304, 307, 347-349, 356, 360.
79) RACP, nos 294, 300-301, 305, 350, 363, 366.
80) RACP, nos 282, 312, 353, 358, 364.
81) RACP, nos 303, 311, 379.
82) RACP, nos 284, 296, 301-304, 307, 312, 314, 316-317, 319, 323-334, 338-341, 343, 345-346, 348, 350-354, 356-358, 360-361, 364-365, 368-372, 378, 381-382, 384, 388, 390.
83) RACP, nos 281, 283-284, 294, 299, 304-305, 312, 315, 319, 335-337, 343-344, 347, 361, 377, 382, 388.
84) RACP, nos 307-309, 320, 348, 357-358, 374, 380.

日付に関しては，93 通が年月の表記を備えており，マリ文書の 82.3% を占めている[85]。また祭日の記述により，日まで特定が可能な文書は 10.6% にあたる 12 例が存在する[86]。マリ期においては，113 通中 105 通と，ほぼ全ての文書が年月までは特定が可能である。

　オリジナルで伝来するマリ文書 35 通の内，印章自体が残存している文書は 11 通，印章の痕跡が残っている文書は 22 通である[87]。マリの印章は長辺 85mm，短辺 53mm のナヴェット型で，その図像は平らな帽子をかぶり，引き裾の服を着た女性の立像で，右手にユリの花，左手にマントの紐を持ち，両脇に星の図像を伴っている。その銘文は + SIGILLVM MARIE COMITISSE PONTIVI である[88]。またマリが夫と共に文書を発給する際は，夫の印章も付されている。マリの最初の夫であるシモン・ド・ダンマルタンの印章は，直径 65mm の円形で左向きの騎馬像である。右手に剣を掲げ，左手には 3 つの帯の柄の盾を持っている。その銘は SIGILLVM SIMONIS COMITIS PONTIVI である[89]。次に 2 番目の夫であるマティウ・ド・モンモランシーの印章は，直径 80mm の円形で右向きの騎馬像である。馬衣に覆われた馬に乗り，正方形の兜をかぶり，右手に剣を掲げ，左手に紋章の入った盾を持っている。その銘は + SIGILLVM MATHEI COMITIS PONTIVI ET MOVSTEROLI である[90]。

2. 文書局作成文書の判別

　これまで，三伯の時代毎に伯文書の形式を検討してきた。この検討を通して，伯文書を構成する諸形式要素には，同一の表現，文言が何度も現れるこ

---

85) RACP, nos 278-285, 287-296, 299, 300-302, 304-310, 314-318, 320, 322-323, 324-345, 347-348, 350-361, 363-366, 369-372, 374-379, 382-387, 390.
86) RACP, nos 298, 312, 319, 346, 349, 355, 367-368, 373, 380-381, 388.
87) 印章自体が残存：RACP, nos 279, 287, 296, 302, 320, 339, 341, 349, 353, 355, 357：印章の痕跡が残存：nos 282-283, 285, 288-289, 303, 305-307, 310-311, 319, 322, 331, 343, 346, 358, 363, 376, 380, 382, 390.
88) 資料 1-4 参照。
89) 資料 1-4 参照。
90) RACP, pp. LXXVIII-LXXX, 資料 1-4 参照。

とが明らかとなった。それらのうち，受益者に無関係に現れる文言については，伯の側に何らかの文書書式が存在していたことを推測させるものである。つまり，共通の書式の利用を検討することで，伯文書局で作成された文書を判別することが可能である。具体的には，インヴォカチオ，インティチュラチオ，ノティフィカチオ，アレンガ，コロボラチオ，終末定式などの文書の構成要素を比較する。そして異なる受益者へ宛てた複数の文書において，共通の書式の使用が認められる場合，文書局作成文書と判断する[91]。逆にある書式が，同一の受益者へ宛てた複数の文書中にのみ現れる場合は，受益者作成文書と判断する。

　こうした照合の結果，ポンティウ伯文書局書式の特徴として，以下の諸点が明らかとなった。まずインヴォカチオにおいては，主に父と子と聖霊書式が使用されていたが，1212年以降は姿を消す。インティチュラチオでは，1203/04年から「ポンティウとモントルイユの伯」書式が定着する。ノティフィカチオに関しては数多くの書式が存在し，多様な受益者へ宛てて用いられていた。アレンガでは，コミューン授与文書において共通の書式が存在した。コロボラチオに関しては，12世紀から13世紀初期にはutで始まる文書内容の永続を希望する従属節と，それに続く主節の構成が主流であったが，1235年からは In cujus rei testimonium 書式が主流となる。終末定式においては，12世紀まで用いられた証人欄が印章の告知の定着に伴い減少し，1212年以降消滅する。

　以上の諸点を指標に三伯の伯文書328通を検討した結果，文書局作成文書は約63.7％にあたる209通[92]，受益者作成文書は約27.7％にあたる91

---

91) PROU, M., éd., *Recueil des actes de Philippe Ier* ..., pp. LXXIII-LXXIX ; PREVENIER, W., La Chancellerie des comtes de Flandre ..., pp. 39-45.

92) ジャン期：RACP, nos 48, 53, 55, 58, 61, 64, 67, 85, 87-89, 92, 97, 99-100, 109, 115, 117, 120, 125 ; ギョーム2世期：nos 130-132, 134, 139, 141, 145-146, 149-150, 152-157, 160-162, 166-167, 170-173. 175-179, 183-184, 187-188, 191-192, 194-204, 206-209, 211-216, 218-219, 222, 224-226, 228-229, 232-234, 236-242, 244-245, 247-248, 250-251, 253-260, 263, 265-267, 269-274, 276 ; マリ期：nos 281-285, 287-301, 303-312, 314-316, 318-320, 323-341, 343-350, 353-354, 356, 358, 360-361, 363-366, 368, 370-372, 374-375, 377-378, 380-382, 384-386, 388, 390.

第1章　ポンティウ伯文書と文書局　　　　　　　　　*51*

	合計	文書局作成		受益者作成		不明	
ジャン（1149-1192）	64	20	31.3%	40	62.5%	4	6.3%
ギョーム2世（1192-1221）	151	100	66.2%	35	23.2%	16	10.6%
マリ（1221-1250）	113	89	78.8%	16	14.2%	8	7.1%
合計	328	209	63.7%	91	27.7%	28	8.5%

資料 1-5　各伯毎の発給者別文書数（『ポンティウ伯文書集』をもとに筆者作成）

通という結論が得られた[93]。各伯の在位期毎の分類は資料 1-5 の通りである。この結果からは，伯文書に占める文書局作成文書の割合に関して，ジャン期とギョーム 2 世期間において顕著な変化が認められる。伯文書発給数自体が倍増し，伯の文書発給活動の活発化が示唆されているだけではなく，ジャン期においては伯文書作成を受益者に任せる場合が多いのに対して，ギョーム 2 世期になるとその比率が逆転し，マリ期にいたっては，伯文書局による文書作成が約 8 割を占めている。

　本節の検討結果をまとめると，以下の通りである。

　第一に，ジャン期においては，細部において異なる文書書式が使い分けられていた。特にノートル＝ダム・ド・バランス修道院やヴァル・ド・ビュイニーレプラ院に関しては，インヴォカチオ，謙譲書式，ノティフィカチオ，アレンガにおいて，それぞれの受益者に特定の書式が用いられていたことが検証され，この時期の伯文書の相当部分は，受益者によって作成されていたと考えられる。

　第二に，ギョーム 2 世の時代に入ると，伯の文書行政の進展が認められる。まず文書数が倍増した。特に重要なのは，文書局作成文書が，ジャン期と比較して 5 倍も増加したことである。インティチュラチオに関しては，

---

93) ジャン期：RACP, nos 49-52, 56, 59-60, 62-63, 65-66, 68-72, 90-91, 94-96, 98, 101-108, 110-114, 116, 119, 122-124, 126 ; ギョーム 2 世期：nos 128, 133, 136-138, 140, 142-144, 147, 151, 159, 163-165, 168-169, 174, 180-182, 186, 189, 217, 220-221, 223, 227, 230-231, 235, 243, 261, 264, 268 ; マリ期：nos 278-279, 286, 302, 322, 351, 355, 357, 359, 367, 369, 373, 376, 379, 383, 387.

「ポンティウの伯」書式の確立に続いて,「モントルイユの」という新たな書式の使用が開始され,領土拡大の意欲を文書において表現する強い意思が垣間見られる。ノティフィカチオやアレンガにおいては,複数の文書局書式が定着したが,これらの文書は多様な受益者のために発給されている。コロボラチオでは印章の告示書式の使用が定着し,定式化した書式が登場する。印章の付与による法的恒久的効力の保証という概念が,この時期に定着したと考えられる。

第三に,マリ期には,伯文書局作成文書の割合のさらなる増加が確認される。さらに,書簡形式の文書が増加し,令状の使用が開始されたが,これらは王や有力領邦君主と同じ動向を示している[94]。またコロボラチオにおいては新たな書式の使用と定着が認められ,印章の告示書式も統一された。

第3節 ポンティウ伯文書局と文書局構成員

最後に第3節では,これまで検討してきた伯文書を作成した人間に着目する。ポンティウ伯側による文書作成はいつから始まり,文書作成スタッフはいつから確認されるのだろうか。そしてこれら伯文書作成書記の間に,組織化が見られるのかどうかを検討する。

なお本節において,検討時期をジャンとギョーム2世の時代に限定する。それは伯文書書記たちの検出を可能にする,書記の名が現れる文書の証人欄や,後述する文書作成責任者の存在の検討に必要な Datum per manum N 書式が,ジャンとギョーム2世の時代にしか現れず,マリの時代には消滅するためである。

---

94) フランス王文書については, BAUTIER, R.-H., Les actes de la chancellerie royale française sous les règnes de Louis VII (1137-1180) et Philippe Auguste (1180-1223), dans BISTRICKY, J.,(Hrsg.), *Typologie der Königsurkunden* ..., pp. 101-113 ; フランドル伯文書については, DE HEMPTINNE, T., PREVENIER, W. et VANDERMAESEN, M., La chancellerie des comtes de Flandre (12e-14e siècle), dans Silagi, G., (Hrsg.), *Landesherrliche Kanzeleien im Spätmittelalter* ..., pp. 433-454 ; サン=ポル伯文書については, NIEUS, J.-F., *Les chartes des comtes* ..., p. 39, pp. 51-55.

1. 伯の聖職者による伯文書作成の始まり

ポンティウ伯側での伯文書作成の開始時期は，伯ジャンの時代と推察される。

ところで，ポンティウ伯文書は，どのような人間たちによって作成されていたのだろうか。一般的には，この時期文書を作成できたのは聖職者のみであると考えられている。また王文書局においては，文書局構成員は王の礼拝堂付き聖職者を兼ねていた。したがって，ポンティウ伯においても，伯の側近聖職者集団の中に，伯文書作成に携わった人間を探すことが可能であると考えられる。ポンティウ伯の側近役人集団は，伯文書の証人欄から検出される[95]。

1154/55 年に，伯ジャンは病院騎士修道会へ，彼らのポンティウ伯領における財産の確認文書を発給した。その文書の証人欄には，ヨハンネスとランベルトゥスという聖職者が証人として記されている[96]。ヨハンネスとランベルトゥスは，この後も伯の聖職者 clericus / notarius / capellanus comitis / noster の肩書きを伴って，様々な内容や受益者を持つ文書の証人欄に現れる[97]。このことから当時，伯ジャンの周囲には，複数の伯の聖職者が恒常的に存在していたことが分かる。

その後，伯の聖職者によって文書が作成されたことを示す書式が初めて登場する。1156/59 年に，伯ジャンはヴァル・ド・ビュイニーレプラ院へトール山を寄進した。この際の文書には，「伯のノタリウスであるヨハンネスの手によって，当文書は与えられた」との記述があり[98]，ここではヨハンネスは伯文書作成の責任者として現れている。その後 1183/84 年までに，4 通

---

95) ポンティウ伯文書の証人欄を用いた伯の側近集団の検討については，第 2 章「ポンティウ伯の統治と側近たち」を参照。

96) RACP, no 51.

97) ヨハンネス：RACP, nos 51, 53, 55, 63, 66, 69, 70, 72, 85, 89, 91, 95, 98, 99, 100；ランベルトゥス：nos 51, 52, 53, 55, 66；ジャン期にはこの 2 人の他に，Philippus (RACP, no 57), Ingerranus (no 63), Matheus (no 81), Bernardus (no 81), Sarlone (no 84), Reinerus (no 88), Robertus (no 95) などの人物が，伯の聖職者として証人欄に 1 回ずつ登場している。

98) RACP, no 60, «... Johanne, notario comitis, per manum cujus scriptum datum est ».

54

の文書に「ヨハンネスの手により与えられた」との記述が確認される[99]。これらの状況から，伯ジャンの時代である1150年代に，ポンティウ伯の聖職者たちによる文書作成の活動が開始され，その後，伯の側近聖職者による文書作成が継続的に行われていたらしいことが推測できる。

2. Datum per manum N 書式

ところで，これらの書記たちにより構成される「伯文書局」は，その内部で一定の組織化が進んでいたものと思われる。これを間接的に示すのが，伯側の文書作成責任者によって，文書発給手続きが適正に行われたことを認証し，文書に法的効力が与えられたことを示す，Datum per manum N の書式である[100]。

Datum per manum N 書式あるいはこれに類似する書式は[101]，1155-1218年の間に44通が確認される。まずジャン期には15通が数えられ，その内文書局作成文書は6通，受益者作成文書は8通である[102]。ジャン期において，伯の文書局による認証書式が，文書の効力を保証するものとして定式化されるとともに，Datum per manum N 書式は受益者によって模倣され始めたと考えられる。

続くギョーム2世期には，Datum per manum N 書式を持つ文書は30通と倍増している。その内訳は，文書局作成文書が21通，受益者作成文書が7通と，文書局作成文書が大幅に増加しており[103]，伯文書局による文書発給認証書式が定着したことが認められる。

興味深いことに，この Datum per manum N 書式の中で，文書の認証を行

---

99) RACP, nos 60, 64, 105, 106.
100) 例として，RACP, no 125, «... Datum per manum Ingeranni, mei notarii ...».
101) Datum per manum N 書式に類似する書式としては，以下のような書式が挙げられる。
 RACP, no 100, «... Johanne, notario meo ; per cujus manum datum est ...» ; no 114, «... Ingerranus, comitis capellanus, per cujus manum hoc datum est ...»
102) ジャン期の文書局作成文書：RACP, nos 53, 64, 100, 109, 115, 125；受益者作成文書：nos 60, 69, 105, 106, 114, 116, 119, 126；不明：no 93.
103) ギョーム2世期の文書局作成文書：RACP, nos 131, 132, 134, 145, 146, 149, 150, 152, 155, 156, 157, 161, 162, 166, 172, 178, 212, 218, 236, 240, 257；受益者作成文書：nos 133, 137bis, 143, 144, 147, 174, 186；不明：nos 127, 148.

第1章　ポンティウ伯文書と文書局　　　　　　　　　　　　　　55

う人物として記される人物は，常に同じ人間である。この役割を務めた書記
は，時期に応じて3名が確認される。まず1156-1180年の間に作成された
文書においてはヨハンネス，1186-1206年の期間はインゲラヌス，1208-
1218年の期間はヨハンネス（伯文書集の編者ブリュネルは，このヨハンネ
スが1人目のヨハンネスとは別人であると見なしている[104]）という3人の
人物である[105]。Datum per manum N 書式自体の意義，および特定の人物が
この役割を継起的に継承しているようにみえることから，この3人は文書
局における文書作成の責任者の地位にあったと考えられる[106]。更に興味深
い点として，1例の例外を除いて，この3名のみが，カンケラリウスの肩書
きを付されている点が挙げられる[107]。以上から，ポンティウ伯の文書局に
おいては，一般の書記の上位に上級の書記が存在し，これら上位の書記がカ
ンケラリウスと称され，文書発給責任者と見なされていたものと推測され
る[108]。ただし，ポンティウ伯文書においては，カンケラリウスという肩書
きの文書における使用回数は少なく，僅か7通の文書でしか確認できな
い[109]。しかしその内4通の作成時期は，1205年から1210年の間に集中し
ている。これらの状況を，Datum per manum N 書式の増加現象と共に鑑みる
と，ポンティウ伯領においては，13世紀初期に伯文書局の文書作成活動や，
文書作成書記の上下関係の組織化が進展したと考えられる[110]。

---

104) RACP, p. LVI, p. 718.
105) ヨハンネス：RACP, nos 60, 64, 69, 93, 100, 105, 106 ; インゲラヌス：nos 109, 114,
115, 116, 119, 125, 126, 127, 131, 132, 133, 134, 137bis, 144, 145, 146, 147, 149, 150,
152, 155, 156, 157, 161, 162, 166, 172, 174, 178 ; ヨハンネス：nos 186, 212, 218, 236,
240, 257.
106) 例外として1155年に，アブヴィルのノタリウス・ヘルベルトゥスという人物が文
書作成の確認を行っている。RACP, no 53, «... Data per manum Herberti, Abbatisville
notarii ...» 同様の例外として1235年のマリの時期に，カペラヌスのインゲラヌスとい
う人物が，文書作成の確認を行っている。RACP, no 298, «... Ingerranus capellanus, per
cujus manum datum est ...».
107) 例外として，1177/78年に発給された文書の証人欄に，ロベルトゥスという人物が
カンケラリウスの肩書きを伴って現れるが，このロベルトゥスは他の文書には一切登
場しない。RACP, no 95, «... Robertus cancellarius ... ».
108) PREVENIER, W., La Chancellerie des comtes de Flandre ..., pp. 34-39 et pp. 58-75.
109) RACP, nos 66, 69, 95, 172, 186, 212, 218.

3. 伯側近の聖職者たち

ではこれらの伯の聖職者たちが，いかなる出身なのか，またはいかなる身分に属する人間なのか。これらの問いに対して，伯文書の本文や証人欄からは，肩書き以上の情報を得ることはほぼ不可能である。資料1-6の通り，ポンティウ伯文書の本文と証人欄に名前が確認される伯の聖職者は全17名存在する[111]。その内，15名が，ジャンとギョーム2世の時期に見出される。両伯の時代にまたがって活動した2名を含めて，ジャン期には11名，ギョーム2世期には6名が伯に仕えていた[112]。

これらの伯の聖職者たちは，複数の肩書きを持ち，登場する文書によって付される肩書きが異なっている。ポンティウ伯の聖職者に用いられた肩書きは，カペラヌスcapellanus, クレリクスclericus, ノタリウスnotarius, カンケラリウスcancellariusの4種類が確認される[113]。前述のヨハンネスも，文書に応じて，これら4種類の肩書きを伴って現れる[114]。またこれらの肩書きのほとんどに「私のnoster / 伯のcomitis」の語が伴っていることから，彼らが伯の側近聖職者集団であった可能性は高い。このうち最も多く用いられた肩書きがカペラヌスであり，伯の聖職者17名のうち，13名がカペラヌスの肩書きを付されていることから[115]，多くの聖職者は，主に伯の礼拝堂付司祭として活動していたと考えられる。またシルベステルという聖職者

---

110) ニウスは13-14世紀北フランスにおける，中小君主によるカルチュレールや封目録の作成についても検討しているが，こうした台帳・管理系資料の作成もまた，13世紀以降における君主文書局の整備の成果とも言える。NIEUS, J.-F., Formes et fonctions des documents de gestion féodaux du XIIe au XIVe siècle, dans HERMAND, X., éd., *Decrire, inventorier, enregistrer* ..., pp. 123-163.

111) 資料1-6を参照。

112) ジャン期：Johannes, Lambertus, Philippus, Ingerranus, Matheus, Bernardus, Sarlone, Reinerius, Robertus, Ingerranus, Silvester；ギョーム2世期：Ingerranus, Silvester, Johannes, Gosson, Thomas, Gaufridus.

113) 資料1-6を参照。

114) クレリクス：RACP, nos 51, 53, 55；ノタリウス：nos 60, 64, 91, 95, 98, 99, 100, 105；カペラヌス：nos 63, 70, 72, 85, 89, 106；カンケラリウス：nos 66, 69.

115) カペラヌスの肩書きを持つ聖職者は以下の人物である。Landricus, Johannes, Lambertus, Philippus, Matheus, Bernardus, Sarlo, Reinerus, Ingerranus, Silvester, Johannes, Thomas, Ingerranus.

第1章　ポンティウ伯文書と文書局　　　　　　　　　　　57

名　前	肩　書　き	登　場　文　書
Landricus	clericus	26, 28, 34, 35
	capellanus	48
Johannes	clericus（comitis/ noster）	51, 53, 55
	notarius（meus/ comitis）	60, 64, 91, 95, 98, 99, 100, 105
	capellanus（comitis）	63, 70, 72, 85, 89, 106
	cancellarius	66, 69
Lambertus	clericus（comitis）	51, 53
	capellanus（comitis）	52, 55, 66
Philippus	capellanus	57
Ingerranus	clericus	63
Matheus	capellanus（meus）	81
Bernardus	capellanus（meus）	81
Sarlo	capellanus	84
Reinerius	capellanus	88
Robertus	cancellarius	95
Ingerranus	notarius（meus）	109, 116, 125, 131, 132, 137bis
	capellanus（nostri/ comitis）	114, 115, 119, 124, 126, 127, 133, 144, 145, 146, 149, 150, 152, 155, 156, 157, 159, 161, 162, 166, 174, 178, 196
	clericus（noster/ meus）	163, 165, 170, 179
	cancellarius（meus）	172
Silvester	clericus（meus）	115, 130, 132, 133, 136, 137, 137bis, 144, 145, 151, 156, 157, 160, 161, 163, 169, 172, 173, 177, 191, 192, 196, 197
	notarius（comitis）	127, 143
	capellanus（meus）	131
	servientes mei	133
	ballivis meis	155
Johannes	capellanus（comitis）	152, 236, 240, 257, 269
	cancellarius（meus）	186, 212, 218
Gosson	clericus	163, 207
	notarius（meus）	179, 186
Thomas	capellanus（meus）	171, 179, 212
	decanus Sancti Vulfranni Abbatisville	191, 202, 212, 257
Gaufridus	clericus	192
Ingerranus	capellanus	298

資料1-6　ポンティウ伯の聖職者一覧（『ポンティウ伯文書集』をもとに筆者作成）

は，証人欄で servientes mei の肩書きを伴い列挙される集団内に見受けられるため[116]，伯の家政に関わる人間であったと推測できる。また聖職者トマスに関しては，サン＝ヴュルフラン・ダブヴィル教会の参事会長 decanus という肩書きを帯びている事例が存在する[117]。サン＝ヴュルフラン・ダブヴィル教会は，伯による寄進，他の領主による寄進の確認，教会の財産の確認等により，何度も伯文書の受益者となっており，数々の受益教会機関の中でも，比較的伯と親密な関係にあると見なされる教会である[118]。したがってトマスは，伯と親密な関係を結んでいる教会の役職者であると考えられる。

　伯の聖職者は，書記として伯文書を作成するだけではなく，伯の統治に関する多様な業務に従事していた。このことを示す顕著な例はシルベステルである。まず彼は，ギョーム2世の証人欄付き文書のほぼ全てに，証人として出席している[119]。その一方，1195年には，伯とサン＝ピエール・ダブヴィル修道院間の水車をめぐる紛争の合意の折，セネシャルのアンゲランとともに，伯の代理として現れている[120]。また1202年に，伯がドゥランのコミューンへ，コミューン認可文書を授けた際には，証人欄にバイイの肩書きを伴って現れる[121]。バイイは，一般的には税の徴収，君主の土地財の管理を司り，地方の伯権の代理人として働く重要な地方役人であり，通常世俗の役人と見なされている。このため，聖職者であるシルベステルがバイイの職に就いていることは注目に値する。ポンティウ伯の場合は，教会や聖職者の保護，諸権利の保障，教会への必要時の支援がバイイの職務であったが[122]，こうした特殊な役割よりも，より一般的な伯の「代理人」としての

---

116) RACP, no 133.
117) RACP, no 212, «... Thomas, decanus Sancti Vulfrani, capellanus meus ... », nos 191, 202, 257.
118) 資料1-3を参照。
119) RACP, nos 115, 127, 130, 131, 132, 133, 136, 137bis, 144, 145, 151, 156, 157, 160, 161, 163, 169, 172, 173, 177, 191, 192, 196, 197.
120) RACP, no 137, «... presentibus Ingerrano, senescallo Pontivi, et Silvestro, clerico, vices meas in hoc agentibus, et presente priore, juraverunt se utrumque ... ».
121) RACP, no 155, «... Simone de Donquerre et Silvestro clerico, tunc ballivis meis ... ».
122) ポンティウ伯のバイイに関しては，第2章「ポンティウ伯の統治と側近たち」を参照。

職務に，より携わっていた可能性も存在する。さらに一度のみの例外的事例ではあるが，1197 年にユーグ・ドクシーがノートル＝ダム・ド・セルカン修道院へ行った寄進について，伯が確認文書を発給した際には，文書作成の最後の確認の役割を務めた[123]。ポンティウ伯文書におけるバイイの言及は極めて少なく，またシルベステル以外に聖職者でバイイを務めている事例は存在しない。同様にサン＝ポル伯領においてもバイイを務める聖職者は存在しない。そのため聖職者のバイイがこの時期の中規模領邦に特有のものであるのかは不明である。しかしシルベステルの事例はポンティウ伯領において，伯の影響力が教会機関にも大きく及んでいる，あるいは伯と教会との関係が良好であったことを示しているといえよう。

4. 印章管理職の世襲

ポンティウ伯の文書局の整備化が進んだ 13 世紀初めにおいては，文書発給責任者を務めた上位書記カンケラリウスとは別に，文書発給に関わる重要な役職が確認される。1214/15 年作成の文書の中に，ヨハンネス・サルムステルスという人物が登場する。この人物は「伯の印章管理職」を世襲で務めていたが，ブリュネルによれば，先のカンケラリウス職を務めた 2 人のヨハンネスとは別人であるとされている[124]。

同文書によると，彼はノートル＝ダム・ド・バランス修道院へ，自身の死後における，伯の印章使用料免除特権を譲渡した[125]。すなわちヨハンネス・サルムステルスの相続人は，印章を付されるべき修道院の文書のために，修道院からいかなる報酬も受け取らない。そして，ポンティウ伯が印章を付されることを命じた修道院文書には，ただちに何の負担もなく印章が付されるように，と定められている[126]。この寄進はポンティウ伯の意思と承

---

123) RACP, no 143, «... Datum per manum, Silvestri, notarii mei, apud Parisius ».
124) RACP, no 242, «... Johannes Salmustels, cui sigilli mei custodia hereditarie competebat ... ».
125) RACP, no 242, «... Johannes Salmustels ... concessit et dedit in perpetuam elemosinam ecclesie Sancte Marie de Balanciis liberatem et immunitatem sigilli mei ...».
126) RACP, no 242, «... ita videlicet quod heredes ejus nichil omnino accipient ab eadem ecclesia pro scriptis ejusdem ecclesie sigillandis, sed quotienscumque super hoc requisiti

認によってなされ，伯と後継者は，この寄進を強固に，そして不断の平和のうちに保たれるようにすべしと明記されている[127]。

第2節で検討したように，13世紀になると，文書局作成文書において，法的効力を与えるための印章の告知の書式や印章の付加が定着する。これに伴い，伯文書局内には，伯の印章を扱うための専門的役職もまた設置されていた状況が確認される。

同時にこの事例からは，ノートル＝ダム・ド・バランス修道院が，ポンティウ伯の印章が修道院文書の法的効力を補強すると見なしており，頻繁に修道院文書への伯の印章の添付を求めていた状況，すなわちノートル＝ダム・ド・バランス修道院が，文書における伯の権威を承認していたことが窺える。また，文書への伯の印章の添付という行為を通して，修道院に対する伯の影響力を増そうという，伯の志向を読み取ることも可能であると考えられる。

以上の検討からは，以下の点を指摘できる。

第一に，ポンティウ伯文書局の形成の時期は，12世紀中期と推定される。この時期は，フランドル伯領における1136年や，サン＝ポル伯領における12世紀末と比較しても，決して遅くはない。

第二に，12世紀末期から13世紀初期に，文書局の組織化を示唆するDatum per manum N書式が現れる。カンケラリウスという肩書きの言及状況から，13世紀初めの文書局書記たちの間には，ある程度の上下関係の存在や制度化の進展が推測される。ただしポンティウ伯の文書局においては，カンケラリウスの肩書きは一貫して例外的である。

第三に，文書を作成する書記たちは，伯の家政役人や礼拝堂付司祭の出身でありながらも，伯の種々の実務や統治活動に携わっており，伯の私的な領域で活動した聖職者たちが，伯の公の統治活動で活躍し始める状況が垣間見

---

fuerint, absque dilatione et absque custo scripta ipsius ecclesie que ego sigillari precepero sigillabunt. ...».

127) RACP, no 242, «... Hanc autem donationem voluntate mea et assensu factam ego et haredes mei teneri firmiter et in pace perpetua faciemus. ...».

られる。
　最後に，ポンティウ伯のもとでは，カンケラリウスとは別に，印章管理職が設置されていた。フランス王権やサン＝ポル伯のもとでは，カンケラリウスの政治的影響力を恐れて，カンケラリウスの職を空位にし，印章管理職を設置したが[128]，ポンティウ伯の文書局においては，これ以上の状況は不明である。

おわりに

　本章の検討から，ポンティウ伯の文書行政について，以下の諸点を指摘したい。
　第一に，伯が王権，大領邦と同様な領域的統治を志向していた可能性である。寄進文書は伯領内外の広い範囲の教会機関に発給されており，伯が影響力の拡大を目指していたことを窺わせる。確認文書の多さからは，伯が領内において上位権力として見なされていたことが分かる。そして告示文書，紛争調停文書，ヴィディムスもある程度の量が存在している。
　第二に，伯の公権力の担い手という意識は，伯の文書形式においても表れている。その最も顕著な例は，13世紀初期からの「ポンティウとモントルイユの伯」の肩書きの使用の開始であろう。この書式の使用からは，伯がモントルイユにおいて，王権との緊張関係も恐れず，上級権力として影響力を振るおうとしていたことが窺える。また文書形式の分析から，少なくともギヨーム2世期以降は，伯側に存在する書式をもとに，多様な受益者へ宛てて文書が作成，発給されていたこと，つまり伯文書局の存在を推測することができる。
　第三に，伯の文書局の存在からは，伯の側に，伯の文書行政を維持するための文書作成スタッフが存在していたことが推測される。伯の文書を作成した書記たちは伯の側近聖職者集団に属しており，その出自は伯の礼拝堂付司

---

128) Cf. TESSIER, G., *Diplomatique royale française*, Paris, 1962, pp.132-134 ; NIEUS, J.-F., éd., *Les chartes des comtes ...*, pp. 58-60.

祭，伯の家政役人，親密な教会の参事会長などであった。彼らは伯の統治に関する種々の業務に携わっていた。また文書の認証を行う文書発給責任者としてカンケラリウス職が設けられ，文書作成書記の中にはある程度の上下関係が存在していた。

　ポンティウ伯の文書行政の検討から浮かび上がるのは，ピカルディ地方において展開した一中規模領邦でありながら，領域的統治を志向する伯の姿である。文書行政は，その内容自体が，伯権力の直接的な表明であるとともに，文書形式，さらには文書行政を支える態勢自体の問題でもある。さらに，後者は，外部権力である王権との関係も垣間見させてくれることを強調しておきたい。

　本章を通して，ポンティウ伯の伯領統治を検討するための素材であるポンティウ伯文書の概観をさらい，伯の文書行政とそれに携わる人間について明らかにした。第2章以降，ポンティウ伯が行った伯領統治の具体相を検討してゆく。そこで明らかとなるであろう現象は，本章で確認した伯の文書行政の上に成り立っているということを念頭に置いておこう。ポンティウ伯文書を用い，まずは伯の伯領統治に関与した人間について検討し，続いて伯の経済的基盤である領主的諸権利，そして君主的諸権利である裁判権を検討した上で，伯領の構成要素である都市との関係について考察する。

第 2 章
ポンティウ伯の統治と側近たち

はじめに

　ポンティウ伯の伯領統治の具体相を検討するにあたり，まず伯の伯領統治に関与した人間たちを伯文書における言及から検討することで，伯の周囲に形成された人間関係の復元を目指すことから始めたい。中規模領邦の検討に際しては，多様な諸権力の交錯地帯という地域史的視点と，他方では領邦権力主体の成長という国家史的視点の両方を念頭に置く必要があるが，君主の統治を助ける側近集団の存在は，君主の権威や統治がある程度浸透していたことの指標となると同時に，その地域における勢力圏（の変化）を知ることを可能とするからである。

　検討の方法論としては，ニウスと同様に，J.-F. ルマリニエと E. ブルナゼルによる同時期の王権研究が参考となる。ルマリニエは，初期カペー朝の王文書から王の法行為の証人の出自を追跡し，王宮の構成員が大貴族からパリ近辺の中小貴族・騎士へと変化することから，王政の変動を実証した。ブルナゼルもまた，12世紀カペー朝の統治に関係した人間たちについて検討し，都市に基盤をもちながら，王と強い個人的な紐帯を結んだ「王の騎士」について論じることで，政治・制度史を社会史へと発展させた[1]。両者の研究は，文書における言及から，権力主体周囲に形成される人間集団のあり方と

---

1) LEMARIGNIER, J.-F., *Le gouvernement royal ...* ; BOURNAZEL, E., *Le gouvernement royal au XIIe siècles*, Paris, 1975.

その時期的変遷を検証するモデルとして有益である。確かにルマリニエやブルナゼルが扱った王権と，ポンティウ伯のような中規模領邦では，検討対象やその規模は同一ではない。しかし中規模領邦もまた，多数の文書を発給し宮廷や側近を構成する可能性を有する権力主体であるという点で，ルマリニエたちの手法は，中規模領邦の側近検討においても，有効性を持つと考えられる。ゆえにこの手法をニウスも採用しており，本章もそれにならうこととする。

第 1 節 　検討対象に関して——文書証人欄に登場する人間たち——

本章では，ルマリニエやブルナゼルの研究にならって，おもに伯文書の証人欄に現れる人間たちを検討する。証人欄には，個人名と並んで，その人物の役職や称号，身分などの肩書きが頻繁に付与されているため，伯の助力者の種類や所属集団，社会身分を検討することがある程度可能である。

今回，ジャンの発給文書 64 通，ギョーム 2 世の発給文書 151 通の，合計 215 通を対象とし，証人として記載された人名を数え上げた。その際，別の文書に複数回登場する人名も，その都度回数に加えたので，証人の総数には，同一の人物の重複も存在する。統計の結果，のべ数として，ジャン期には 842 名，ギョーム 2 世期には 730 名，合計 1,572 名が，伯文書に証人として現れていたことが確認される（資料 2-1 参照）[2]。

合計数の内訳に関しては，ジャンの時期には 842 名中俗人が 543 名で，64.5％と大半を占めている。聖職者は 299 名で，35.5％の割合であった。ギョーム 2 世期には，730 人中俗人は 544 人で 74.5％，聖職者は 186 人で 25.5％であった。ポンティウ伯文書の証人の中で，俗人が占める割合は約 7 割に達する。文書作成に関与した聖職者については第 1 章ですでに論じたことから，本章では，伯の文書発給行為に証人として直接立ち会った俗人の

---

[2] ジャン期に比べて，ギョーム 2 世期の方が，発給文書数が 87 通も多いにもかかわらず，ギョーム 2 世期の証人数が，ジャン期より 112 人も少ないという現象が起きている。この理由としては，1210 年から 1220 年代以降，証人欄が設けられた文書が，急激に減少しているという状況で説明される。

第 2 章　ポンティウ伯の統治と側近たち

	文書数	のべ数					実数				
		証人数	俗人	%	聖職者	%	証人数	俗人	%	聖職者	%
ジャン (1147-1191)	64	842	543	64.5	299	35.5	108	67	62	41	38
ギョーム2世 (1191-1221)	151	730	544	74.5	186	25.5	141	111	78.7	30	21.3
合　計	215	1,572	1,087	69.2	485	30.9	249	178	71.5	71	28.5

資料 2-1　文書証人欄の登場人名数（のべ数）（『ポンティウ伯文書集』をもとに筆者作成）

みをとりあげる。これら俗人集団をさらに詳細に分類すると，伯の助言者，伯の役人，コミューン関係者，伯の親族など多彩な人間集団で構成されており，俗人たちの出自や役職，身分は一様ではない。以下の各節では，伯の周囲に存在し，伯の統治活動や意思決定に大きく関わった「宮廷」側近となりうる俗人たち，すなわち伯の親族，「宮廷」役人，俗人領主のみを対象に限定し，検討を進める。地方役人に関しては第 5 章「ポンティウ伯とコミューン」で論ずることとする。

第 2 節　伯の親族

本節では，ポンティウ伯の親族を検討する。伯ジャンとギョーム 2 世の時代に，伯文書に登場する親族は，以下の通りである[3]。ジャンの妻であるマオとベアトリス，ジャンの母イダ，ジャンの兄弟ギイ，ジャンの祖母エレーヌ，ギョーム 2 世の妻アリックス，ギョーム 2 世の娘マリ，ギョーム 2 世の親族アンセルムス，ギョーム 2 世の義兄弟（婿）シモン・ド・ダンマ

---

3) ここでは本来，「親族」とは何かが問われねばならない。最近の研究は，「親族」自体を，たとえば寄進における文書中での同意行為を通じて，「実践的に」形成されるものとみなしているからである。Cf. WHITE, S. D., *Custom, Kinship, and Gifts to Saints. The Laudatio Parentum in Western France, 1050-1150*, Chapel Hill and London, 1988. しかしながら，本書が対象とするポンティウ伯文書においては，「親族」であることが確実な特定の数名のみが現れ，「親族」集団のあり方それ自体を研究することができない。

ルタン,ギョーム2世のおじユーグ4世である[4]。また親族は,父母や先祖,後継者の魂の救済を願う対象として,寄進行為の際に頻繁に言及される[5]。

ポンティウ伯の親族は,伯の寄進や贈与,和解,伯主催の法廷における判決などの証人として,文書の本文や証人欄にしばしば登場する。文書に現れる親族としては,伯の妻が比較的目に付く。例えばジャンの時代には,伯ギイ2世(在位1126-1147年)の未亡人であり,ジャンの母であるイダや,ジャンの最初の妻マオ,2番目の妻であるベアトリスが挙げられる[6]。ギョーム2世の時代には,伯の妻アリックスや,伯の娘であり,次代のポンティウ伯となるマリが登場する[7]。

伯の妻以外に証人として活躍する親族には,伯の兄弟やおじ,義兄弟などの男性親族がいる[8]。とりわけジャンの兄弟で,ギョーム2世のおじであるギイは,両伯の時代を通して,最も長期的かつ多く登場する親族である[9]。また,ギョーム2世の時代には,姻戚関係にある他の家門の参加も見られる。伯の母ベアトリスの兄弟であるサン=ポル伯ユーグ4世や,マリの夫となったブーローニュ伯家のシモン・ド・ダンマルタンが,時折証人として参加している[10]。

伯の行為に対する親族の役割や関与について,ジャンとギョーム2世の時代では,若干の変化が見られる。ジャンの時期には,伯が寄進等を行う

---

4) イダ,マオ,ベアトリスに関してはn. 6,アリックス,マリに関してはn. 7,シモンとユーグ4世に関してはn. 10,ギイに関してはn. 13-15を参照。エレーヌに関しては,RACP, no 105,アンセルムスに関してはRACP, no 161.

5) RACP, no 170, «... pro salute animarum patris et matris mee, et omnium predecessorum successorumque nostororum, ...».

6) RACP,イダ:nos 28, 34, 36, 59, 67;マオ:no 67;ベアトリス:nos 102, 103.

7) アリックスとマリは証人としては滅多に登場しないが,伯の行為に賛同や承認を与える役割では,比較的頻繁に言及されている。RACP,アリックス:nos 150, 152, 155, 170, 171, 173, 187, 198, 203, 212, 217, 229, 257;マリ:nos 163, 170, 171, 173, 184, 187, 203, 257.

8) 証人として登場する伯の男性親族には,以下で紹介している者たちのほかに,アンセルムス(伯の親族)という人物が存在する。RACP, no 161, «... Anselmus, cognatus comitis ; ...».

9) Cf. infra pp. 69-70.

10) RACP,ユーグ4世:nos 138, 139, 141, 196, 227;シモン:no 203.

第 2 章　ポンティウ伯の統治と側近たち

際，母や兄弟，妻，息子たちと共同で行っている事例が存在する[11]。その文書の文面においても，行為は伯と親族の連名で行われ，一人称複数で記されている。また文書に印章を付す際にも，伯の印章だけではなく，妻や息子の印章が追加されている場合も存在する[12]。このようにジャンの時期には，伯の行為に対する親族の干渉や連携が緊密であり，また親族の伯への協力・共同意識が，比較的強かったと推察される。それに対しギョーム 2 世の時代になると，専ら伯一人のみで寄進行為を行うようになる。証人欄についても，ジャン期には，伯の妻や母などの女性親族が度々見られたが，ギョーム 2 世期になると女性親族はまったく現れなくなる。

　伯の親族の中で最も際立つ存在は，ギイである。ギイはジャンの兄弟であり，ギョーム 2 世のおじに当たる人物である。ギイは伯の親族の中でも，もっとも多く文書に姿を現すだけでなく，非常に精力的かつ多岐にわたり活動が確認出来る人物でもある。ギイの名が，ポンティウ伯文書に最初に現れるのは 1154 年である。ジャンがテンプル騎士団へ土地を寄進した際，彼は，この寄進行為に，母イダと共に親族として賛同を与えている[13]。これ以降ギイは，親族としては異例とも言えるほど活発に，伯の統治活動に関与している。ギイの証人としての文書への登場回数は，ジャンの時期に 8 回，ギョーム 2 世の時期に 12 回を数え，親族の中では群を抜いている[14]。また，ジャンの時期には，伯と共同で寄進を行い，伯との連名で文書発給の主体となっている事例が 6 件も存在する[15]。だがギョーム 2 世期には，伯の寄進への連名参加は行っていない。

　他方，ギイは，伯の行為に関与するだけでなく，自らの利益のため，自立的・主体的に行動していたことが，伯文書から窺える。1205 年に，ギイは

---

11) RACP, nos 48, 51, 58, 60, 88, 95, 114, 115, 126.
12) RACP, no 124.
13) RACP, no 49, «... quod ego Johannes, comes Pontivi, concessu Ide comitisse, matris mee, et Widonis, fratris mei, pro salute animarum nostrarum, militibus Templi tres charucatas terre in territorio Viconie concessi ...».
14) RACP, ジャン期：nos 63, 68, 70, 72, 95, 101, 112, 116 ; ギョーム 2 世期：nos 127, 130, 131, 132, 133, 134, 141, 142, 145, 150, 167, 194.
15) RACP, nos 51, 58, 60, 88, 95, 114.

自分自身でテンプル騎士団へ寄進を行った。その際ギイは，自身と自身の祖先の魂の救済のために，アブヴィルのヴィコンテにおいて自身が有する権利の中から，ポンティウ貨で年100スーを寄進した[16]。ギイが寄進の主体となったこの行為に対しては，伯ギョーム2世が，「伯領の支配者 *dominus terre*」として，ギイの寄進に，賛同と保証を与えている[17]。このように，伯が，印章付き文書によって，ギイの寄進行為を確認していることから，ギイと伯の間には，良好な関係が築かれていたと考えられる。1218年には，ギョーム2世が文書の中で，かつて父伯ジャンがギイへ行った贈与の内容を確認している。ジャンは，アブヴィルのヴィコンテに課税された，ポンティウ貨で年40リーブルの定期金封の権利を，ギイへ贈与していた。同時にこの贈与が為された当時，交換としてノワイエル＝シュル＝メールの所領が，ギイからジャンへ渡っている[18]。このことからギイは所領を所有する，有力な領主であったと推察される。

伯文書集に現れるポンティウ伯の親族は，伯の行動に承認を与え，ジャンの時代には，伯と親族はより近い関係にあり，何度も共同で寄進を行っている。ギョーム2世の時代には，親族は伯の行為に直接関与することはなくなったが，協力的関係を維持し続けた。なかでも，ギイは，歴代の伯ととりわけ強い紐帯で結びついていたと推察される。

第3節　伯の宮廷側近──伯の助言者たち──

伯の宮廷側近には，文書内で「余の助言者 *consilius meus*」と称される

---

16) RACP, no 166, «... quod Guido, avunculus meus, frater Johannis comitis Mosterolii et Pontivi, patris mei, ob salutem anime sue et antecessorum suorum successorumque, dedit in elemosinam perpetuam Deo et militie Templi centum solidos Potuvensis monete annuatim hereditarie recipiendos ad vicecomitatum de Abbatisvilla, ...».

17) RACP, no 166, «... Hanc autem donationem ego, ... bona fide concessimus et laudavimus, et ratam et firmam contra omnes esse ego, ut dominus terre, faciam. Et ut rata habeatur, presentem paginam sigilii mei appositione confirmavi. ...».

18) RACP, no 258, «... cum Johannes pater meus, dedisset Guidoni, fratri suo, quadraginta libras Pontivensis monete in exchambium pro Nigella supra Mare, et ei dictis quadraginta libris ad vicecomitatum Abbatisville assignamentum fecisset annuatim in Pascha recipiendum ...».

人々が該当する。彼らは証人欄において，最多の人数を占める存在である。伯の助言者の役目は，証人として，行為の場に立ち会うこと，伯の意向，発案，行動に対し，助言や意見，承認を与えることであった。伯文書には，伯の法的行為の際に，「良き人間たち（余の封臣たち）の助言により，（余は譲渡した，承認した等）」という文言が度々登場する[19]。

伯の助言者の中には，複数の文書に繰り返し登場する者が，数多く存在する。この状況から，彼らの中に，まさに伯の恒常的側近として，伯と共に移動するような，近侍者的助言者集団が存在していたことが推測される。伯の助言者たちは，近隣やポンティウ伯領内の修道院の聖職者ならびに俗人から構成されているが，本節では，俗人宮廷構成者の大半を占める，俗人領主のみを対象に考察を進める。

本節では，伯の俗人側近の実像を探るために，角度の異なる2種類の検討方法を用いる。まず第1項では，伯文書の証人欄への登場回数から，側近として伯の下に集い統治に参加した，俗人領主の人数や登場頻度，従事期間等の特徴的諸点を提示し，伯の宮廷や側近集団の規模を探る。続いて次項では，俗人領主が法行為当事者として，文書の本文に登場する事例を拾い上げ，俗人領主の活動内容や，伯との関係を検証する。これらの検討方法の差異に応じて浮き彫りになる，伯と側近の二面的関係を提示したい。

1. 俗人領主

伯文書内では，本文や証人欄に登場する俗人領主を指し示す複数の呼称が存在し，その種類によって，領主たちの出自や地位は大まかに分類される。各呼称を登場頻度順に紹介すると，まず，「伯の騎士 *milites mei*」が挙げられる。この呼称は，領主や貴族を，聖職者や都市住民，宮廷役人と区別するために用いられ，最も頻繁に登場する肩書きである[20]。つぎに，「伯の封臣 *homines mei*」である。この呼称は，俗人領主が伯の封臣であることを明示

---

19) RACP, nos 128, 131, 134, 150, 152, 155, 167, 172, 177, 203, 212, 218, 257, 273.
20) ジャン期に証人として登場する俗人領主は49名だが，その内12名（24.5%）が *miles* を伴っている。ギヨーム2世期には，66名中29名（43.9%）が *miles* を伴っている。

する場合に用いられた[21]。3番目は「伯のバロン barones mei」である。この呼称は登場頻度は少ないが，貴族の中でも歴史の古く有力な家系の出身者に付された称号と考えられる[22]。最後に，「高貴なる人間 vir nobilis」である。これはごく稀に登場する呼称であり，伯のバロンのように，古い家系または古くから伯と交流を持つ人物に対し用いられた[23]。

　伯領内に存在する多数の俗人領主の中で，どの程度の領主が，ポンティウ伯の影響下に入ったのだろうか。また，どのような規模の貴族たちが，伯の協力者，側近として，文書に登場しているのか。ここでは，諸領主が伯文書の証人として登場する回数を基準とし，伯の統治に参加した俗人領主たちの階層や，人数，登場頻度，従事期間などを検討し，伯の宮廷の規模や実像を探る。同時に伯文書から読み取ることの出来る，伯に協力し側近を構成する俗人領主・貴族たちの出自の変化や，伯の統治へ協力する際の役割についても検討する。

　ニウスは，サン＝ポル伯の俗人側近者の構成を研究した際，側近の判別基準として，伯文書の証人欄に3回以上登場する人物を，日常的に伯の宮廷に在席し，伯の意思決定と統治に実際に関与した人間と評価した[24]。それゆえ本項においても，ニウスの意見に倣い，ポンティウ伯文書で3回以上証人を務めた俗人領主を，伯の恒常的側近として取り扱う。

　ジャンの在位期には，25人の俗人領主が，文書の証人欄に3回以上登場

---

21) homo meus の肩書きは，文書本文において，登場人物が伯の封臣である際に付される。ジャン期には3名，ギョーム2世期には22名がこの肩書きを有す。RACP, nos 96, 101, 115, 136, 178, 185, 191, 192, 215, 216, 217, 224, 233, 241, 243, 258, 260, 272, 258.
22) baron の肩書きは，ギョーム2世期に6名の俗人領主に付されている。いずれもギョーム2世の在位初期に登場する。RACP, nos 128, 134.
23) vir nobilis の肩書きは，ギョーム2世期のユーグ・ド・フォンテーヌとシモン・ド・ドンクール，ロベール・ド・ボヴァ，トマ・ド・サンヴァルリの四者に付されている。RACP, no 227；この内トマは，別の文書では baron の肩書きを持っている。RACP, no 134；ユーグとシモンに関しては，最も古くから最長期間両伯の文書証人として現れる俗人領主である。Cf. infra pp. 74-78.
24) NIEUS, J.-F., Un pouvoir comtal ..., pp. 362-365. ニウスは，1回ないし2回のみの登場は，該当文書の行為当事者の関係者として，もしくは行為現場の近隣に居合わせた場合などの事情による，偶然的，臨時的立会人の可能性があると指摘している。

している。ギョーム2世期に3回以上登場する俗人領主は，29人が存在する[25]。伯の側近とみなしうる俗人領主には，ジャンの時代とギョーム2世の時代では，構成に若干の変化が認められる。第一に指摘すべき点は，「伯の騎士 miles」の称号を持つ貴族の割合が増加している点である。ギョーム2世の時代に入ると，全29人の側近のうち24人が，miles の称号を付されている。一般に，miles という肩書きは，上級貴族を表す barons と区別され，中級・下級の貴族に付く傾向が高いと唱えられている[26]。miles の増加は，伯の側近を構成する貴族層が，上級貴族から，中小貴族へと変質してきた兆候と捉えられる。この現象は何を意味するのだろうか。ここにはフランス王権の側近構成との類似を指摘することができる。ルマリニエとブルナゼルは前述のように，11世紀半ばから12世紀にかけてのフランス王権の側近構成の変化を明らかにした[27]。王文書の証人となるために王の宮廷に集った人間は，一握りの大諸侯，伯，司教といった人物から，パリ近辺の小騎士へと変化した。この小騎士たちは，王の意向によって常に王領から動員できた。彼らは王との結びつきによって得られる利益を求めて王の宮廷に集い，王もまた彼らを外交，司法，訴訟において活用した。このようなフランス王権の側近構成とポンティウ伯の側近構成の変化の類似からは，ポンティウ伯がフランス王権の統治方法を模倣しようとしていたとも考えられる。

　ポンティウ伯の文書の証人欄に現れるこれらの中心的俗人領主の本拠地に関しては，大部分がポンティウ伯領の中心的地域に位置している。その分布はアブヴィル近郊が大部分を占めるが，まれに遠方の出身者も存在する[28]。両伯の在位期を比較すると，ギョーム2世期には，伯の下に集う領主の分

---

25) 両伯時代の，証人欄に3回以上登場する全俗人領主の氏名に関しては，資料2-2, 2-3 を参照。なお本節ならびに資料2-2, 2-3 は，伯の役人等に該当しない俗人領主に対象を限定しているため，領主でもあるセネシャル・アンゲランは含めていない。
26) DUBY, G., *La société aux XIe et XIIe siècles dans la région mâconnaise*, Paris, 1953, p. 410 ; Cf. POLY, J.-P. et BOURNAZEL, E., *La mutation féodale : Xe-XIIe siècles*, Paris, 1980.
27) LEMARIGNIER, J.-F., *Le gouvernement royal* ... ; BOURNAZEL, E., *Le gouvernement royal au XIIe siècles* ....
28) ユーグ・ドランの出身地オランは，伯の拠点アブヴィルから50km以上離れており，さらに，サン＝ポル伯領内に位置する。資料2-3 を参照。

俗人領主名	登場回数	肩書き	地図番号 (俗人領主の出身地点)
Hugues de Fontaine	23		1
Baudouin de Drucat	17	*miles*	2
Gorman de Duncq	13		3
Landry de Monchaux	10		4
Robert de Montreuil	10	*miles*	6
Bertrand de Nouvion	9		7
Pagan de Médavy	6		5
Guy de Ponches	6		8
Bernard de Fresne	5		9
Hugue de Saint-Riquier	5	*miles*	10
Galterus Senioratus	5	*miles*	
Jean de Fressenneville	5		11
Henri de Caumont	4	*miles*	12
Enguerrand de Montreuil	4		6
Gautier de Machy	4	*miles*	13
Guy de Caumont	4		12
Robertus de Gravelle	4		
Ursin de Caumont	4		12
Gautier de Bonnelles	4		14
Drogon de Ponches	3	*miles*	8
Giselbert de Dominois	3	*miles*	15
Renier de Drucat	3	*miles*	2
Simon de Machy	3	*miles*	13
Guy de Crécy	3	*miles*	16

資料2-2 ジャン文書に証人として現れる俗人領主
(『ポンティウ伯文書集』をもとに筆者作成)

第 2 章　ポンティウ伯の統治と側近たち　　　　　　　　　　　　　73

ピカルディ地方

ノルマンディ地方

資料 2-2（続き） ジャン期の俗人領主の出自
（『ポンティウ伯文書集』をもとに筆者作成）

俗人領主名	登場回数	肩書き	地図番号 (俗人領主の出身地点)
Simon de Donquerre	31	*miles, ballivus meus, consiliarius*	1
Hugues de Fontaine	17	*consilarius meus, miles*	2
Renelmus Rabos	11	*miles*	
Guy d'Argoules	10	*miles*	3
Guy de Tofflet	9	*barones, miles*	4
Renier de Drucat	9	*miles*	5
Aleame de Mareuil	7	*miles, consiliarius comitis pontivi, consilarius meus*	6
Drogon de Ponches	7	*miles*	7
Landry de Monchaux	7	*serviens meus*	8
Gautier d'Hallencourt	6	*consilarius meus, miles*	9
Giraud d'Abbeville	6	*dominus de Bouberch*	10
Hugues d'Olhain	6	*miles*	11
Giselbert de Dominois	5	*miles*	12
Henri de Caumont	5	*barones, miles*	13
Henri de Nouvion	5	*miles*	14
Geoffroy de Frohen	5	*barones*	15
Pierre de Rue	5	*miles*	16
Anselme de Frévent	4	*miles*	17
Eustachius Hasles	4	*miles*	
Hugo Boteri	4	*miles*	
Robertus Fretel	4	*miles*	
Simon de Crécy	4	*miles*	18
Eustache de Canteleu	3	*miles*	19
Henri de Fontaine	3	*consilarius meus, miles*	2
Hugues de Caumont	3	*miles*	13
Enguerrand du Candas	3	*consilarius meus, miles*	20
Simon d'Hondeghem	3	*miles*	21

資料 2-3　ギョーム 2 世文書に証人として現れる俗人領主
(『ポンティウ伯文書集』をもとに筆者作成)

第 2 章　ポンティウ伯の統治と側近たち　　　　　　　　　　　　75

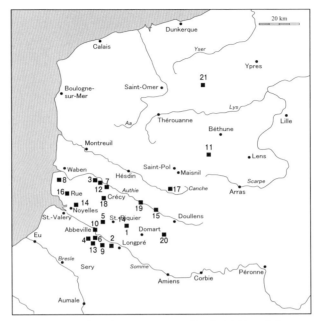

資料 2-3（続き）　ギョーム 2 世期の俗人領主の出自
（『ポンティウ伯文書集』をもとに筆者作成）

布が広域に及んでいることが分かる[29]。

　側近の登場回数には大きな偏りが生じており，$miles$ 内部でも，特定の人物が頻繁に現れ，伯の助力者が固定化する傾向にあると推察される。また伯の側近となった俗人領主は，その側近としての活動期間がかなり長期にわたる点が挙げられる[30]。

　このような伯の側近俗人領主を代表する存在として，シモン・ド・ドンクールが挙げられる。シモンは，ギョーム 2 世期に活躍した俗人領主であり，$miles$ の称号を伴って現れる。シモンの証人欄への登場回数は 31 回を数え，両伯の全ての側近の中で最多である[31]。シモンは，ギョーム 2 世の，

---

29) 両伯時代の，証人欄に 3 回以上登場する全俗人領主の出身地分布に関しては，資料 2-2，2-3 を参照。
30) 資料 2-2，2-3 を参照。

証人欄が設けられた文書の，ほとんど全てに名が登場しており，伯の宮廷に恒常的に存在していた可能性が高い。シモンの側近としての活動期間は，1201年から1218年にかけて17年間に及び，ギョーム2世の在位の3分の2の期間，伯の統治を支えた。またシモンは，伯のそばで証人として参加しただけでなく，伯の統治活動にも関与していたようである。それを証明するように，後述するが，シモンは伯のバイイ職にも任命されていた。シモンは，1202年と1211年の2通の文書に，証人として列席しており，その際バイイの称号を付与されている[32]。

また，ユーグ・ド・フォンテーヌも際立つ存在である。ユーグは，ジャンとギョーム2世の両伯の文書に証人として登場する。その登場回数こそ全23回と，シモンに及ばないものの，ユーグの活動期間は，1154年から1217年までの63年間にわたる[33]。

ニウスは，サン＝ポル伯の側近の構成の変遷について，以下のように述べている。宮廷へ集まり，側近集団を構成した俗人領主たちは，12世紀においては，「伯の貴族」と称される古い家系の出身者であった。「伯の貴族」たちは，伯への忠誠の下，相互に強い結びつきを持ち，伯を支えていた。ところが12世紀末期から13世紀に入ると，伯の側近構成員は，中級・下級貴族が主流になった。彼らは直接，伯への個別的，専門的奉仕に結びつけられるようになる[34]。このような変遷過程は，フランス王権と類似した過程をたどっている[35]。すでに見たように，ポンティウ伯の宮廷の側近についても同様の状況が確認されており，サン＝ポル伯やフランス王権との同時代的平行現象とみなしうる。またポンティウ伯領の領主たちが，13世紀には，

---

31) RACP, nos 152, 153, 155, 156, 157, 159, 160, 161, 163, 164, 165, 170, 171, 172, 173, 177, 178, 179, 186, 191, 192, 194, 197, 202, 209, 212, 222, 224, 225, 227, 257.

32) RACP, no 155（1201），«... Factum est hoc presentibus et astantibus Giroldo, priore de Abbatisvilla, ... Simone de Donquerre et Silvestro clerico, tunc ballivis meis ...» ; no 222（1211），«... Hujus rei dispositioni et concessioni interfuerunt S. de Donquerre, baillivus meus ...».

33) RACP, nos 49, 51, 64, 65, 106, 115, 138, 139, 154, 155, 156, 159, 160, 161, 163, 169, 171, 172, 197, 212, 227, 254.

34) NIEUS, J.-F., *Un pouvoir comtal* ..., pp. 362-365.

35) *Ibid*., pp. 362-365, BOURNAZEL, E., *Le gouvernement royal* au XIIe siècle ..., pp. 45-49.

より広範囲に伯の影響下に置かれるようになったことは，側近たちの地理的出自の広がりが示している。シモンに代表される，伯にとりわけ緊密に結びついた側近の存在も考え合わせると，ポンティウ伯領において，伯が俗人領主を二重の意味で（中小領主の側近化と，有力領主のより広範な取り込み）掌握しつつあったことが推察可能であろう。

2. 法行為当事者としての俗人領主

前項で検討したように，俗人領主は，ポンティウ伯領統治の重要な構成要素であった。伯は，これら領内の俗人領主たちを，どの程度統制下に組み込んでいたのだろうか。これら領内の俗人領主と伯の権力関係は，伯の行為に対する俗人領主の関与（証人）以外に，法行為の当事者として現れる俗人領主の行動からも，考察を試みることが可能である。本項では，証人欄への登場頻度の高い伯の側近が，法行為当事者として登場する事例を検討し，伯文書に現れる俗人領主の活動や，伯との関係を考察する。

まず，ユーグ・ド・フォンテーヌの事例を検討する。1205 年に，伯ギョーム 2 世は，ノートル＝ダム・ド・ロンプレ教会に対し，年 2 回 40 スー毎のラントを寄進した。その際，伯は同教会へ，教会が今まで所有してきた諸権利・財の確認を行い，文書の発給によって保証も与えている。その教会の財の確認時には，かつて教会の創建者により作成された文書が参照されたが，その創建文書内に，教会の創建者の一人として，ユーグの名前が記されている[36]。1208 年の事例では，伯ギョーム 2 世は，ブーローニュ伯ルノーとその弟シモンとの間で，ポンティウ伯の娘マリとシモンとの結婚に際し，マリの嫁資の指定や，森林・城砦等諸権利の分割に関する合意を行った。伯はマリへ，ノルマンディのコタンタンにおける，パリ貨 300 リーブルの利権を与えているが，このコタンタンの保有者の一員としてユーグの名が挙げられており，ユーグは伯によって，この保有地をマリへ譲渡するよう指示されている[37]。

---

36) RACP, no 169, «... passessiones quas possidet, sicut continetur in scriptis fundatorum suorum bone momorie Alelmi Lorete et Hugonis de Fontanis, fidelium meorum, scripto presenti confirmo. ...».

次はルニエ・ド・ドリュカの事例である。ルニエは伯の側近の中では，法行為当事者として，最も多く文書内に登場する人物である。1207年から1208年にかけて，ルニエはノートル＝ダム・ド・ロンプレ教会との間で，ドリュカにおける10分の1税をめぐる何らかの合意を行った。伯ギョーム2世は，その合意に承認と助言を与える旨の文書を，教会参事会へ宛てて発給している[38]。またその直後に，ルニエは同教会へドリュカの10分の1税の3分の1を寄進し，その代償として，教会の所領からパリ貨で100リーブルを受け取った。そして伯は「ルニエの懇願により」，この寄進行為を文書によって確認している[39]。1211年の文書では，ルニエは騎士アダム・ド・ドミノワの封臣として登場する。本文書で確認された合意の中で，アダムはアミアン教会からパリ貨70リーブルを受け取り，代償として，封臣であるルニエとギョーム・ド・ケイユーの封からの10分の1税の利権を，教会へ放棄した[40]。1221年には，ルニエはサン＝ジョス＝オ＝ボワ修道院との紛争の当事者として現れる。最終的にこの紛争は，伯とその側近たちの助言によって，和解に至った。その合意の結果，ルニエは，ドリュカにおける2件の宿泊権 hôtes の権利と，2件の収入源（パリ貨47リーブルと7リーブ

---

37) RACP, no 188, «... Ego siquidem filie mee Marie trecentas libratas terre ad monetam Parisiensem in terra mea Normanie ultra Senecam, silicet in terra Constansiensi, donavi. Hane autem terram Hugo de Fontanis et Stefanus de Lungo Campo eidem filie mee debent assignare ...».

38) RACP, no 182, « Willelmus, comes Pontivi et Monsteroli, dilectis suis coninicis de Longo Prato salutem quam sibi. Litteris meis patentibus notum vobis facio quod conventionem habitem inter vos et Renerum de Durcat super decima de Durcat ratam et firmam habeo, et coventioni assensum et consensum consiliumque meum prebeo. ...».

39) RACP, no 182, «... Notum facio quod Renerus, miles de Durcat, tertiam partem decime de Durcat, quam ipse et antecessores sui nomine juris hereditarii tenuerant, resignabit, et ecclesie Beate Marie de Longo Prato concessit perpetuo possidendam, et quietare et garandire juravit. Accepit autem de ecclesia ejusdem ville centum libras parisiensium. ... Ego itaque, ad petitionem ipsius Reneri, eidem facto assensum meum et consensum prebui, et presenti charta dictam decimam memorate ecclesie confirmavi ...».

40) RACP, no 224, «... Adam ... receptis ab eadem ecclesia sexaginta et decem libris parisiensium, omnibus redditibus decimarum quas reclamabant in feodis ... Willelmi de Caieto et Reneri de Durcat militis renuntiaverunt, ...».

ル）を保持する代わりに，自身の封臣ギョーム・ド・バールが保有する，メスニルにおける10分の1税の権利の一部を，教会へ永久に譲渡した。その譲渡の際，ルニエの封臣ギョームは，10分の1税の権利を一旦ルニエへと委ね，ルニエは，委ねられた10分の1税の権利を，更に伯ギョーム2世へ委ね，最終的に伯の手を介して教会への譲渡が行われるという，段階的なプロセスが採用されている。この事例では，ルニエ自身が，封臣を持つ主君である点だけでなく，譲渡物件を伯の手に委ねることで，伯の介在を求めていることがみてとれる[41]。このようにルニエは自身，幾つもの諸権利や領地を有する領主として，また封建関係のネットワークの一員として活動していた状況が確認できる。

　最後に検討する伯の側近は，ギイ・ダルグールである。ギイの一族はアルグールの有力領主であり，同じアルグールに存在するノートル＝ダム・ド・バランス修道院と，アルグール一帯の諸権利をめぐって二世代にわたり対立と和解を繰り返していた[42]。1198年に，ギイとノートル＝ダム・ド・バランス修道院は，アルグール近隣の湿地帯と水・水車の利権や経営権，農耕地等の諸権利をめぐって紛争状態にあった。紛争は，1184年にギイの父ロベールが，ノートル＝ダム・ド・バランス修道院へ行った寄進の確認文書の内容を参照することにより解決に至ったが，この1184年の文書は，当紛争の合意文書の中に完全な形で引用されている。和解の条件として，1184年の文書に記された修道院の諸権利や財は，修道院へ留まることとなった。それ以外の諸権利に関しては，湿地帯の4分の1と農耕地は修道院へ渡り，水の権利と水車の権利，維持は両者の間で分割された[43]。ところが1201年

---

41) RACP, no 273, «... facta est pax et conpositio inter ipsum Renerum et eandem ecclesiam in hunc modum ... et ipse ... dedit ecclesie supradicte illam decime portionem quam Willelmus cognomento de Barris, homo ejus, tenebat de ipso apud Maisnil cum omni jure ad ipsos et eandem decimam pertinente perpetuo possidendam. Et sciendum quod idem Renerus de dicto Willelmo recompensationem sufficientem sibi pro decima memorata recepit, et ipse Willelmus resignavit eandem decimam in manu Reneri, domini sui, et Renerus resignavit eam in manu mea ad opus ecclesie supradicte, et ego eam dedi et concessi eidem ecclesie jure perpetuo possidendam ...».

42) RACP, nos 144, 153.

43) RACP, no 144, «... monachi quartam partem marescorum et aquarum totius Argovie ...

に，ギイと修道院は，殆ど同じ諸権利をめぐり再び紛争状態に陥っている。今回も解決の際には，1198年の和解時に作成された文書が参照され，その合意内容も，前回の条件がほぼ踏襲されている[44]。度重なるアルグール一帯の諸権利所有の主張の繰り返しから，ギイの一族が，アルグールの諸権利の支配と経営に熱心であったことと，これらの諸権利がギイの一族と修道院の両者にとって重要な係争要因であったことが窺える。注目すべき点は，一連の一族とノートル＝ダム・ド・バランス修道院の係争とその解決過程を通じて，アルグール一族はポンティウ伯へ，紛争解決の確認を行い，保証人となることを求めていることである。1184年にロベールが修道院へ寄進を行った際，当時の伯ジャンは，ロベールの保証人となっている。同様に1198年のギイと修道院の和解の時も，伯ギョーム2世が，「ギイと修道士たちの懇願のために」，和解の場となった修道院へ赴き，和解の内容に賛同を与え，当事者双方の保証人となっている[45]。

　以上の事例から，ポンティウ伯領内の俗人領主たちは，伯とそれぞれ個別に関係を有しており，何らかの紛争に際してはポンティウ伯の確認や調停を求める傾向があったことが窺える。またアルグール一族のギイの例のように，伯と自身との関係が二世代によって確認される事例も存在した。伯は求めに応じて，領主たちの法行為や紛争解決に対応することで，伯領内の様々な人間関係の中の調整役としても機能していたことが推察される。

　伯文書に現れる俗人領主を，量的また質的方法を用いて検討することで，伯が求心力をもって，中小領主たちを影響下へ組み込む動きと，その一方で調整役として，伯が中小領主層の自立性を配慮し，伯と中小領主の共生を志

---

　　assererent, sicut etiam confirmatum est eis carta ... De reriquo, conventiones omnes et querele que cartis quas habent monachi determinate non sunt in pace dimisse sunt ...».
44) RACP, no 153.
45) RACP, no 144, «... Igitur horum omnium perpetualiter in pace tenendorum sicut supra continetur pater meus comes Pontivi Johannes fuit plegius. Ego autem, ad petitionem prefati Widonis et fratrum de Balanciis viniens ad abbatiam, ea sicut scripta sunt tanquam bona fide facta laudavi, et altrinsecus, ut dictum est, hoc est tam ex parte Widonis quam ex parte monachorum, exigentibus utrisque, plegius existo, et ea deinceps in pace, divine dignationis annuente clementia, faciam teneri. ...».

向するという，俗人領主に対する伯の二面的な姿勢が明らかになった。そして最も重要な点は，伯が側近を構成する領主層に接する際，これらの二面的対応の両方を重視していた点であろう。

第4節　伯の宮廷役人セネシャル

　本節では，伯の下で統治活動に携わる伯の役人を検討する。伯文書に現れる伯の役人には，以下の役職が挙げられる。まず伯の近辺で仕える役人として，セネシャル，および「伯の聖職者」たちが存在する[46]。次に地方に赴いて，伯の統治を代行するバイイが挙げられる[47]。また伯領内の城砦に拠点を構えるヴィコントも登場する[48]。本節では，伯の近侍者であるセネシャルのみを検討の対象とする。地方役人であるバイイについては次節で，またコミューンと関わりの深いヴィコントについては第5章で論ずることとする。

　ポンティウ伯のセネシャルには，隣接するサン＝ポル伯のセネシャルとは異なる特徴が存在した。ニウスの研究を参照すると，サン＝ポル伯のセネシャル職は，伯によって一代ごとに任命されており，職を歴任した10の人名が確認される[49]。ところが，ポンティウ伯文書の中には，セネシャルという役職名と，その職に就いた人物名は，ジャンとギョーム2世の時代にのみ，ただ1人しか現れない。

　ポンティウ伯唯一のセネシャルを務めたのは，アンゲランという人物である[50]。アンゲランは，ジャンとギョーム2世両伯に忠実に仕え，伯の統治

---

46) 伯の聖職者たちは文書作成者や証人として，*clericus, capellanus, notarius, cancellarius meus* 等の肩書きを伴い，文書に現れる。ジャン期に10人，ギョーム2世期に8人の存在が確認される。第1章第3節を参照。
47) バイイに関する伯文書は少なく，3例しか見当たらない。RACP, nos 155, 161, 222.
48) リュのヴィコントが特に頻繁に登場する。RACP, nos 60, 62, 66, 70, 85, 91, 95, 97, 98, 100, 102, 103, 206, 238, 243, 264, 269, 276.
49) NIEUS, J.-F., *Un pouvoir comtal* ..., pp. 373-378. サン＝ポル伯の場合には，1300年までに10人のセネシャルが確認される。またセネシャル職の文書内の言及は，12世紀の8回に対し，13世紀には28回と大幅に増加する。
50) ただし，例外的にアンゲラン以外の人物が2回，この職名を帯びて登場する。1192

に従事する，重要な存在であったことが，彼が文書に現れる頻度や，法行為における役割などから明らかとなる。アンゲランが，伯の証人として証人欄に登場する回数は 22 回を数える。これは両伯の文書総数 233 通中 9.4％にあたるが，その証人としての登場期間は 1152 年から 1199 年にわたり，約半世紀にも及ぶ。文書の中で，アンゲランの名は，「ポンティウのセネシャル」，「余のセネシャル」などの称号と共に記されているが，発給時期に応じて，セネシャル職を表す称号が異なる。ジャン期の前半に作成された文書内では，*dapifer* の称号を付される場合が多い。また，ジャン期後期からギョーム 2 世期には，*senescallus* の称号が多くなり，やがて完全に *senescallus* の表記のみとなる[51]。

ポンティウ伯は，アンゲランを重用したようである。1195 年に，ギョーム 2 世とサン＝ピエール・ダブヴィル修道院の修道士の間に，スカルドン川の水流と水車の利益をめぐって，紛争が発生した。その結果，伯と修道士の間で，水流の分割と水車の維持に関して，合意がなされた。その際，合意の内容を実行するための宣誓者が，両当事者により任命され，宣誓者たちは，合意内容の執行を誓った。宣誓の場でアンゲランは，伯のかわりに，伯の聖職者シルベステルと共に，宣誓者たちの宣誓を受け入れている[52]。アンゲランが，伯の代理の役割を果たす事例は，他にも存在する。1198 年に，伯の封臣ギイ・ダルグールは，ノートル＝ダム・ド・バランス修道院と，アルグール一帯の諸権利に関する合意を結んだ。その際ギイは，「アンゲランの手の中で」その合意を誓っている[53]。

さらに，アンゲランの兄弟たちもまた，伯の活動に関与し，伯の好意を受

　　年の文書（RACP, no 128）の証人として，*J. senescali* という名前が記録されている。1196 年文書（RACP, no 141）の証人欄では，伯のおじギイがセネシャルとして登場する。«... Guido, avunculus meus, senescallus Pontivi ...»．だが両者とも 1 回限りで，他の文書には一切現れない。

51) RACP, *dapifer*：nos 48, 60, 62, 63, 72, 85, 91, 108；*senescallus*：ジャン期（nos 95, 100, 109, 112, 115），ギョーム 2 世期（nos 127, 130, 131, 132, 133, 134, 144, 145, 150）．

52) RACP, no 137, «... presentibus Ingerrano, senescallo Pontivi, et Silvestro, clerico, vices meas in hoc agentibus, juraverunt ...»．

53) RACP, no 144, «... Engelrannus, senescallus Pontivi, in cujus manu Wido sepedictus de Argovia pactionem hanc tenendum affidavit ...»．

けていたことが窺える。例えば 1170 年に，伯ジャンがノートル＝ダム・ド・バランス修道院へ，ワインを寄進しているが，伯は寄進の目的として，伯と妻，両親，兄弟など，親族に加えて，アンゲランの兄弟であるアレームの魂の救済もまた，同時に願っている[54]。1183 年にも，ジャンはノートル＝ダム・ド・バランス修道院へ寄進を行っているが，その時にも，魂の救済の対象として，伯の祖先や妻，両親，子供の名と共に，アレームの名が特記されている[55]。同じく，アンゲランの兄弟であるギイは，「ポンティウのセネシャルの兄弟 frater senescalli Pontivi」という肩書きと共に，伯の文書の証人欄に頻繁に登場している[56]。このように，アンゲランとその兄弟は，アンゲランの血縁であるがゆえに，伯によって大いに活用され，恩恵を得ていたと思われる。

　以上で述べたように，アンゲランは伯の代理人を務め，兄弟と共に証人として参加するなど，伯領の統治の実務に携わっていた。それでは，アンゲランはどのような人間なのであろうか。アンゲラン自身が，教会へ寄進を行っている事例が，複数確認される。1157 年の文書では，伯ジャンが，アンゲランによるサン＝ピエール・ダブヴィル修道院への，自身の所有する全ての 10 分の 1 税の権利の寄進を確認している[57]。1162 年にも，ジャンは，ノートル＝ダム・ド・セリ修道院の要望に応じ，教会財産の確認を行っているが，列挙された教会の諸権利の中に，アンゲランによる寄進が含まれている[58]。さらには，教会に損害を与えたとして，教会がアンゲランを訴えるという事件も発生している。1159 年に伯ジャンは，サン＝ジョス＝オ＝ボ

---

54) RACP, no 72, «... Quod ego Johannes, Dei patientia comes Pontivi, ... pro anima patris mei, et matris mee, et pro anima mea, et fratris mei, et uxoris mee, et pro anima Alelmi fratris Engelramni dapiferi, et pro animabus omnium antecessorum, et successorum, amicorumque nostrorum, in perpetuam elemosinam donamus ...».
55) RACP, no 105.
56) RACP, nos 69, 85, 87, 91, 94, 95, 100, 101, 102, 109, 112, 114, 115, 117.
57) RACP, no 58, «... Concessi etiam ei totam decimam habere quam Ingelrannus, dapifer de Pontivo, monachis ejusdem ecclesie in helemosinam donaverat ...».
58) RACP, no 67, «... Ego Johannes, comes Pontivi, volo notum fieri omnibus presentibus et futuris me concessisse ecclesie Sancte Marie de Sery omnes elemosinas quas in feodo meo obtinent et quocumque sint ei distribute, nominatim ... et elemosinam Ingerammi depiferi ...».

ワ修道院へ，損害を与えた補償として自身を修道院の守護者 adovocatus に設定し，修道院へ害を及ぼしうる存在から修道院を保護すると約束したが，その仮想加害者としてアンゲランも含まれている[59]。以上からアンゲランは，領主的諸権利を所有しながら寄進を行う一方，教会機関と紛争を構える在地の領主層に属していたことがわかる。

伯文書から推察され得るセネシャル・アンゲランは，約半世紀にわたり二代の伯に仕え，伯の代理人を任される存在であった。彼は在地の領主層に属していたと見なすことができる。また，アンゲランの兄弟も伯の恩恵を享受していた事実が確認された。他方，アンゲランからセネシャル職を継承した者は，彼の親族関係でもそれ以外においても，存在しなかった。そのためポンティウ伯の統治におけるセネシャルの重要性は，職の存在自体よりも，伯とアンゲランとの間の個人的な紐帯に依拠していたといえるだろう。

第5節　伯の地方役人バイイ

最後に，中央宮廷においてではなく，地方役人として伯の統治に関わった役人バイイについて触れる。ポンティウ伯文書における伯のバイイの言及は極めて少ないが，バイイ職に就いていた人物は，第3節で伯の主要な側近として検討したシモン・ド・ドンクールであった。シモンは，1202年と1211年の2通の文書に，証人として名を連ねており，その際バイイの称号を付与されている[60]。バイイは，一般的には，税の徴収，君主の土地財の管理を司り，地方の伯権の代理人として働く，重要な地方役人である[61]。

---

59) RACP, no 62, «... Omnium autem possessionum predicte ecclesie advocatum et defensorem me concedo, et maxime adversus Ingelrannum, depiferum meum, et Guarinum de Maltort, et adversus Hermerum de Marcellivilla, et filium ejus, et omnes adjutores ejus ...».

60) RACP, no 155 (1201), «... Factum est hoc presentibus et astantibus Giroldo, priore de Abbatisvilla, ... Simone de Donquerre et Silvestro clerico, tunc ballivis meis ...» ; no 222 (1211), «... Hujus rei dispositioni et concessioni interfuerunt S. de Donquerre, baillivus meus ...».

61) フランス王のバイイの働きに関しては，BALDWIN, J. W., *The Government of Philip Augustus*, California, 1986, pp. 125-126；オリビエ＝マルタン，塙浩訳『フランス法制史概説』創文社，1986年，347-355頁；サン＝ポル伯のバイイに関しては，NIEUS, J.-

サン=ポル伯のバイイは地方役人のうち最も重用され，その役割は裁判の主催，通行税やサンスの徴収，会計管理と金庫の管理など多岐にわたり，地方レヴェルの伯権の第一の体現者であった。サン=ポル伯のバイイは特定の区域に定着する傾向が強く，フランドル伯のバイイの影響を受けていると見られる。

一方ポンティウ伯のバイイの職務に関しては，伯がバイイを含む伯に仕える全ての人間へ宛てた2例の文書から，その内容を知ることができる。1197年の文書では，ギヨーム2世が「全てのバイイ」へ，聖ヨハネ騎士団に属する，全ての財産と人間を，伯の保護の下に置くことを命じている[62]。1207年にも伯は，ウとサン=カンタンの参事会員の財と諸権利を伯の保護下に置き，必要時には参事会員への助言と助力を行うように，全てのバイイたちへ命じている[63]。この2例から，教会や聖職者の保護，諸権利の保障，教会への必要時の支援が，ポンティウ伯のバイイの職務の一部であったといえる。シモンもバイイとして伯の命令の下で，これらの職務に関与していたと推測される。

おわりに

ポンティウ伯の周囲に集う俗人集団と伯の関係を，伯との親族関係や職

F., *Un pouvoir comtal* ..., pp. 395-398.

62) RACP, no 142, « Ego Guillelmus, comes Pontivi, notum facio omnibus presens scriptum certentibus quod fratres sancte domus Hospitalis et omnia que ad ipsos spectant et ad homines eorum in manu mea et protectione bona fide suscipio, et in omni terra mea et in omni posse meo eos manutenere, et custodire et garantizare contra omnes promitto, et precipio omnibus baillivis meis quod ipsi in instant, omni occasione remota, excessus, ut me honorem meum diligent, precise finaliter emendare non different ...».

63) RACP, no 181, « Villelmus, comes Pontivi et Mostreoli, omnibus ballivis et sevientibus suis salutem. Sciatis quod ego omnes res et possessiones canonicorum Augi, et maxime Sancti Quintini, cum pertinenciis suis, in protectione mea suscepi. Ideo vobis mando et precipio quatinus res et possessiones predictorum canonicorum sicut meas proprias protegatis et manuteneatis. Et si quis eis in tota terra mea aliquam injuriam intulerit aut gravamen, consilium eis et auxilium pro posse vestro sicut pro meis propriis negociis conferre non differatis ...».

務，身分によって3種類に分類し，それぞれの社会集団が伯文書に登場する様子を検討してきた。この際，彼ら俗人側近たちの量的分析を行うとともに，個別の事例や人物に即して，伯と俗人側近たちとの関係のあり方を検討した。

　伯の親族は，伯にとって最も身近な協力者であった。伯文書の中では，親族は伯の行為に賛同を与えたり，伯の法行為や寄進の証人や，伯と共同の行為主体者となっている。ジャンの在位期には，女性親族の証人欄への登場や，伯との共同の寄進行為が多い。ギョーム2世期になるとジャン期の特徴は弱まる。また伯文書には，伯と特に関係が良好な親族が前面に現れる。

　また伯は自身の役人を統治業務へ従事させた。セネシャルは，おそらく臨時的に新設された役職であり，その職を務めた人物アンゲランは伯権の代理人となるなど，約半世紀にわたり二伯に仕え，その兄弟とともに伯の恩寵を受けていた。

　宮廷構成員の大半を占める「伯の助言者」に関しては，12世紀後半から13世紀にかけて，中小貴族である *miles* の称号をもつ俗人領主たちが伯の周囲に集っていた。フランス王権の宮廷と類似して，伯は自立的に活動する領主たちに対し，彼らの活動や紛争時に確認などを行い影響力を及ぼした。同時にこの中小貴族たちと個別的な権力関係を構築し，伯への忠誠を引き出そうと試みたであろう。

　以上のように，12世紀末から13世紀初めの時期において，ポンティウ伯の周囲には，ある程度の凝集力をもった側近集団の存在を垣間見ることができる。セネシャルという役職を新たに設置していること，また，側近たちの文書への登場回数には，個々の役人や俗人領主の偏りや集中が生じていることなどが確認されるからである。このようなポンティウ伯の側近の形成過程は，ニウスにより検証された12世紀末から13世紀のサン＝ポル伯の側近構成の変化と対応するものであり，同時にフランス王権との類似性も指摘し得るであろう。ポンティウ伯の側近の構成は，ニウスによるサン＝ポル伯のケースによって示された，中規模領邦における，君主の側近構成の王権との類似性を補強すると同時に，王権と共に12世紀を通じて，君主の宮廷の構成の変化において，ある一定の方向性が垣間見られることを示すものといえ

よう。

　しかしながら，本章の検討から浮かび上がるのは，他方では，それは，伯と特に緊密な関係にある，個々の人物の姿にすぎないともいえる。ポンティウ伯が目指していた伯領統治は，人的紐帯に大きく依拠しており，それは，伯と側近や助力者たちとの間に紡がれる個々の関係から成り立っているものであった。この点では，むしろ，伯領内に並存する多種多様な諸権力の調整役という立場から，個々の領主たちとの個別的関係の構築や強化を試みる姿勢こそが重要であるともいえる。

　つまり領邦君主にとって，地域に存在する諸集団との関係は，その権力展開の重要な要素だが，ポンティウ伯のような中規模領邦においては，それはとりわけ大きな問題であったと考えられる。伯領内には中小領主のみならず，コミューンや教会等，様々なレヴェルのローカル・コミュニティーが存在していた。中規模領邦であるポンティウ伯にとっては，これらの伯領を構成する諸要素は，完全に支配可能なものではなく，共生していく存在であったのだろう。

　本章において，ポンティウ伯の伯領統治の人的基盤である，伯の周囲に集う俗人の人間関係を明らかにした。続いて第 3 章では，伯の伯領統治の経済的基盤である伯の領主的諸権利について検討を行う。

第 3 章
ポンティウ伯権力と所有
―― ポンティウ伯の dominium ――

はじめに

　領邦君主は他の領主や諸権力に優越し，公権力の保証人として広域の範囲を統治するが，その一方で彼らもまた，自らの固有の領地・諸権利を所有する領主の一人である。領邦君主の広域の統治は，領主制による諸権利の収集，封建制度に基づく人的紐帯，領土全域を覆う公権力の保証という3つの側面が組み合わさって成り立っているといえよう。また，自らが保持する諸権利の運営管理は，自らの権力基盤の強化・安定を図るという点で，領邦統治の前提として不可欠である。中規模領邦についても同様のことが言えるであろう。中規模領邦の君主は，伯領内部の諸権力との関係調整に敏感であったことから，在地の影響を受けやすいという意味では，在地の諸権利運営管理は，伯にとって特に重要な事項であっただろう[1]。

　そこで本章では，ポンティウ伯の諸権力の基盤である所領や諸権利，さらにはその管理運営の実態を検討する。ただし，統治の根幹に関わる裁判権については，本章では取り上げず，次章にて別個に論ずることとする。本章ではもっぱら財産・諸権利の管理に検討の対象を限定する[2]。

　ところで，中世を対象とする所領，諸権利を構成する諸要素，それらの性

---

[1] ニウスも，サン＝ポル伯の諸権利を検討する際に，サン＝ポル伯の権力の実質的基盤である，物質的・経済的権限を，伯の諸権利として設定している。NIEUS, J.-F., *Un pouvoir comtal* ..., p. 186.
[2] ニウスは伯の諸権利の検討の際，物質的・経済的な性格の強いものを検討の対象とし，上級裁判権などは別章にゆずって論じている。*Ibid.*, p. 186.

格については，それ自体吟味を要する困難な課題がある。一般に，前近代の君主，あるいは領主の権力は，私的な所有や人身関係に由来するもの，封建関係を法源とするもの，そして本来は君主に留保される公権力の簒奪の結果手中に収めたものなど，多様な性格の諸権利からなっていたとされる。たとえば，王領はフランス語で domaine royal と表現されるが，その語源となった dominium とは，領主によって個人的財産や封建制に基づく勢力圏に対し行使される権力のみを指し，君主に留保される国家的権力レガリア regalia とは区別される概念であった。王権の研究史の上で問われたのは，第一に，私的な，あるいは公権力解体の結果「慣習」と認識されるに至った諸権力が，どのように「公的な」性格を回復していくかにあった[3]。他方で，有力領主の権力基盤である所領や諸権利の構成や性格等について，たとえばフランス王権については，封建期を通じての拡大が想定されている一方で[4]，同時期，これらを多かれ少なかれ枚挙するような資料類型の史料が存在しないため，その把握は困難を極める。このような状況のもと，W. M. ニューマンのフランス王領研究は，王文書に登場する王の諸権利に関する情報を網羅的に収集することで，ユーグ・カペーからルイ7世までの時期について，歴代のカペー王が保持した諸権利の変遷を追跡したものとして特別な注目に値する[5]。この際留意せねばならないのは，ニューマン自身が強調しているとおり，発給者の文書に現れる諸権利の多くは，文書が発給された時点で，発給者の手を離れていることが大半であるという事実である[6]。この時期の王や領邦君主，領主の文書の内容を占めるのは，教会機関への譲渡，あるいは確認だからである。本章で対象とする伯文書に登場する伯の諸権利の多くも

---

3) Cf. LOT, F. et FAWTIER, R., *Histoire des institutions françaises au Moyen Age*, t. II. *Institutions royales...*, pp. 99-107.
4) *Ibid.* ; PACAUT, M., *Louis VII et son royaume*, Paris, 1964, pp. 119-160.
5) NEWMAN, W. M., *Le domaine royal sous les premiers Capétiens, 987-1180*, Paris, 1937. ニューマンは domaine を，王が，土地，人間，取引に基づいて所持していた諸権利の総体として定義している。また F.-L. ガンスホーフは，フランドル伯の domaine を，非常に多数の，伯権に属し伯が収入を得る不動産と，伯が他の君主や領主たち同様に受け取る諸収入の巨大な複合体としている。GANSHOF, F.-L., *La flandre sous les premiers comtes*, Bruxelles, 1949.
6) NEWMAN, W. M., *Le domaine royal ...*, pp. 1-5.

また，発給された時点では「すでに失われた」ものであるが，それでも，その時点では「まだ所持していた」ことを明らかにする貴重な情報源であることは間違いない。本章では，ポンティウ伯の諸権利の内容，諸権利の統括・経営の状況を追跡し再現を試みるが，このような史料的限界があることを最初に断っておきたい。

　検討時期に関しては，ポンティウ伯文書の全文書を対象とするが（1026年から1279年まで），残存文書の年代の偏りのため，12世紀後半から13世紀が主要な検討時期となるであろう。

　最後に本章の構成について述べる。第1節では，ポンティウ伯が所持する領主的諸権利の歴史的変遷について検討する。第2節では，伯の領主的諸権利の内容と管理経営の方法について検討する。第3節では，伯が所持する「君主的諸権利」について検討する。

第1節　伯の領主的諸権利の変遷

　伯の権力や統治のあり方を探るためには，伯が領内において掌握している諸権力の性格や諸権利の量が重要な指標となる。本節では，ポンティウ伯が伯領において，領主として有する諸権利を検討する。ポンティウ伯領内には，ポンティウ伯だけでなく，他の中小領主も多数存在しており，個々の領地と権利が並存していた。伯は伯領内において，どの程度卓越した領主であったのだろうか。

　ここでは，伯による贈与・寄進文書，財産や寄進行為の確認文書を対象として，この時点で伯に属していた諸権利を文書から拾い上げ，各権利の内容を分類し，分布地点を確認する作業を行う。この際，伯の領主的諸権利の状態を伯の伯領内における統治のあり方と関連付けて理解するために，以下の3点に注意を払いたい。

　第一に，伯権力の政治的展開過程と諸権利の分布範囲の変遷の対応関係である。伯権力の成長・拡大は，領主的諸権利の広がりにも表れているのかという点である。

　第二に，伯が所持する諸権利の性格の検討である。伯の諸権利は，いかな

る性格の要素で構成されており，それぞれはどのように増加または変化するのか。また，場所によって諸権利の内容に特徴や差異は存在するのだろうか。伯にとって，伯領統治の強化のために特に重要と認識されていた諸権利は存在したのか。

　第三に，諸権利の取り扱いの問題である。伯は諸権利を，何のために用いたのかという問題である。同時に，諸権利の管理運営方法もまた検討されねばならない。多数，多岐に及ぶ諸権利を，伯はいかにして把握し，徴収し，管理したのだろうか。

1. 11世紀のポンティウ伯の領主的諸権利

　初期ポンティウ伯の諸権利に関する情報は非常に少ない。その理由は，初期の伯文書自体が，ほとんど残存していないためである。11世紀の伯文書は14通しか伝来しておらず，中でも11世紀前半の文書は，わずか3通が残されているのみである[7]。

　残存する最古のものは，伯アンゲラン1世（在位1026-1048年）が発給した1026/27年の文書である。この文書は，伯からサン＝リキエ修道院へ宛てた寄進の確認文書であり，当時の伯アンゲラン1世が所有していたヴィラが記されている。この中でアンゲラン1世は，コントヴィルのヴィラを修道院へ寄進している[8]。また1043/52年の間に発給された文書で，アンゲラン1世は，かつて父ユーグが同修道院へ行った寄進を確認している。ユーグは修道院へ，ポルトのヴィラ全体を寄進していた[9]。同様に1067年の，ギイ1世（在位1067-1100年）による寄進の際には，ウトルボワのヴィラの4分の1が対象として指定されている[10]。

---

7) RACP, no 1（1026/27年），no 2（1020/45年），no 3（1043/52年），no 4（1067年），no 5（1053/75年），no 6（1053/90年），no 7（1098年），nos 8-13（1100年），no 14（1053/1100年）.

8) RACP, no 1, «... Tradideram siquidem ipsi sancto, in pago Pontivo, villam quae Comitis Villa vocatur, ...».

9) RACP, no 3, «... pater meus, comes scilicet Hugo, adhuc vivens sed diem mortis extremum trahens, pro suae remedio animae, villam quam possederat solidam, Portam nominee, sancto Richario dedit perpetuo habendam, ...».

以上のように，断片的な情報ではあるが，11世紀初期から中期にかけては，ヴィラや収入全体，全ての慣習など，権利の対象は大きく把握されていた。しかし1100年になると，詳細に細分化した諸権利が列挙された寄進文書が登場する。伯ギイ1世はアブヴィルに，使徒ペテロとパウロに捧げられるサン゠ピエール・ダブヴィル修道院を建立し，クリュニー修道院の傘下とした。その際，修道院の基礎財産を設定し寄進した。その時作成された文書には，伯が寄進した諸権利が列挙されているが，ヴィラだけでなく，耕作地・ラント・10分の1税・ウナギ・塩・ワインなど，実に21地点の39項目もの諸権利が現れている[11]。ここからは，11世紀末にはすでに，伯が広範囲にわたる複数の地点において諸権利を保持していることとともに，諸権利の細分化が進み，伯は，寄進に際して，もはやヴィラの一括寄進ではなく，諸権利あるいは諸収入の一部のみを譲渡していることが判明する。

1106年に男性相続人の断絶のため，ノルマンディの有力家系である，ベレーム家のアランソン伯ロベール・ド・ベレーム（在位1101‐1113年）がポンティウ伯を継いだ。この家系交代によって，ポンティウ伯は諸権利をノルマンディ地方にも所有することになる。その後ロベールやギヨーム1世（在位1106‐1129年），ギイ2世（在位1131‐1147年）たちの伯文書には，寄進・贈与受益者や贈与する諸権利が，ノルマンディ地方に存在する事例が増えている[12]。

2. 伯権力の発展期（12-13世紀初期）におけるポンティウ伯の領主的諸権利

ポンティウ伯の歴史において画期をなすジャンの治世期（1149‐1192年）以降，伯文書の数が増加するため，各伯ごとの諸権利の性格および地理的分布の量的分析が可能になる。ここでもまた，伯の諸権利が寄進または贈与の対象として言及される文書が主な検討材料となるであろう。

---

10) RACP, no 4, «... Ego Guido, comes Pontivae patriae, ... reddo sancto Richario quartam partem villae que Ultrabaiz vocitatur nominee. ...».
11) RACP, nos 8, 9.
12) RACP, nos 16, 18, 19, 27, 32, 35, 43, 45.

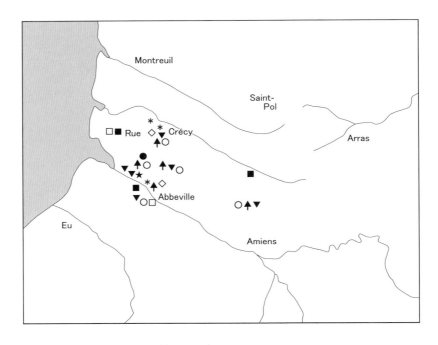

資料 3-1 ジャン期のポンティウ伯の諸権利
（『ポンティウ伯文書集』をもとに筆者作成）

第3章 ポンティウ伯権力と所有　　　95

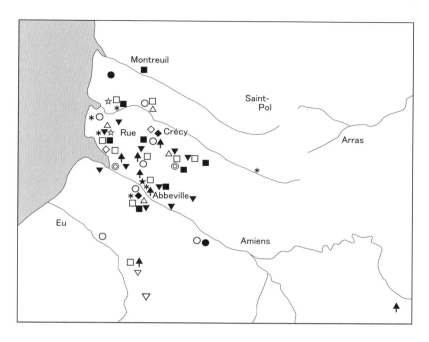

諸権利の内容	
土地	○
ヴィラ	◎
グランギア	★
牧草地・湿地	●
城	△
市	◆
現物	□
現金	■
塩・塩田	☆
水車	＊
森林	▲
封	▽
諸権利	▼

資料3-2　ギョーム2世期のポンティウ伯の諸権利
（『ポンティウ伯文書集』をもとに筆者作成）

地点や内容の重複も含めて，伯文書に記された伯の諸権利を数え上げた結果，ジャン期においては，22の地点において46の諸権利が数えられる[13]。続くギョーム2世の在位期間（1192-1221年）には，50の地点において85項目の諸権利が確認される[14]。

ジャンの時代とギョーム2世の時期を比較すると，諸権利の所在地点はほぼ倍増し，その分布が拡大していることが見て取れる。また言及される諸権利の量も，ほぼ倍増している。ジャンの時代の前半は，ポンティウ伯領内だけでなく，ノルマンディ，メーヌ地方，イングランドの地域において所有する諸権利も多いが[15]，これはロベール・ド・ベレームの息子ギョーム1世がもたらした諸権利であろう。ギョーム2世の時期になると，ポンティウ伯領本来の枠組みとなってきた領域内における言及が増加している。ここからギョーム2世は，ポンティウ伯領内の財産の管理に専心するようになったことがうかがえる[16]。

諸権利の分布地点の変遷に関しては，少数の特定の地点へ諸権利が集中する傾向にあるが，これらの場所は，伯領内の伯支配の拠点であったとみなしうる。この現象はポンティウ伯の初期からの拠点であった，特にアブヴィルやリュで顕著である。諸権利分布地点の大半は，1地点につき1種の権利しか現れない。ところがアブヴィルにおいて，ジャン時代は1項目の権利（屋敷）しか確認されなかったが，ギョーム2世期には，諸権利の数は13項目に増加している。その内容も土地，広場，市，要塞，堀，水車，小麦，ニシン，ラント（パリ貨，ポンティウ貨），サンス，「フランス王から得た諸権利」など多岐にわたる[17]。リュに関しても，ジャン時代の諸権利は5項目（小麦，ワイン，城塞，水車，定期金）だが，ギョーム2世期には12項目に増加している。その内容もアブヴィル同様に，屋敷，水車，鶏，小麦，

---

13) 資料3-1を参照。
14) 資料3-2を参照。
15) RACP, nos 46, 50, 54, 57, 75, 76, 78, 82, 83, 84.
16) ジャンとギョーム2世各時代の，領主的諸権利の分布変化については，資料3-1，3-2を参照。
17) RACP, nos 132, 135, 139, 141, 145, 169, 172, 180, 194, 214, 223, 238, 245, 247, 252, 256, 258, 263.

第 3 章　ポンティウ伯権力と所有

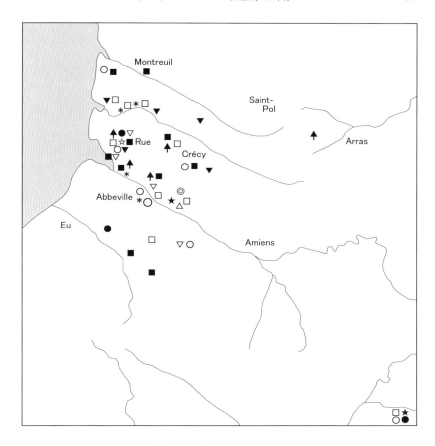

資料 3-3　マリ期のポンティウ伯の諸権利
(『ポンティウ伯文書集』をもとに筆者作成)

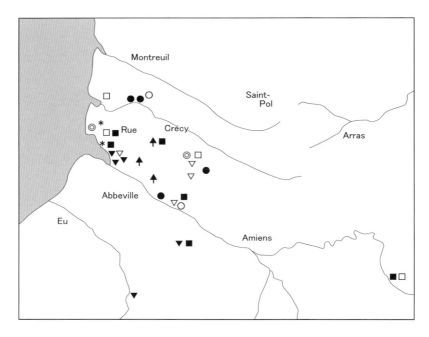

資料 3-4 ジャンヌ期のポンティウ伯の諸権利
(『ポンティウ伯文書集』をもとに筆者作成)

燕麦，貢租，ラント（塩），塩田，砂浜，「フランス王から得た諸権利」，ギルドの広場，柵などに細分化している[18]。

諸権利の内容については，両伯の各時代で興味深い変化が見られる。ジャンの時期には，未だ土地，ヴィラなどの大規模な権利や，もしくは全ての諸権利，全ての付属物などのように，諸権利を一括した表現が目立つ。一方ギョーム2世の時期には，小麦，ワイン，牧草地，湿地，館，市など，諸権利の細分化した項目での指定が増加する。同時に，ラントやサンスなどに見られるように，現金が諸権利となる場合も増す[19]。

以上から，伯は財産・諸権利の根幹を保持し続けた上で，一部の個別収入の受益権のみを（特に恩恵の対象である教会機関へ）譲渡しているのであり，その場所も，伯支配の拠点に集中する傾向が顕著なのである。

3. 13世紀以降のポンティウ伯の領主的諸権利
——諸権利としての現金——

13世紀中期のマリ（在位1221-1250年）の代以降のポンティウ伯の諸権利に関しても，前項と同様の検討を行った。その結果，マリ期には24地点における53の諸権利が確認される[20]。そしてジャンヌ（在位1250-1279年）の時代には，22地点における34の諸権利が確認される[21]。ギョーム2世の時代と比べると，諸権利の存在する地点は減少してはいるが，分布の範囲に関しては顕著な変化は見られない。またギョーム2世までに言及された地点や諸権利が再度言及され，繰り返し贈与されていることから，これまでに登場した諸権利の地点において伯の権利は維持され続けていることが分かる。

ポンティウ伯による諸権利の運営において，マリ以降の時期に注目すべき

---

18) RACP, ジャン期：nos 45, 54, 105 ; ギョーム2世期：nos 141, 168, 173, 193, 196, 208, 229, 235, 238, 255, 264, 270, 271, 275.
19) ただし，新たに獲得した地点においては，やはり土地，ヴィラなどの包括的権利を指定する場合も依然として存在する。
20) 資料3-3を参照。
21) 資料3-4を参照。

点は，諸権利の分布範囲よりむしろ，諸権利の内容の変化と経営方法である。以下に挙げるこれらの変化は，相互に連関し合っているといえるだろう。

まず挙げられる点は，諸権利の項目における，ラントの割合の増加である。ジャンの時代，ギョーム2世の時代に比較して，伯の諸権利として文書に記載される項目の多くがラントになっている。伯文書にて，伯の諸権利に言及している百五十余例のうち，諸権利としてラントを指す事例は62例であり，文書の約4割に相当する[22]。

次に特徴的な点として，ラントの増加と連動し，諸権利の取引に現金が指定される事例が増加している[23]。

最後に，諸権利＝ラントの授受拠点として，伯の地方行政地点である副伯の所在地であるヴィコンテが指定されることが一般的になっている点である[24]。ヴィコンテが諸権利の授受地点として設定されている場合は，全ての事例において，その諸権利の内容はラントとして取り扱われている。その割合は，ラントが言及されている62例の内，45例に相当する[25]。また，ラントを課されるヴィコンテにも，地域的な偏りが存在する。諸ヴィコンテの中でも，特にラントの面で活用されたものはリュである。13世紀には，伯の諸権利の運営において，ヴィコンテを活用し，諸権利や諸収入を1箇所に集積し，用途に応じて分配するという，経済的拠点とネットワークが構築されていたといえる[26]。

---

22) RACP, nos 284, 288, 293, 299, 302, 304, 306-12, 315, 317, 319, 321-43, 345-46, 350, 356, 370, 388, 390, 396-97, 401, 411, 414-15, 419, 448, 458, 464-65.
23) RACP, nos 293-94, 302, 309-12, 317, 319, 321-33, 335, 338-346, 350, 356, 358, 360, 368, 371, 388, 390, 396, 399, 401, 411, 414, 419, 422-23, 464-65.
24) 副伯，あるいはヴィコンテに関しては，第5章「ポンティウ伯とコミューン」を参照。
25) RACP, nos 284, 288, 293, 299, 302, 304, 306-7, 309-10, 315, 317, 322, 324-25, 327-29, 331-32, 338-342, 345, 350, 388, 397, 401, 411, 414, 419, 448, 458.
26) RACP, nos 336, 337, 415. 伯の諸権利の拠点としては，ヴィコンテだけではなく，伯のグランギア，バイヤージュも存在する。伯の諸権利・諸収入の経営・流通網は，複数の集積拠点によって構成されていたようである。

第2節　伯の諸権利を構成するもの――諸権利の管理と経営――

　本節では，ポンティウ伯の諸権利の代表的な構成要素について検討する。ポンティウ伯の諸権利は，多様な項目で構成されていた。その諸権利の大部分はソンム川からオティ川に挟まれた地域に集中している。また，ギョーム2世やマリの在位期には，ソンム川以南にも，言及される諸権利の数が若干増えている。伯が所持していた諸権利は，ソンム川－オティ川間という狭い地帯に存在するだけでなく，その中でも，幾つかの主要地点に言及が集中する傾向が見られる。諸権利の存在の言及は，大体が1つの地点につき1種類の権利のみである場合が多いが，特にアブヴィル，リュ，クレシーなどの地点においては，何種類もの諸権利項目が言及されているのである。

1. ラントとして現れる諸権利と伯領で通用する単位

　ラントは受益者にとっては定期的な現物あるいは現金の収入であるが，伯にとっては，確実な配分を保証するためにも，健全な財政管理が要求されるものでもある。ラントは，全文書に現れる伯の諸権利項目の4割を占める。伯文書に早くから登場してはいるが，特にギョーム2世の時代以降，伯が諸権利を細分割して寄進・贈与を行うための一般的な手段として，完全に定着した[27]。

　ラントの中身には，現物と現金の両方の場合が存在した。ラントが現物の場合，主に小麦，燕麦，ニシン，塩などが指定された。穀物の場合は，伯のグランジアに集積され，そこから指定された量を受益者へ引き渡していた。またラントはヴィコンテに課され，ヴィコンテが主な受け渡し地点となり，ヴィコンテを担当する伯の行政役人ヴィコントやバイイが，これを支払った。受け渡し地点として用いられたヴィコンテは，アブヴィル，リュが頻度において他とは一線を画しており，続いてル・クロトワ，ノワイエル，クレシー，ワベンなどが挙げられる[28]。

---

27) Cf. supra. pp. 61-62.

ラントは交付の期日が定められていた。とりわけサン゠レミの祭日（10月1日），洗礼者ヨハネの祭日（6月24日），そしてこれらの祭日を基準に前後数日間が指定される事例が圧倒的に多い。続いてクリスマスなどが用いられている[29]。またラントの年額を数回に分割し，複数の祭日に支払う形式も存在した[30]。

　小麦，燕麦等がよく指定されていた穀物について，伯は，一定の量を合意によって計測し，指定日にラントとして寄進していた。この穀物の計量時に，用いられた計量単位の種類とその変化に注意を払うと，伯の諸権利経営におけるある意図を示唆する，興味深い現象が認められる。ポンティウ伯領では，各集落に穀物計量のための独自の単位が存在し，複数の単位が通用していた。ギョーム2世の時代には，ドゥラン，リュ，サン゠リキエ，ワベンの4箇所において，固有の計量単位が使用されていた事実が判明している[31]。しかしながら，「ポンティウの共通の単位 mensura publica Pontivi」もまた存在しており，伯はこのポンティウ伯領の標準単位の浸透を推進していた。このポンティウの共通の単位は，穀物の計量だけでなく，土地や森林の面積の測定にも用いられた。ポンティウの共通の単位の伯文書における初出は，1209年である。この時伯は，封臣シモン・ド・ヌヴィオンがノートル゠ダム・ド・バランス修道院へ行った，「ポンティウの共通の単位で」20ジュルナル journaux の森林の寄進を確認しており，この時点で，ポンティ

---

28) RACP, Abbeville : nos 139, 166, 169, 172, 174, 180, 238, 245, 247, 252, 256, 258, 263, 302, 309, 322, 324, 325, 338, 341, 402 ; Rue : nos 196, 229, 268, 284, 288, 294, 299, 304, 315, 327, 328, 329, 332, 350, 401, 419, 448, 458, 466 ; Crotoy : nos 310, 317, 331, 411 ; Crécy : nos 198, 339, 347 ; Noyelles : nos 340, 345, 388 ; Waben : nos 306, 307, 397 ; Airaines ; no 414 ; Aumale : no 466 ; Montreuil : no 342 ; Saint-Riquier : no 226.
29) RACP, サン゠レミの祭日 : nos 5, 27, 60, 65, 74, 119, 172, 173, 198, 238, 243, 260, 263, 266, 294, 308, 310, 312, 318, 322, 324, 325, 326, 327, 328, 329, 331, 333, 335, 338, 339, 340, 341, 342, 347, 399, 409, 414, 419 ; 洗礼者ヨハネの祭日 : nos 115, 172, 173, 264, 284, 294, 299, 350 ; クリスマス : nos 115, 172, 173, 238, 263, 294.
30) RACP, nos 27, 74, 115, 119, 172, 173, 198, 238, 264, 294, 414, 419.
31) RACP, Doullens : no 167（1205年），no 178（1206年）; Rue : no 206（1210年），no 224（1211年），no 229（1212年），no 235（1214年），no 272（1220年）; Saint-Riquier : no 378（1249年）; Waben : no 175（1205年）.

ウの共通の単位が封臣によって採用されていたことが分かる[32]。伯自身については，1210 年代には，寄進する穀物や土地の測定時にポンティウの共通の単位を何度も採用しており，伯領の公用単位として浸透させる積極的な姿勢が見られる[33]。

ギョーム 2 世による，共通単位の積極的な導入と使用は，伯領全域にて単位を統一し，伯の諸権利の統括を円滑に，そしてより強固に行うためであろう。そしてポンティウの共通の単位は，伯領末期のジャンヌの時代まで，使用され続けることになる[34]。一方，各地で通用していた各地固有の単位は，マリの代以降，サン=リキエの単位のただ一例を除いて，全く使用されていない[35]。ポンティウ伯は，ポンティウの共通の単位を導入することで，伯領全域に共通の単位を浸透させ，諸権利を統括することに成功したといえる。

また伯の穀物収入に関連して，その運搬・流通の中心地であったグランギアの存在を看過してはならない。穀物は収穫後一旦グランギアへ集積され，そこで指定された分量を計測し，指定日に受益者へ引き渡していた。13 世紀において，伯はアブヴィル，ウルニー，クレシー，ボナンスの各地点にグランギアを所有していた[36]。グランギアは，伯領の現物の諸権利経営の重要な拠点の一つとして，ヴィコンテとならんで機能していたのだろう。

2. 伯領の特殊立地に由来する諸権利の管理

ところでポンティウ伯領は，領内に 2 つの河川が流れるだけでなく，西端は海に面しており，諸権利にも，この地理的特性に由来する特色が見受け

---

32) RACP, no 192（1209 年），«... notum facio ... quod Simon de Novion miles, homo meus, ... dedit ecclesie de Balantiis ... in perpetuam elemosinam viginti jornalia nemoris ... ad publicam Pontivi, ...».
33) RACP, no 217（1210 年），no 225（1211 年），no 239（1214 年），no 244（1214 年），no 259（1218 年），no 260（1216 年）.
34) RACP, no 351（1243 年），no 368（1248 年），no 409（1258 年）.
35) RACP, Saint-Riquier : no 378（1249 年）.
36) RACP, Abbeville : no 336（1239 年）; Ergnie : no 337（1239 年）; Crécy : no 136（1195 年）; Bonance : no 147（1199 年）.

られる。伯の寄進・贈与の諸事例には，ニシンやウナギといった海産物が諸権利の項目に指定される事例がしばしば登場する[37]。特にニシンに関しては，1 期日につき 1,000 匹または 2,000 匹など千匹単位で，あるいは 1 万匹単位で受益者へ引き渡すといった，大規模な数での寄進が行われている[38]。この規模から，ポンティウ伯は海に関する権利を確保しており，安定した漁獲量が保証され，整備された供給・流通ルートが構築されていたと考えられる。ポンティウ伯にとって海産物は，穀物のように利便性の良く信頼性の高い，常時手元に存在する手軽な諸権利であったのだろう。

　さらに，特定の環境に依拠する伯の諸権利として，塩と塩田の権利の存在が挙げられる。伯の持つ塩の権利が初めて伯文書に現れる時期は，1053 年から 1090 年の間と推定される。伯ギイ 1 世は，サン＝マルタン＝デ＝シャン修道院へ，塩 30 モディウムのラントを寄進している[39]。このことから既に 11 世紀中期には，伯は塩の精製を行い，自身の必要な用途のために，活用していたことが推測される[40]。伯は，海に面する恵まれた立地環境を活かして，塩を精製し，ラント等に用い，伯領中に流通させていた。塩は，伯の現物の諸権利の中でも，寄進や贈与の中心的な役割を果たしており，ラントの場合に重要な位置を占めたと考えられる[41]。

　塩の製造とその集積地は，ポンティウ伯領内の特定の地点に限定されていた。その課される地点は，リュとワベンの 2 地点のみである。リュに関しては，ギイ 1 世の時代に塩の課される地点として初めて登場し（1100 年），ギョーム 2 世期によく用いられた[42]。他の地点においては，塩や塩田が権利として全く現れないことから，塩と塩田・製塩が，リュとワベンだけの特別の産物である可能性が高い。特にリュにおいては，ラントに頻繁に塩が指定されており，ポンティウ伯は塩をリュの主要生産物として，重要視してい

---

37) ニシン：RACP, nos 245, 288, 304, 306, 307, 315, 397, 448 ; ウナギ：RACP, nos 8, 9.
38) RACP, nos 245, 288, 304, 306, 307, 315, 397, 448.
39) RACP, no 6.
40) RACP, no 6.
41) RACP, nos 168, 176, 196, 208, 235, 247, 270, 284, 299.
42) RACP, リュ：塩 (nos 8, 168, 196, 206, 208, 229, 235, 247, 270, 271, 284, 299, 350), 塩田 (nos 208, 271) ; ワベン：塩 (no 176), 塩田 (no 217).

たといえる[43]。ゆえにギョーム2世は，貴重な生産物であるリュとワベンの塩を，伯の権利の下に独占しようと試みたと推測可能であろう。

第3節　ポンティウ伯の「君主的諸権利」

本節では，伯が公権力を行使した事例を考察する。これらのいわば「君主的諸権利」は，本来は王権すなわちレガリアに由来する権利であり，他の一般的領主権とは性質を異にする。ポンティウ伯は，君主的諸権利を，どの程度掌握していたのだろうか。または，君主的諸権利を伯の下に集め，独占しようとする行動は存在したのだろうか。本節では，君主的諸権利を二種に大別し，各項目におけるポンティウ伯の統括の程度を考察する[44]。

1. 公的空間の支配

第一は，領内に暮らす人間の生活にとって重要な，公共性の高い空間，施設を管理する諸権利である。森林，水，水車，街道などがこの権利の対象に相当する[45]。

ポンティウ伯文書には，伯が森林統括に関与する記述が，多数残されている。12世紀中期には既に，アルムネーシュの森に森林役を設置しており，森林役へ命令を下す文書が存在する[46]。

全伯文書で確認可能な，ポンティウ伯の所有する森林は全部で27地点である[47]。12世紀前半までの初期の伯文書には，8地点が登場する。伯の森

---

43) RACP, nos 168, 196, 208, 229, 235, 270, 284, 299.
44) 本節における，君主的諸権利の分類は，中規模領邦の主要先行研究である，ニウスのサン＝ポル伯領研究に準じた。Nieus, J.-F., *Un pouvoir comtal* ..., p. 186. なお，本章の最初に触れたように，本章では裁判権については次章にゆずり，検討の対象としない。
45) 水車や市場に課される税は，サン＝ポル伯の財政においても，無視できない重要な位置を占めていた。*Ibid.*, p. 191.
46) RACP, no 57, «...Willelmus, comes Pontivii, servientibus et forestariis suis de Alemenechis salutem. ...».
47) ポンティウ伯の所有した森林の所在地は次の通りである。Almenèches, Avesne,

林が文書に言及される，最も古い事例は，1100年の寄進時である。伯ギイ1世は，アブヴィルのサン＝ピエール・ダブヴィル修道院創建時にビュイニー，カンタトル，ガダン，ヴィミルズの森林の諸権利を教会へ寄進した。その内容は，伯の囲い地の半分・薪を取る権利・一定量の木材・森林内で捉えた鹿の角など，詳細に規定されている[48]。またベレーム家によるポンティウ伯の継承以降は，ノルマンディ地方の森林も所有することとなった。1143年に伯ギョーム1世が，グフェールの森の一部を，ノートル＝ダム・エ・サン＝タンドレ・ド・ヴィニャ修道院へ寄進している[49]。

12世紀後期から，伯の森林に関する言及はジャン期に14地点，ギョーム2世期に14地点と大きく増加する。両伯の在位期の間に，地点の数では変化はない。だが分布範囲の時期的変動については，領主的諸権利と類似の現象が見られる。ジャン期前半には，ギョーム1世の影響を残し，ペルセイニュやブルス，グフェール等の，ノルマンディやメーヌ地方の森林の記述が目立つのに対し，ギョーム2世期には，ポンティウ伯領近隣に立地する森林が多く登場している[50]。

ジャン期の特徴として，森林の開墾が活発に進められたようである。伯が，所有する森林の一部を贈与する代わりに，その用途を開墾に指定する事例が8例存在する[51]。

しかし13世紀中期のマリの代以降，文書に現れる森林は5箇所に減少する。同時に，森林の使用法にも変化が見られる。以前のような，開墾を目的とした森林の用途は消え，森林内における，荷車1台分の枯れ木の贈与や，

Blavon, Bonantia, Breuil, Buigny, Bursa, Cantâtre, *Caisnetum*, Écouves, Fravel, Gaden, Goufern, Kahaule, La forêt de Crécy, Le Crois, Le Haie, Les Taules, LeTitre, Luc, Moflieres, *Nova Defensio*, Persegne, Ponthoile, Rondel, Vicogne, *Vimilz*.

48) RACP, no 8.
49) RACP, no 27, «... Vestre igitur necessitati et religioni providentes, concedimus vobis et ecclesie vestre in elemosiam perpetuam, ... partem preste de Gofer, videlicet a Vicaria, ...».
50) 両伯の所有した森林は以下の通りである。ジャン：Almenèches, Blavon, Breuil, Bursa, Cantâtre, Écouves, Gaden, Goufern, La forêt de Crécy, Le Haie, Les Taules, Persegne, Rondel, Vicogne；ギョーム2世：Breuil, Buigny, Cantâtre, *Caisnetum*, Fravel, Kahaule, La forêt de Crécy, Le Crois, Luc, Moflieres, *Nova Defensio*, Ponthoile, Rondel, LeTitre.
51) RACP, nos 53, 58, 68, 86, 91, 95, 102, 108.

木材伐採時の枝の贈与など，細分化した権利が，寄進の内容として扱われている[52]。

だが，伯にとってとりわけ重要性の高い森林は，歴代の伯の時代を通じて不変だったようだ。伯の所有する森林の中で，伯が最も重用した森林は，カンタトルの森とクレシーの森である。カンタトルの森は1100年から言及されており，伯が最も古くから所有した森林の一つであった。ジャン期には9回，ギョーム2世期には3回登場している。そしてクレシーの森は，ジャン期に3回，ギョーム2世期に3回登場する。さらにマリ期以降，使用される森林が減少した時期にあっても，8回も登場しており，伯によって活用され続けている。これらの森林は，いずれもポンティウ伯領を，初期から構成する地域に位置する[53]。

水や水車，河川，海も，伯にとって重要な事項であった。ポンティウ伯領は海岸に面しており，ソンム川やオティ川に囲まれている。これらの主要河川の通行の管理は，伯の権利であった。

早くも1100年には，伯ギイ1世がオティ川とその支流グルシュ川，ソンム川と支流スカルドン川を影響下に置き，水流や漁の権利を差配出来ることが示される。ギイ1世はアブヴィルのサン＝ピエール・ダブヴィル修道院へ，各河川における漁の許可を寄進している[54]。続いてジャンの時代にも，オティ川の水は伯の所有であった[55]。そしてギョーム2世の時代には，ソンム川とスカルドン川，タルザック川，そして海岸もポンティウ伯が統括し

---

52) RACP, nos 289, 382, 385-86, 416. もちろん通常の森林の使用権の言及も，依然存在している。nos 364-65, 381.
53) RACP, Cantâtre：ジャン（nos 68, 91, 95, 102, 108, 112, 114, 126），ギョーム2世（nos 156, 171, 209），ジャンヌ（no 405）; La Forêt de Crécy：ジャン（nos 85, 95, 106），ギョーム2世（nos 198, 220, 239），マリ（nos 289, 364-65, 381-82, 385-86），ジャンヌ（no 416）.
54) RACP, no 8, «... omnem piscariam de Scardon ... omnemque piscariam quam habebam in eadem Somona, ... et medietatem de piscariis quas habebam super fluvium Alteie, ... et molendium meum situm super aquam Luchuel, ... dedi. ...».
55) RACP, no 104, «... ego Johannes, comes Pontivi, ecclesie Sancti Judoci de Nemore in elemosinam concessi aque deductum de Alteya inter Domnum Petrum et Ponches, ...».

ており，伯が水に関する権限を拡大している状況が確認される[56]。1261年伯ジャン・ド・ネールとジャンヌ夫妻は，ノートル＝ダム・ド・バランス修道院へ，リュにかかるラント60スーを寄進し，代わりに修道院がリュの池とオティ川にて保持していた漁の権利を獲得している[57]。

ポンティウ伯は，主要河川の用水の整備にも関心を持ち，インフラの権限も有していたようだ。1277年に，伯はリュのコミューンへ，オティ川の水流をリュへ引き込み，海へと流れ出るような用水路の建設を許可している[58]。同時に，この事業が完成出来なかった場合を想定し，この工事に伴うコミューンの義務の免除も与えている[59]。

また伯は，早い時期から各地に水車を所有していた。伯の水車に関しては，12世紀前半の古い時代の方が，文書に現れる地点が多い。伯は1100年の時点で，ガフェ，エリー＝シュル＝ソンム，ヌヴィオン，リュにおいて，水車を所有していたことが判明している。伯はこれらの地点の水車に製粉料を課し，その収入をサン＝ピエール・ダブヴィル修道院への寄進にあてていた[60]。またアブヴィル，リュなどの主要な集落においては，複数の水車を保持していた[61]。続いて1131年の文書では，新たにコロワ，ブヴァック，

---

56) RACP, no 223, «... ego dedi et concessi Johanni Torchart ... quandam partem fossati de firmitate mea Abbatisville jure hereditario possidendam, et illa predicta pars fossati pretaxati sita inter aquam Summane et aquam de Talesac, ...», n° 137.

57) RACP, no 419, «... abbas et conventus de Balenciis, ... haberent jus et usumfructum piscandi et capiendi pisces ... in omnibus vivariis nostris et aquis de Rua ... et dicta piscatio in dictis vivariis nostris esset nobis multum danpnosa et posset esse in posterum heredibus nostris, utilitatem nostram et heredum nostrorum comitatus Pontivi in hoc considerantes, pro dicta piscatione, ... abbati et conbentui dedimus ... sexaginta solidos parisiensium ad vicecomitatum nostrum de Rua ... ».

58) RACP, no 468, «... nou sommes assenti ... a ce que nostre vile de Rue fache venir le cours de l'Autie entierement a Rue et de Rue le face keir en le mer, ... ».

59) RACP, no 469, «... s'il est ainsi, que Dieu ne voille ! que le vile de Rue devant dite et la communetez de meismes cele vile ne puissent le cours de l'yaue entierement en nule meniere faire venir a Rue, que il soient quite et delivré du faire a tous jours mais, en tele maniere que nous leur pardonnons et delaissons entierement toute l'obliganche que il ont faite envers nous et envers les hoirs de Pontieu, ... ».

60) RACP, no 8.

61) RACP, nos 8, 23. 1100年の事例のGaffeや1131年の事例のPennaはいずれもアブ

第3章　ポンティウ伯権力と所有

フォッサ, ラ・ペンヌの4箇所で伯の水車が言及されている[62]。さらに, 1143年の事例では, ベレーム家に由来するノルマンディ地域で所有する水車も現れている[63]。

ジャン期にはリュとタランス川の2箇所に, ギョーム2世期にはアブヴィル, ブヴァック, リュ, ティニー, トリケレの5箇所に, 伯の水車を設けている。ティニーの事例によると, 伯は, 各水車に水車役を置き, 使用料を徴収していたようだ[64]。水流付近に位置する要所で水車を所有し, その使用を強制し, 料金を課すことは, その水車近辺の領民たちの伯への依存を強めたことだろう。ただし, 水車の権利に関しては伯以外に, 教会や個人にも水車を所有するものがおり[65], 12世紀後期から13世紀にかけては, 伯だけが完全な独占に至った特権ではなかったようである。

マリの時代には, ティニー, ナンポン, ノワイエルの3箇所にて水車の権利を有していた[66]。ジャンヌの時期には, コキンにおける水車の所有が言及されている[67]。またポンティウ伯末期には, 1277年にマルカンテルにて, 伯ジャン・ド・ネールとジャンヌ夫妻がダンマルタンの修道院と共に, 風車を建設し共同で権利を有している[68]。

各地を結ぶ水流の統制という点では, 広域の移動に影響を及ぼす通行税, 通行権の統轄も, 公的空間を覆う君主的諸権利において, 看過できない項目である。通行税の実施, 免除は, 一定領域内の人々の移動を制限し, 統制し得る権利として重要な役割を持つ。この通行税の権利を, ポンティウ

ヴィル内に位置する水車である。また1103-29年の事例では, リュにおいて, 複数の水車の存在が示されている: no 21, «... de duobus molendinis quos feceret apud Ruam, unum Ad Stancam et unum nomine Revel, ... ».

62) RACP, no 23.
63) RACP, no 27.
64) RACP, no 170.
65) RACP, nos 61, 62, 68, 106, 124, 125, 133, 137, 153, 170, 174, 200, 201, 211, 215, 246.
66) RACP, no 295 : Tigny, Nempont ; no 295 : Noyelles.
67) RACP, no 455.
68) RACP, no 471, «... nous et li abbes et li couvens de l'eglise de Donmartin par commun assentement avon fait un molin a vent en Mareskienetere, ... ».

伯は自らの伯領内において掌握し，伯権の浸透のために，効果的に行使していた。

1159年に伯ジャンは，サン＝ジョス＝オ＝ボワ修道院へ損害を与えた代償として，修道院の人間と家畜の「余の土地全土 tota terra mea」における通行特権を寄進した[69]。1187年の，アブヴィルのコミューンとの紛争の和解の際には，「伯の通行税の権利は害されない」という文言が明記されており，伯の通行権が留保，優先されることが確認できる[70]。ギョーム2世も同様に，1203年のサン＝タンドレ＝オ＝ボワ修道院との和解時に，伯領全土における通行権，避難権を修道院へ寄進している[71]。

またギョーム2世期には，水に関する通行権も特徴的である。1203年にギョーム2世が，ヴァル・ド・ビュイニーレプラ院へ寄進したものは，ポール＝ル＝グランにおける，病院の船の通行特権であった[72]。1210年には，ノートル＝ダム・ド・バランス修道院へ，伯領内の港の使用権を寄進している[73]。

以上の事例より，ポンティウ伯は通行権を，伯のみに属する上級の権利として堅持し，寄進や贈与として授与する特権としても，頻繁に活用したことが認められる。つまり伯にとって通行権は，伯権の影響力を拡大するための不可欠な手段であった。さらに，通行権を特権として授与する行為は，伯が伯領全体を覆う最大の保護者であると，受益者たちに認識させるためにも，

---

69) RACP, no 62, «... Pascua quoque pecudibus ejusdem ecclesie in tota mea in locis ubi alie pecudes pascentur, et liberum transitum per totam terram meam, per publicas vias, tam in villis quam in calceiis, fratribus ejusdem ecclesie et pecudibus eorum similiter benigne concede ...».

70) RACP, no 116, «... et ego eis concessi omnia pondera et mensuras ... in pace et nominee hereditatis possidendas, salvo tamen tonleio meo a meis predecessoribus ab antiquo tempore constituto ...».

71) RACP, no 161.

72) RACP, no 157, «... ego dedi fratribus leprosis de Valle Bugniachi passagium de Port in perpetuam elemosinam et familie ejusdem domus, de navello, ad omnes usus domus predicte ...».

73) RACP, no 217, «... Concessi etiam eidem ecclesie duas naves piscatorias ad usus proprios in omnibus portubus et havelis terre mee liberas ab omnibus consuetudinibus et usagiis que ad me pertinere noscuntur ...».

大いに貢献したであろう。

2. 造幣と流通

　第二の検討事項は，貨幣にまつわる権利である。貨幣の造幣権や両替権は，レガリアに属する特権であった。本項では，ポンティウ伯が固有の貨幣を製造していたのか，またその貨幣を自らの伯領に流通させることが出来たのかを検討する。

　ポンティウ伯領には，伯領の初期から，伯領独自の貨幣であるポンティウ貨 sous, livres de Ponthieu が存在していた。早くも 12 世紀初期には，ポンティウ貨は領内で流通し，取引に用いられていたようである。1110 年にギイとリキエという兄弟が，アブヴィルの教会へ，ポンティウ貨 60 スーと引き換えに諸権利を寄進し，伯がこの行為を確認している[74]。その後，ポンティウ貨に関係する文書の記述が増加し，ポンティウ貨が伯領内で広く普及し，頻繁に使用されていた状況が明らかになる。

　まずジャンの時代には，伯がポンティウ貨の造幣と両替の権利を独占していたことが確認できる。1186 年，ジャンは伯の封臣である兄弟，ゴダンとシモンへ，貨幣の造幣と両替の独占的特権を授けている[75]。

　　「余，ポンティウの伯ヨハンネス（ジャン）は，（中略）ゴダンとその兄弟シモン，および彼らの相続人へ，我が土地全土における，貨幣の鋳造と両替を譲渡する。（中略）
　　また，以下のように知らしめる。何者も我が土地全てにおいて，彼ら（ゴダンたち）の意思と許可なく，貨幣の鋳造や両替を行うことはできない。彼ら（ゴダンたち）は自身の望む時に貨幣の鋳造を行い，中止することができる。」

---

74) RACP, no 17, «... Hoc autem quod in ipsa terra possidere videbantur eidem ecclesie, donatione facta, pro sexaginta solidis monete Pontivi, me teste et collaudante, vendiderunt. ...».
75) RACP, no 115, « Ego Johannes, comes Pontivi, ... concessimus Godino et Symoni, fratri ejus, heredibusque suis, ... monetam nostram et cambitum jure hereditario in omni terra nostra. ... Et sciendum est quod aliquis in omni terra mea monetam vel cambitum non poterit facere, nisi voluntate et permissione eorum, operabunturque monetam quando illis placuerit, et cessabunt quando voluerint ...».

この特権の内容からは，ポンティウ伯が従来，伯領内において，自らの意向や判断に基づき貨幣を製造する，卓越した権利を占有していたことがうかがえる。

このポンティウ貨は，どの程度伯領内で流通貨幣として浸透していたのだろうか。ポンティウ貨を用いた贈与や寄進，税の支払いの事例は，ジャン期に6例，ギョーム2世期に11例，合計17例が確認される[76]。

ポンティウ貨が指定されるのは，どのような場合なのかに関しては，複数の特徴が存在する。まずは，コミューンが伯へ，封建的義務として4種の援税（伯の息子の騎士叙任の資金，伯の娘の結婚時の嫁資，伯が捕らわれた際の身代金，伯の聖地巡礼時の費用）を支払う場合である。このケースは，1184年のアブヴィルや，1201年のポントワルなど10の事例に該当する[77]。また封建関係に関連する事例として，伯の聖職者シルベステルが，封にかかる相続税を伯へ支払う場合にも，ポンティウ貨6スーの指定がなされている[78]。

次には，サンスを伯へ支払う時である。この場合における被課税者の分類は，伯の封臣，領主，コミューン，修道院と多様である。1180年に伯は，伯の封臣のシモン・ド・マシが，ティロワの森を対象に，年2回各15スーのサンスをポンティウ貨で支払うことを確認した[79]。また1187年に伯は，アブヴィルのコミューンによる，年1回10リーブルのサンスの支払いに，ポンティウ貨を指定している[80]。1205年の時点では，ノートル＝ダム・ド・バランス修道院は，伯から寄進の確認と財産の保護を受ける代償とし

---

76) RACP, ジャン：nos 101, 105, 109, 112, 116, 119；ギョーム2世：nos 132, 152, 166, 171, 216, 223, 243, 247, 254, 258, 272.

77) RACP, no 109（Abbeville）, «... tria auxilia idem burgenses mihi tenentur ex debito solvere, centum videlicet libras Pontivensis monete ad filium meum militem faciendum, centum libras filie mee conjugande, centum libras ad redemptionem meam de captione. ... », no 127（Hiermont）, no 131（Crécy）, no 134（Noyelles）, no 150（Marquenterre）, no 152（Ponthoile）, no 155（Doullens）, no 203（Mayoc）, no 212（Ergnie）.

78) RACP, no 132.

79) RACP, no 101.

80) RACP, no 116, «... predicti burgenses mei infra Pentecosten decem libras Pontivensis monete michi et successoribus meis annuo censu reddere tenebuntur, ...».

て，年1回ポンティウ貨で5スーを伯へ支払っている[81]。さらに1217年には，伯はベルナール・チュエルへ，ポンティウ伯領内の通行税の免除特権と，クレシーの市で商売を行う権利を与えた。その贈与と引き換えに，ベルナールは伯へ，年10スーのサンスをポンティウ貨で納めることが定められた[82]。これら一連の事例において着目すべき点は，ポンティウ伯が，コミューン・教会・領主に対し，ポンティウ貨の使用を強制する権能を持っていたという点であろう。

また伯が寄進や贈与を行う時にも，ポンティウ貨がしばしば用いられた。その際，特定のヴィコンテが，授与されるポンティウ貨を徴収する地点として定まっていたようだ。それはリュとアブヴィルのヴィコンテである。その中でもジャンとギョーム2世の両伯によって，課税するヴィコンテに違いが現れる。ジャンはポンティウ貨の徴収地にリュを指定していた。一方ギョーム2世はアブヴィルを指定している[83]。リュとアブヴィルは，ポンティウ伯の最大の拠点であった。そこでは，ポンティウ貨の使用が，深く浸透していたと考えられる。また，ポンティウ貨の徴収地に指定することは，その地点へのポンティウ貨の集積を促すことにも繋がる。結果として，リュとアブヴィルおよび近隣における，伯の権威の強化に作用したと推測できる。

ジャンとギョーム2世の時代において，ポンティウ伯は，自らの伯領に流通する独自の貨幣を持ち，その造幣権を独占していた。さらに領民たちへその貨幣の使用を強制し，流通のコントロールを試みていた。12世紀後期から13世紀初期にかけてのポンティウ伯は，貨幣の統制者として，伯領を覆う高次の経済的影響力を有していたと結論できるであろう。

ところがギョーム2世の時期になると，ポンティウ伯領においてもパリ

---

81) RACP, no 171.
82) RACP, no 254, «... ego concessi, Bernardo Teulou ... per totam terram de transverse et theloneo cum omnibus marcandisiis suis erunt liberi. ... Concessi etiam eidem Bernardo in foro venali de Cressi unum stallum quatuordecim pedum hereditarie possidendum, pro quo michi reddere tenebitur annuatim in natali Domini decem solidos censuales Pontivensis monete. ...».
83) RACP, ジャン：nos 105, 119 ; ギョーム2世：nos 166, 171, 247, 258.

貨の流入と普及が始まり，一般的な流通貨幣としての使用が増加し始める。ポンティウ伯領において，パリ貨の使用が初めて確認されるのは，1195年である。伯ギョーム2世は，聖ヨハネ騎士団へ，イヴランシュのヴィラを授け，代わりにパリ貨4リーブルのラントを獲得した[84]。一方で，ポンティウ貨の使用も依然として存続しており，その使用数もジャン期と比較すると倍増している[85]。それゆえギョーム2世期にあっても，ポンティウ貨は十分な存在感を維持し，流通貨幣として根強く存続していたと考えられる。

しかしパリ貨の流入に伴い，ポンティウ貨は次第に表に現れなくなっていく。そしてマリの時代に入ると，文書におけるポンティウ貨の言及は一切現れなくなり，もっぱらパリ貨が用いられるようになる[86]。

ポンティウ貨は，伯の権力が著しく成長した時期である，ジャンとギョーム2世の在位期においては，伯の権威を領内に定着させるために，大きく貢献した。そして伯権の発展期を過ぎ，伯の権威が浸透し安定すると，その役目を終えた。以降は，諸権利の経営や経済活動の安定や融通を優先するために，汎用性の高いパリ貨が一般的な通貨として取って代わったのだろう。

一方でギョーム2世とマリの間の，ポンティウ貨の使用断絶の背景には，マリが伯位を継承した直後に，フランス王へオマージュ（忠誠の宣誓）を行ったという出来事も，可能性として挙げられるだろう。このオマージュにより，ブーヴィーヌの戦いにおけるポンティウ伯の王への反抗が許され，没収されていた伯領が返還された[87]。その結果，以後のポンティウ伯は，伯の独自性や自立性を象徴するポンティウ貨の使用を慎むようになり，代わってフランス王権とも馴染み深いパリ貨を採用し，より安全かつ堅実に伯領の運営を試みるようになったと推測することもできるだろう。

---

84) RACP, no 138, «... Predicti vero fratres ... quator libras Parisiensis monete, infra tertiam decimam diem Nativitatis Domini michi et heredibus meis annuatim persolvent. ... ».
85) Cf. supra p. 70, n. 76：ジャン期：6例；ギョーム2世期：15例。
86) 時折トゥール貨も使用されている。RACP, nos 309, 381, 452, 442, 434, n. 1, 478.
87) RACP, no 287.

おわりに

　以上の検討結果をまとめると，以下の通りである。
　ポンティウ伯が所持した諸権利は，11世紀後期においては，ヴィラや「全ての諸権利」といった，全体的な枠組みで捉えられる場合が多い。一方で12世紀初頭には既に，諸権利の細分化，つまり所有と受益の分離が確認される。12世紀中期にベレーム家がポンティウ伯を相続すると，伯の諸権利の所在地に関しても，ベレーム家由来の地域が伯の譲渡対象として現れるなど，伯位の相続が伯の諸権利の分布にも反映されている。ジャンとギョーム2世の時代に入ると，言及される諸権利は，徐々にポンティウ伯領内へ集中するようになる。同時に諸権利の管理情報が増えるとともに，所有地点も大きく増加する。13世紀になると，諸権利に関する情報の大幅な増加は収まる一方で，伯は従来の諸権利の所在地に所有を保持し続けていることが分かる。13世紀以降も含めて，伯は，堅実な諸権利の経営を試みたと考えられる。
　ポンティウ伯領の海に面した立地は，伯に製塩やニシン等の諸権利をもたらした。伯はこれらの海産物を，重要な諸権利として統括し，活用することが出来た。
　伯は12世紀後期から13世紀にかけて，ラントの形式を用いて，定期的な諸権利の活用を始めた。ラントの普及に伴い，ヴィコンテやグランギアといった流通における集積地やネットワークの形成が進んだ。また，13世紀初頭から「ポンティウの共通の単位」を導入し，伯領内の単位の一元化を進め，管理の効率化を図った。
　君主的諸権利に関しては，伯はごく初期から主要な権利を安定的に所有していた。伯は領内の主要な森林を，伯領の初期から末期まで支配し続け，恒常的に利用していた。新たに言及される森林が，ジャンとギョーム2世の時代に増加している。また伯は，海や河川に関しても，12世紀の時点でほとんどの重要地を支配下に置いており，海や河川の管理について，安定して権力を行使し続けていた。

さらに伯は，古くから伯領独自の通貨として存在したポンティウ貨の造幣権を独占し，ポンティウ貨の浸透を試みたが，ギョーム2世以降，パリ貨の使用へと方針を転換した。

　単位の統一，ラントの増加，ヴィコンテの使用，使用貨幣の変更などから，ポンティウ伯の所領，諸権利の管理・運営は，ジャンの時代からギョーム2世の時代にかけて整備化が開始されたのち，ギョーム2世の時期に本格化したのではないだろうか。

　ポンティウ伯の諸権利の検討から浮かび上がるのは，単なる一領主以上の権力主体として，諸権力を行使していた伯の姿である。ピカルディ地方に展開した一中規模領邦でありながら，ポンティウ伯は，王または周辺の領邦君主のような領域的統治を志向していた形跡すら垣間見られる。ただし，ポンティウ伯のこのような諸権利経営には，13世紀初頭以後，フランス王権の強い影響下に取り込まれる傾向が見えることも最後に指摘しておきたい。

　本章では，ポンティウ伯の伯領統治の経済的基盤である所領や領主的または君主的諸権利，その運営管理の実態を明らかにした。次章では，伯の諸権利のうち君主的諸権利の一部であり，伯領を統治する上で極めて重要な権利である，伯の上級裁判権について論ずる。

第4章
ポンティウ伯の上級裁判権

はじめに

　前章にて，ポンティウ伯の権力の基盤である所領や諸権利，その管理運営の実態を検討した。そして本章では，伯の諸権利のうち，君主的諸権利に属し，最も重要であり伯領統治の根幹に関わる権利である，伯の上級裁判権について検討する。君主にとって，広域の平和を保つ最重要な手段であると同時に，罰金という収入をもたらす貴重な財源であった裁判権の行使は，上級支配権の表れであり，領邦統治の前提として不可欠であった。中規模領邦についても同様のことが言えるだろう。

　長らくオリヴィエ＝マルタンによって説明されてきた中世盛期の裁判権制度に基づき[1]，北フランスの上級裁判権の起源について検討を行った A. C. F. コシュや D. バルテルミーによると，上級裁判権は，11－12世紀において公権力解体の結果，君主や領主・城主が不当に占有し行使するようになっていた，限定的な「留保された裁判権 justice retenue」に由来する。これらの君主たちに留保された裁判権，いわゆる重大裁判権 grande justice には，強姦，放火，窃盗，流血を裁く権利が該当し，60スーの罰金が適用されていた[2]。

---

1) OLIVIER-MARTIN, F., *Histoire du droit français : des origines à la Révolution*, Paris, 1947（オリヴィエ＝マルタン，塙浩訳『フランス法制史概説』212-214頁）.
2) KOCH, A. C. F., L'origine de la haute et de la moyenne justice dans l'Ouest et le Nord de la France, dans *Tijdschrift voor Rechtsgeschiedenis*, t. 21, 1953, pp. 420-458 ; BARTHÉLEMY, D., *La société dans le comté de Vendôme, de l'an mil au XIVe siècle*, Paris,

12世紀末になると留保された裁判権に変化が生じた。罪の軽重の序列が変化し，徐々に殺人，強姦，放火または妊婦への傷害が三種の大罪として固定化されるようになった。こうして「範囲が定まり，広域に普及した裁判権 une juridiction bien délimitée et très répandue」が出現し，これが1220年代以降「上級裁判権 alta justitia, haute justice」と呼ばれるようになった[3]。上級裁判権の誕生は，重罪に対する体罰の一般化とも関係しており，君主がこれを推進した。フランドル伯フィリップ・ダルザスやフランス王フィリップ・オーギュストがその代表例である。これらの君主は自身の領土における公的な平和を保証しようとしていたのである[4]。

　一方13世紀半ばから，窃盗や流血のような犯罪を扱うかつての重大裁判権に分類されていた罪を裁く権利は「中級裁判権 moyenne justice」と呼ばれるようになった。この新たな区分の誕生は，裁判権のより明確な分割を反映していると考えられる。すなわち領域的君主は留保された三種の大罪を裁き，より小規模の領主はそれ以外の事例を裁くようになった[5]。また「上級裁判権」の対をなす裁判権として「下級裁判権 basse justice」という語が生まれ，「上級および下級の裁判権」という表現が完全な裁判権を意味するようになった[6]。こうして13世紀から登場する最重罪を裁く権利である上級裁判権は君主の独占権となり，至上権の象徴となるに至った。

　本章では，コシュの明らかにしたこのような君主による上級裁判権獲得の

1993, pp. 869-881. 後にコシュは，13世紀における，よく定義された裁判権の存在をめぐって，グネやフォシエから批判を受けた。コシュやバルテルミーが複雑ではあるが論理的に組織化された裁判権の存在を仮定したのに対して，グネやフォシエは，文書作成者の語彙の混乱を明らかにし，その原因をこの時代の制度面における不確実さと一貫性のなさに帰した。GUENÉE, B., *Tribunaux et gens de justice dans le bailliage de Senlis à la fin du Moyen Âge*, Strasbourg, 1963, pp. 77-81 ; FOSSIER, R., *La terre et les homme en Picardie* ..., t. 2, 692-698 ; NIEUS, J.-F., *Un pouvoir comtal* ..., pp. 343-351.

3) KOCH, A. C. F., L'origine de la haute et de la moyenne justice ..., pp. 426-439.

4) *Ibid.*, pp. 439-445 ; BARTHÉLEMY, D., *La société dans le comté de Vendôme, de l'an mil au XIVe siècle*, p. 872.

5) KOCH, A. C. F., L'origine de la haute et de la moyenne justice ..., pp. 421-423, 437-438, 445 et 457-458 ; BARTHÉLEMY, D., *La société dans le comté de Vendôme* ..., p. 870, 873 et 877-880.

6) NIEUS, J.-F., *Un pouvoir comtal* ..., pp. 344-345.

流れを念頭に置き，ポンティウ伯領における，ポンティウ伯による上級裁判権の獲得と行使の状況を追跡し再現を試みた上で，ポンティウ伯の領邦統治と関連させて論じたい。

検討史料として，ポンティウ伯文書集所収の全伯文書479通の中から，上級裁判権に関する言及のある文書を網羅的に拾い上げ，そのテクストから読み取れる伯の上級裁判権の実態を明らかにしたい。時期に関しては1026年から1279年までの，この文書集所収のポンティウ伯発給の全文書を対象とするが，上級裁判権の言及のある文書の年代の偏りのため，12世紀後半から13世紀が主要な検討時期となるであろう。

最後に本章の構成について述べる。第1節では，12世紀から13世紀初期のポンティウ伯の上級裁判権の獲得状況について検討する。第2節では，13世紀のポンティウ伯の上級裁判権の掌握とその活用状況について検討する。第3節では，ポンティウ伯領における上級裁判権の内容について検討する。

第1節　12-13世紀初期におけるポンティウ伯の上級裁判権の始まりとその早熟性

本節では，上級裁判権の黎明期とされる12世紀から13世紀初期において，ポンティウ伯が上級裁判権またはそれに相当する権利を有していたのかどうか，ポンティウ伯文書のテクストから読み取ることを目指す。その際，ポンティウ伯の上級裁判権の獲得状況と伯の統治活動とを関連させて論じたい。

ポンティウ伯文書に上級裁判権の記述が初めて現れるのは，早くも1145年である。当時の伯ギョーム1世（在位1106-1129年）は，ノートル＝ダム・ド・ペルセイニュ修道院を奉献した（歴代ポンティウ伯の系譜に関しては資料0-2の伯家系図を参照）。その際サオヌにおける全ての土地，奴隷，世俗の収入，法，特権，地域の支配権などを，「全ての上級及び下級の裁判権とともに cum omni justitia alta et bassa」修道院へ寄進した。

「…余（ギョーム1世）は全てにしてただ一つのものを，修道士自身とその後

継者へ与える。純粋かつ永久の，自由で平和な施しとして，全ての世俗の奉仕と世俗の徴収から，全ての法，裁判権，主の裁判権，所有地とともに，そして全ての上級と下級の完全な裁判権とともに，自由に名誉のあるように所有されるべきである。余と余の後継者のために，前述の全てにしてただ一つのものにおいて，保ち続けられるべきものは何もない…」[7]

この文言から当時のポンティウ伯には，コシュによる一般的見解よりも早く，すでに12世紀には裁判権における上級と下級の概念，すなわち罪の軽重に応じた裁き手の区別の認識が存在していたことが分かる[8]。また伯がすでに完全な裁判権を有しており，裁判権を，地域を限定しての贈与の材料として利用していたこともうかがえる。

しかしコシュによると，この1145年文書は偽文書の可能性が高いという[9]。たしかに文書に上級裁判権の語が出現する時期にしてはあまりにも早すぎるといえる。ゆえに1145年をポンティウ伯領における上級裁判権の言及の初出と見なすには警戒が必要である。それではポンティウ伯領において，上級裁判権の記述が実際に確認されるのはいつなのだろうか。

ポンティウ伯の統治活動の画期である，12世紀末期から13世紀初期のジャン（在位1149–1192年）とギョーム2世（在位1192–1221年）の時代の伯文書には，上級裁判権の語が登場する事例は見られない。しかしこの2名の伯は，伯領においてポンティウ伯にのみ属する特別な裁判権を保持していたようだ。両伯は，寄進や和解，贈与などの行為の際，ある種の裁判権を伯の下に留保するという規定を行っている。この「伯に留保された裁判権」の内容は，上級裁判権に相当すると考えられる（ジャンとギョーム2世の時期における，伯が上級裁判権に相当する裁判権を持つ地点については資料4-1を参

---

7) RACP, no 32, «... ista omnia et singula do ipsis monachis et successoribus suis in puram ac perpetuam elemosinam liberam et quietam ab omni terreno servicio et exactione seculari, cum omni jure, juridictione, districtu dominico, dominio, et cum omni justicia alta et bassa, ac eciam plenaria, libere et honorifice possidenda nichil mihi et heredibus meis in omnibus et singulis premissorum totaliter retinendo ...».
8) 隣接する中規模領邦であるサン＝ポル伯領においては，上級裁判権の語が史料に現れ始めるのは1202年からである。NIEUS, J.-F., *Un pouvoir comtal* ..., pp. 343–344.
9) KOCH, A. C. F., L'origine de la haute et de la moyenne justice ..., p. 436, n. 52.

第4章 ポンティウ伯の上級裁判権

地点番号	地名	地点番号	地名
1	Abbeville	7	Pontoile
2	Épagne	8	Crécy
3	Ergnies	9	Marquenterre
4	Doullens	10	Mayoc
5	Port	11	Vismes
6	Noyelles	12	Saint-Josse

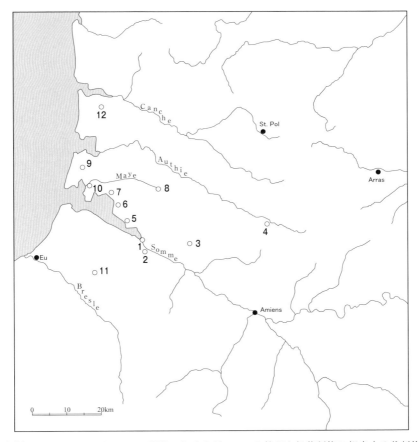

資料4-1 ジャン，ギョーム2世期におけるポンティウ伯が上級裁判権に相当する裁判権を持つ地点（『ポンティウ伯文書集』をもとに筆者作成）

例えばジャンは1184年のアブヴィルへのコミューン認可時に，コミューンへ裁判権を与えながらも，「強盗に関する裁判権は，伯の下に留まる」との留保を規定し，伯の裁判権を尊重させている。

>　「…もし窃盗の罪人が現れた場合，盗人の全ての財産は，余（ジャン）のヴィコントや余の代理人によって差し押さえられる。強く主張する者が，自分のものであると証明できる盗まれたものを除いて。そのほかの盗人の財産は，私の働きのために監視されることになる。…」[10]

　本文書の発給された後，ギョーム2世が各コミューンへ授与した一連のコミューン文書群は，全てこのジャンの1184年文書の文面を借りている[11]。そのため，伯領内のコミューン文書における伯の裁判権の留保が定型化することとなった。

　1203年にギョーム2世は，サン＝ジョス＝シュル＝メール修道院との和解を行った。その合意内容において，サン＝ジョスのヴィラ外で修道院の人間により犯された重罪に関しては，ポンティウ伯がその裁判権を有する旨が取り決められた。さらにこの場では，伯が裁く重罪の対象についても明記されている。

>　「…ポンティウ伯は，サン＝ジョスのヴィラ外において，前述の教会の従事者

---

10) RACP, no 109, «... si quis de furto reus apparuerit, captis omnibus rebus furis a vicecomite meo vel ministris meis, exceptis rebus furtivis quas probare poterit esse suas qui reclamaverit, res alie furis ad opus meum observabuntur ...». なおヴィコントとは副伯とも訳される単語だが，ポンティウ伯領においては，伯の役人の役割を果たす役職である。第5章第2節を参照。
11) ギョーム2世が発給したコミューン文書のうち，テクストの確認が可能なものは以下の10通である。Crécy（RACP, no 131），Noyelles（RACP, no 134），Marquenterre（RACP, no 150），Ponthoile（RACP, no 152），Doullens（RACP, no 155），Mayoc（RACP, no 203），Rue（RACP, no 206），Ergnies（RACP, no 212），Port（RACP, no 257），Vismes（FOSSIER, R., éd., Chartes de Coutume en Picardie, Paris, 1974, no 79）. コミューン文書の内容の統一は，ポンティウ伯の領邦統治政策の一環であった。伯のコミューン政策に関しては，第5章を参照。

による攻撃，殺人，宝物や漂着物の取得，強姦すなわち女性への暴行，屋敷を秘密裏に焼くことを（裁く権利）を持つ…」[12]

　この事例からは，私有地の外，すなわち公的空間（伯領）における上級裁判権が，伯に属している状況が見て取れる。同時に教会に対して，伯の裁判権が尊重され，優越している状況も窺える。
　同様の認識が，別の事例からも確認される。1210年にギョーム2世は，封臣ジャン・ルコによるノートル＝ダム・デパニュ修道院への寄進行為を確認した。そのとき伯は，この領主の土地財産の寄進を承認する一方で，伯の特権，裁判権は害されないという規定を付加している[13]。
　またギョーム2世の時代には，上級裁判権を指すと考えられる別の表現が登場する。1215年にギョーム2世はサン＝ヴァルリー修道院へ年60スーの寄進を行った。

　「…余（ギョーム2世）は彼ら（サン＝ヴァルリー修道院）へポンティウ貨60スーの収入を与え，譲渡した。…すなわちポントワルの森50ジュルナルと交換として。…しかしながら前述の教会の裁判権と収入は害されず，さらに上位のもののための裁判権は余と余の後継者へ留保される。…」[14]

　交換として，伯はポントワルの森50ジュルナルを得て，教会はマルカンテルのコミューンに関する全ての権利を放棄した。その際，教会の裁判権と

---

12) RACP, no 163, «... comes Pontivi extra villam Beati Judoci per totum comitatum predicte ecclesie debet habere assultum, murdum, scatum, ratum, violentiam scilicet mulieris vi oppresse, combustionem domus vi sive latenter ...».
13) RACP, no 215, «... Johannes Li Cos, homo meus, omnes possessiones monialibus de Yspania contulerat in elemosinam et quas dicte moniales in presentiarum possident, eisdem monialibus in perpetuum pacifice possidendas in presentia mea benigne concessit, et per manum meam eas tradidit Albree, ejusdem loci tunc temporis priorisse. ... Hec autem omnia predicte moniales libera possidebunt, salva compositione que inter moniales easdem et burgenses Abbatisville intercessit, et salvo jure comitatus mei, ...».
14) RACP, no 247, «... Dedi etiam et concessi eis redditum sexaginta solidorum Pontivensis monete, ..scilicet in escambio quinquaginta jurnalium nemoris aput Pontoiles, ... salva tamen justitia et redditibus predicte ecclesie, retenta michi et heredibus meis superiori justitia, ...».

税の権利は教会へ留まるが,「上級の裁判権 *superiori justitia*」は伯とその後継者に保持されることが定められた。この *superiori justitia* という表現は,上級裁判権を意味すると考えてよいだろう。つまり 13 世紀初期においてはまた伯領内においては,教会に対しても,伯の裁判権が優越していることが分かる。

このように,ジャンとギョーム 2 世の時代には,上級裁判権という表現自体は見られないながらも,すでに上級裁判権に相当する裁判権が,伯の下へ留保される裁判権という形で繰り返し明記され,伯領という公的空間における裁判権の担い手という伯の特権として浸透していったと考えられる。

第 2 節　13 世紀ポンティウ伯による上級裁判権の掌握と統治活動への活用

本節では,上級裁判権が確立し浸透した時期と見なされる 13 世紀における,ポンティウ伯による上級裁判権の獲得状況を,上級裁判権の言及のある伯文書のテクストを網羅することにより検討する。その際,伯が上級裁判権を統治活動の一環として活用していることに注目したい。また当時の伯領において,伯のみが上級裁判権を独占できたわけではなかったことにも触れたい。

1. マリとジャンヌの時代のポンティウ伯の上級裁判権
(1) 伯による上級裁判権の確保の進展

1240 年代からポンティウ伯文書の中で,上級裁判権の語が本格的に言及され始める(マリとジャンヌの時期における,伯が上級裁判権を持つ地点については資料 4-2 を参照)。

1245 年に女伯マリ(在位 1221-1250 年)は夫マティウ・ド・モンモランシーと共に,サン=クロワ・ダブヴィル教会の礼拝堂付き司祭へ寄進を行った。

「…我々のサン=クロワ・ダブヴィル教会の司祭たちは,我々の領地ブリュイルにおける土地 700 ジュルナルにおける 10 分の 1 税を所有する。…我々(マリ

第4章 ポンティウ伯の上級裁判権

地点番号	地名	地点番号	地名
1	Le Bruile	10	Cantâtre
2	Mautort	11	Pontoile
3	Val de Buigny	12	Mayoc
4	Ergnies	13	Le Crotoy
5	Hiermont	14	Tourmont
6	Hautvillers	15	Montigny
7	Port	16	Buires
8	Crécy	17	Boyaval
9	Noyelles		

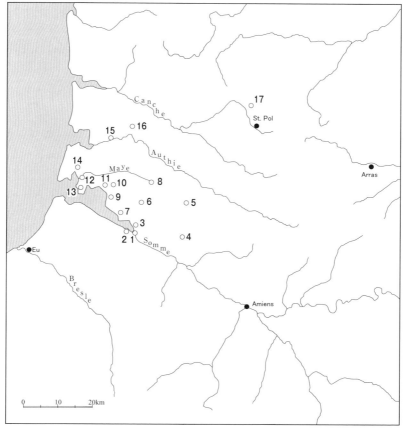

資料4-2 マリ、ジャンヌ期におけるポンティウ伯が上級裁判権を持つ地点
（『ポンティウ伯文書集』をもとに筆者作成）

と夫）は…交換を行う…同じ領地の土地 90 ジュルナルを我々は欲する。そして前述の土地において我々が所有していた全ての法を放棄することを確認する。このようにして我々は前述の土地において，窃盗の裁判権と上級裁判権だけを確保する。…」[15]

マリはブリュイルの土地 90 ジュルナルを寄進するとともに，この地でポンティウ伯が所有していた全ての特権を放棄した。ただし，伯はこの地における窃盗の裁判権と上級裁判権を確保すると規定している。

また 1247 年マリはヴィディムス文書の中で，以前父ギョーム 2 世がサン＝ヴュルフラン・ダブヴィル教会参事会へ行った寄進を確認した。その際，教会へクレシーの森 100 ジュルナルの使用権を認め，あらゆる法や権利から教会を保護することを誓いながらも，上級裁判権は伯と伯の後継者に保持されると留保した[16]。

1248 年にも，マリと夫マティウは，サン＝リキエ修道院とのル・クロトワとメイオックにおける諸権利をめぐる合意の中で，ヴィコンテと上級裁判権は全て伯のものであると明記している[17]。このように，マリの時代には，各地においてポンティウ伯による上級裁判権の確保が進展している状況が見受けられる。

---

15) RACP, no 361, «... capellani capelle nostre Sancte Crucis in Abbatisvilla, haberent redecimam in septies c jornalibus terre in territorio nostro de Bruille, ... nos ... excambium fecimus, ... quater viginti et decem jornalia terre in eodem territorio, ... volumus et fideliter comfirmamus, renuntiando juribus omnibus que in locis predictis habere solebamus, ita quod nos in dictis locis justitiam latronum et altam tantummodo retinemus justitiam. ...».
16) RACP, no 364, «... Willelmus, quondam comes Pontivi, ... decano et capitulo Sancti Vulfranni in Abbatisvilla in puram et perpetuam elemosinam contulisset c jornalia nemoris in foresta tunc sua de Crisiaco ... Et ne ipsi canonici de dicta elemosina in aliquo in posterum possint defraudari, omnia supradicta, fide mea interposita, promisi me fideliter observare, et contra omnes juri et legi parere volentes garandire, retentis mihi et heredibus Pontivi alta justitia, ...».
17) RACP, no 367, «... il fust contens entre nous, d'une part, et l'abé et le covent de Saint Richier, d'autre part, seur divers articles qui après seront mis, ... c'est asavoir que nous et li oir de Pontieu avons et devons avoir le warenne a Crotoi et a Maioc tou par tout, ... Les vescontés et le haute justice est toute nostre, ...».

マリの娘ジャンヌ（在位1250-1278年）の時代にも，マリの時代と同様の傾向が確認される。1255年にジャンヌはマリと同様に，サン＝ヴュルフラン・ダブヴィル教会へ，教会が享受していたクレシーの森100ジュルナルの使用権の確認文書を与えた。その中で上級裁判権は，伯とその後継者に保持されると明記した[18]。

1257年にはジャンヌは騎士ウード・ド・ロンクロルへ，彼の忠実なる奉仕に報いて，トゥルモンのヴィラと伯がそこにおいて所有していたあらゆるものを贈与した。その際，上級裁判権だけは伯の下に留まると注記している。

「…我々（ジャンヌと夫）は…親愛にして信頼すべき我らの親族であり騎士であるウード・ド・ロンクロル殿へ，我々と我々の土地のために忠実に行ってくれた奉仕のために，トゥルモンのヴィラと我らが所有するものはなんであろうと贈与し，譲渡した。…上級裁判権は例外として除かれ，我々に留保される。…」[19]

このように13世紀後期のマリの時代においても，ポンティウ伯は伯領内の各地で，上級裁判権を保持していた。

（2）他者による寄進におけるポンティウ伯の優越

またそれだけではなく，他者により行われた寄進の物件においても，ポンティウ伯の上級裁判権が優越して留保される事例も存在する。1266年にジャンヌと夫ジャン・ド・ネールは，アリヌ・ペルシュという人物がノートル＝ダム・ド・ウィランクール女子修道院へ行った寄進を確認し文書を発給した。

---

18) RACP, no 398, «... nos, ... decano et capitulo Sancti Vulfranni in Abbatisvilla in puram et perpetuam elemosinam contulimus, c jornalia nemoris sita in foresta de Cresciaco ... retentis nobis et heredibus Pontivi alta justicia, ...».

19) RACP, no 402, «... nos, ... dedimus et concessimus dilecto et fideli consanguineo nostro domino Odini de Ranqueroles, militi, pro serviciis que nobis et terre nostre fideliter impendebat villam de Torto Monte et quicquid ibidem habebamus ... exclusis et retentis nobis alta justicia, ...».

「…我々(ジャンヌと夫)は，アリヌ・ペルシュがノートル＝ダム・ド・ウィランクール女子修道院長と修道会へ行った，カヴレルの領地における土地25ジュルナルの贈与と寄進を，アリヌの主君である騎士アラルドゥス・ド・トゥンク殿の同意と意志によって，またアラルドゥスの主君である騎士ギョーム・ド・ヴィルロワ殿が同意し，合意したことによって，同じ文書の中で維持されることを見た。…我々の封臣である騎士ギョーム・ド・ヴィルロワ殿の懇願に応じて，我々は寛大な承認と合意を示す。そしてアリヌの行った前述の寄進と贈与を，前述の騎士アラルドゥスとギョームが合意したように，我々も最高の主君として合意し，確認する。前述の全ての物事において，あらゆる種類の上級裁判権は，我々と我々の封臣たちとポンティウ伯領の後継者たちに完全に留保される。…」[20]

このようにアリヌはその直接の主君アラルドゥス・ド・トゥンクと，またその主君であり伯の封臣でもある騎士ギョーム・ド・ヴィルロワの同意を得た上で，カヴレルの土地25ジュルナルを修道院へ寄進した。伯は封臣ギョームの懇願に応じて，この寄進に最高の主君として承認を与えた。その際，全ての上級裁判権はポンティウ伯とその後継者に完全に留保されると規定した[21]。

1270年には，ジャンヌと夫ジャン・ド・ネールは確認文書であるヴィディムス文書において，ギョーム・ド・ヴィルロワがエパニュ修道院へ行った売却行為を確認した。ギョームは主君であるモトールの領主ジャンから保有していた，モトールにおける全ての封を修道院へ売却した。ジャンヌとジャン・ド・ネールはこの売却を承認したが，伯の上級裁判権は伯の下に留

---

20) RACP, no 426, «... nos donationi et collationi quam fecit Aelina dicta Perche abbatisse et conventui de Vuillencourt de viginti quinque jornalibus terre site in territorio de Cavrel, de assensu et voluntate domini Alardi de Thum militis, domini sui, volente etiam et concedente domino Vuillermo de Villa Regia milite, domino dicti domini Alardi, sicut in eorumdem litteris vidimus contineri, ...».

21) RACP, no 426, «... ad petitionem dicti domini Willermi de Villa Regia militis, hominis nostri, benignum prebemus assensum et consensum, et dictam elemosinam et donationem quam fecit dicta Aelina, et sicut eam concesserunt dicti Alardus et Vuillermus milites, concedimus et confirmamus, tanquam dominus supremus, in omnibus predictis omnimodam altam justiciam nobis et hominibus nostris et successoribus comtitatus Pontivi plenarie retinentes. ...».

保されると注記している[22]。

　ポンティウ伯は 12 世紀中期にはすでに上級および下級の全ての裁判権を有しており，13 世紀の間に，上級裁判権を用いての統治活動を活発化させた。伯は寄進，贈与，法行為および財産の確認などの行為を通じて，またその行為にあたり文書を発給することにより，伯の影響力や存在感を高めようと試みていたが，そのような統治活動の材料として，上級裁判権は重要な位置を占めたのである。

2. 伯が上級裁判権を手放す事例

　その一方で，伯が上級裁判権を寄進や贈与の形で手放している事例も存在する。1241 年に女伯マリと夫マティウは，ウルニーの集落とノワイエルの水車にかかる 200 リーブルのラントを，伯夫妻の娘マリが結婚する際の持参金として娘マリと夫のルーシー伯ジャンへ与え，さらにウルニーの城も娘夫妻へ譲渡した。その際，ウルニーにおける上級裁判権もまた，不動産復帰権と公権力とともに娘夫妻へ与えられた[23]。

　1248 年には，女伯マリはサン＝ジョス＝オ＝ボワ修道院へ，モンティニーにおける伯の所有していた全ての財産と諸権利を，自身の存命中という条件で寄進した。その内容は細かく規定されており，モンティニーの湿地帯の 3 分の 1，収穫，畑や領地に通ずる道，所有権，宿泊権，賦課金，水，漁獲，陪臣，モンティニーに属する全てのもの，特権，自由とともに，上級及び下級の全ての裁判権も含まれている。モンティニーと上述の全てのものに

---

22) RACP, no 439, «... Ego Johannes, dominus de Mautort, notum facio ... quod dominus Willelmus, dominus de Villa Regia, ... vendidisse ... abbatisse et conventui de Hyspania totum feodum suum quod de me tenebant, ... Nos predicti Johannes comes et Johanna, Dei gratia regina, istam venditionem et conventionem volumus et concedimus dictis abbatisse et conventui et successoribus suis tamquam dominus capitalis, salva alta justicia nostra. ...».

23) RACP, no 346, «... nos assignavimus virum nobilem Johannem, comitem de Rossiaco, ad villam nostram de Eringnies cum pertinentiis, et ad molendinos nostros de Niele cum pertinentiis, pro ducentis libratis terre annuatim, que date fuerunt ei in maritagium cum Maria, uxore sua, dilecta filia nostra, ... Insuper ultra jamdictas ducentas libratas terre, dedimus et concessimus eidem comiti castellum nostrum de Erignies, cum banno et alta justitia, et cum omnibus excadentiis. ...».

130

おいて，伯に留保されるものはないと記されている[24]。

　上級裁判権を分割した上での贈与はジャンヌの時代においても，マリの時代と同様に行われていることが確認される。1257年にジャンヌは長男フェルナンドとその後継者へ贈与を行った。贈与の内容は，ノワイエルとポントワルそれらに属する全てのものと特権，ジャンヌがこれらの地において所有するあらゆるもの，上級・中級・下級の全ての裁判権と支配，カンタトルの森1,500ジュルナル，ビュイルの全ての土地と属するもの，ジャンヌがこの地において所有するあらゆるもの，上級・中級・下級の裁判権と支配，イエルモンのヴィラにおける全てのもの，上級・中級・下級の裁判権と支配であった[25]。とりわけノワイエルとポントワルに関する裁判権については，その効力の及ぶ範囲が明確かつ詳細に定められている。

　　「…我々（ジャンヌと夫）は全ての上級，中級，および下級の裁判権と領地を与える。…ル・クロトワのバンリュウまで。ポントワルのバンリュウはヌーヴィルの ruissellum まで広がるように。ボワイアヴァルの生垣まで。クレシーの森の方向へ向かうカンタトルの向こう側の畑と，オーヴィエの方向へ向かう畑と，ヴァル・ド・ビュイニーへ向かう畑まで。ポール・ル・グランのバンリュウまで，ソンム川の流れに沿って海へいたるまで。…」[26]。

---

24) RACP, no 371, «... ego, ... dedi donatione inter vivos, ... ecclesie memorate, ... quidquid habebem, possidebam, hebere poteram vel debebem apud Montegny villam predictam, videlicet tres partes dicti marisci de Montegny, cum proventibus et exitibus, cum dominio, omnimoda justitia, alta et bassa, hospitibus, redditibus, aquis, piscationibus, vavassoribus et omnibus aliis pertinentiis dicte ville, juribus et libertatibus ...».

25) RACP, no 405, «... nos dedimus et damus Ferrando primogenito et heredi nostro et heredibus suis Noellam supra Sommam et Pontolias cum omnibus pertinentiis et juribus earumdem et quidquid ibi habebamus et habemus aut habere possums ... Damus omnia nemora que habebamus aut habere possumus in Cantastro, que ascendunt seu estimari possunt ad quindecies centum journellos nemorum ... Damus omnes terras de Buris ipsisque pertinentia ac quidquid ibi habemus et habere possumus in censibus et redditibus et omnibus aliis quibuscumque, in justicia et dominio, alta, media et bassa, ... Damus omnem terram quam habemus apud villam de Huyermont omniaque pertinentia ac quidquid ibi habemus aut habere possumus in censibus et redditibus et in justicia et dominio, alta, media et bassa, ...».

26) RACP, no 405, «... Damus omnem justitiam et dominium, altam, mediam et bassam, ... usque ad banleucam de Crotolio, et sicut banleuca de Pontoliis se extendit usque ad ruissellum

このようにジャンヌの時代にも，マリの時代と同様に，ポンティウ伯は多くの地で上級裁判権を手中に収めており，また上級裁判権を寄進や贈与の対象として活用していたことが確認される。

　これらの贈与や寄進の事例からは，13世紀中期においても，伯は限られた地域を対象に，すでに得ていた上級裁判権を切り分けて限定的に与えており，上級裁判権を贈与の材料として活用していたことが読み取れる。

3. ポンティウ伯領における伯以外の上級裁判権保持者

　前節では，ポンティウ伯が伯領において上級裁判権を掌握し，統治のために役立てていた状況を明らかにしたが，伯は伯領において，上級裁判権を排他的に独占していたのかというと，そうではなかった。

　1263年に女伯ジャンヌと夫ジャン・ド・ネールはヴィディムス文書の中で，騎士アンリ・デレーヌがサン＝ピエール・ド・スランクール修道院へ行った売却を確認した。

> 「…私アンリ，騎士でありエレーヌの領主は（中略）麦4分の1束，領地60ジュルナル，ヴィコンテを，前述の聖ペテロの教会と修道士たちへ，個人的な相続の条件で売却し，引渡した。そして前述の封，所有権，没収権において，私が売却し，所有し，あるいは売却したり所有することができたものは全て，私と私の後継者は，前述の教会と前述の修道士たちから得る，乾いた土地におけるパリ貨900リーブルと引き換えに与える。（中略）しかしながら，宝物漂着物取得権，強姦，殺人の中に存在する上級裁判権は除く。…」[27]

---

de Noevilla, usque ad hayam de Boyanval et usque ad campos per extra Cantastrum versus forestam de Crecyaco et campos versus Auvillier et campos versus Valle, et usque ad banleucam de Portu et de banleuca Portus, sicut filum seu profondior cursus Somme vadit, usque infra mare. ...». なおバンリュウとは，都市の法の支配が及ぶ市壁外の領域のことである。

27) RACP, no 423, «... Ego Henricus, miles et dominus de Herenis, ... quartam garbam, sexaginta jornalia terre et vicecomitatum, ecclesie Sancti Petri predicte et dictis religiosis vendidi hareditarie et deliberavi, et quicquid in premissis juris, dominii et dangerii vendicabam et habebam, aut vendicare et habere poteram, ego vel haredes mei, pro novies centum libris parisiensium in sicca peccunia a dicta ecclesia et a dictis ... religiosis ... excepta tamen alta justitia ...».

アンリは修道院へ、サン＝マルタン＝オ＝シャンの農地の収穫の4分の1、領地60ジュルナル、ヴィコントの権利を900リーブルで売却した。これらの売却物に関してアンリの所有していた全ての特権、支配、没収権は修道院へ与えられると明記されたが、上級裁判権を除くと定められている。つまりこの事例では、アンリが上級裁判権を持っていることが示されているのである。

同様の事例が1268年にも確認される。ジャンヌと夫ジャン・ド・ネールは、ヴィディムス文書の中で、騎士ジュルダン・ド・ボーネイが同じくサン＝ピエール・ド・スランクール修道院へ行った売却行為を確認した。ジュルダンは修道院へ、パリ貨19スーのサンス、鶏8羽、地代、これらの財に関するヴィコントと領主の権利を25リーブルで売却した。その際も、売却された内容に関するジュルダンの所有していた全ての特権や領主権は修道院へ与えられると明記されたが、上級裁判権は除くと規定されている[28]。ここでもジュルダンが上級裁判権を有していることが示されているのである。

このように13世紀においても、ポンティウ伯領内には伯以外にも上級裁判権を有する領主が存在していた。ポンティウ伯は、伯領内において上級裁判権を完全に独占するまでには至っていなかったが、それでも伯領の多くの地点で上級裁判権を手中に収め、統治のために活用していた[29]。そして領主たちの上級裁判権の所有を容認しながらも彼らの寄進行為などの確認を行うことで、上位権力としての立場を確立しようとしていたと考えられる。

---

28) RACP, no 435, «... Ego Jordanus de Biaunay, ... decem et novem solidos parisiensium, octo capones et dimidium terragii quinque jornalium terre et dimidii in terra prenominata, et etiam vicecomitatum et dominium que habebam in locis predictis, ... viris religiosis ... abbati et conventui Sancti Petri de Selincurte vendidi hereditarie et deliberavi, et quicquid in premissis jure dominii et dangerii vendicabam et habebam aut vendicare et habere poteram, ego vel heredes mei, pro viginti quinque libris parisiensium ... excepta tamen alta justicia ...».

29) サン＝ポル伯領においても、サン＝ポル伯以外の複数の領主が上級裁判権を有していた。NIEUS, J.-F., *Un pouvoir comtal* ..., pp. 346-347.

第4章　ポンティウ伯の上級裁判権　　　　　　　　　　　　　　　*133*

第3節　ポンティウ伯領における上級裁判権の対象犯罪

　上級裁判権が対象とする犯罪は，一般的には殺人，強姦，放火の三種の大罪であると考えられている。ニウスの検討したサン＝ポル伯領においても，13世紀において上級裁判権にあたる犯罪として，この三種の犯罪を並べる表現が固定化している[30]。ではポンティウ伯領では，いかなる犯罪が上級裁判権の対象として見なされていたのだろうか。本節では，上級裁判権やそれに相当する伯に留保された裁判権について言及のあるポンティウ伯文書のうち，その裁判権の対象となる犯罪が記されている文書のテクストを検証し，ポンティウ伯領における上級裁判権の内容を明らかにしたい。

1．ポンティウ伯の上級裁判権の対象

　上級裁判権や伯に留保された裁判権の内容が記されたポンティウ伯文書は，12世紀末期から登場する。1184年に伯ジャンがアブヴィルへコミューン文書を授与した際，ジャンはコミューンへ裁判権を与えたが，「強盗に関する裁判権は，伯のもとへ留まる」と留保しており[31]，強盗を裁く権利は伯の裁判権に属するとして伯の裁判権を尊重している。その後，息子のギョーム2世は12箇所の集落にコミューン文書を発給しているが，そのテクストはジャンのアブヴィル文書を踏襲したため[32]，強盗に関する裁判権はこれらのコミューンにおいて，伯に留保された裁判権として通用することとなった。

　1203年にギョーム2世がサン＝ジョス＝シュル＝メール修道院と行った合意の中では，伯に属する裁判権について，「ポンティウ伯は，サン＝ジョスのヴィラ外において，教会の従事者による攻撃，殺人，宝物漂着物取得権[33]，強姦すなわち女性への暴行，屋敷を秘密裏に焼くことを（裁く権利）

---

30) NIEUS, J.-F., *Un pouvoir comtal* ..., pp. 345-346.
31) RACP, no 109, «... res alie furis ad opus meum observabuntur ...».
32) ギョーム2世の発給したコミューン文書群については，第1節，n. 11を参照。
33) コシュによると，*scatus*（escat）という単語について，『ポンティウ伯文書集』の編

を持つ」と定められており[34]，サン=ジョスにおいてポンティウ伯に属する裁判権は，攻撃，殺人，宝物漂着物取得権，強姦，放火を対象とした。

また1210年，ギョーム2世はジャン・ルコによるノートル=ダム・デパニュ修道院への寄進を確認したが，その際伯の裁判権は害されないと規定しており，その対象は宝物漂着物取得権，殺人，強姦であった[35]。

1245年に女伯マリと夫マティウがサン=クロワ・ダブヴィル教会へ寄進を行った時には，伯は寄進したブリュイルの地で所有していた全ての特権を放棄したが，「この地で伯が確保する裁判権は窃盗と上級裁判権のみである」と明記し[36]，伯の上級裁判権を尊重させている。またここでは窃盗を対象とする裁判権が，上級裁判権と同列に扱われていることが確認される[37]。

1268年に女伯ジャンヌと夫ジャン・ド・ネールは，ノートル=ダム・ド・フォレ=モンティエ修道院の裁判権を承認する文書を発給した。伯は修道院がその領地で所有する全ての特権を認め，またかつての伯たちによる寄進により修道院がその領地において所有する全ての裁判権を認めた[38]。ただし「女性への強姦，領地における宝物漂着物取得権，殺人の三種の裁判権を除く」と規定しており[39]，ここでは強姦や殺人を裁く権利と宝物漂着物

者ブリュネルは「vol 窃盗」と訳しているがこれは誤りであり，実際は scatus という単語はゲルマン人の語である schat に由来し，ラテン語では thesauri inventio（発見された宝物や漂着物の取得権）を意味するとコシュは指摘している。また thesauri inventio は12世紀においては伯権 comitatus の一部をなしていたと述べている。KOCH, A. C. F., L'origine de la haute et de la moyenne justice ..., pp. 449-450, n. 97.

34) RACP, no 163, «... comes Pontivi extra villam Beati Judoci per totum comitatum predicte ecclesie debet habere assultum, murdum, scatum, ratum, violentiam scilicet mulieris vi oppresse, combustionem domus vi sive latenter ...».

35) RACP, no 215, «... et salvo jure comitatus mei, hoc est de scapto, de murdro et de rapto tantummodo. ...».

36) RACP, no 361, «... ita quod nos in dictis locis justitiam latronum et altam tantummodo retinemus justitiam. ...».

37) 隣接するサン=ポル伯領でも同様に，窃盗が三種の大罪と並んで扱われている。NIEUS, J.-F., *Un pouvoir comtal* ..., pp. 345-346.

38) RACP, no 436, «... nos viris religiosis abbati et conventui Forestensis Monasterii, ... quod ipsi habent in omni terra sua, ne perturbationem in posterum inter nos et ipsos evenire contingat, recognoscimus quod de dono predecessorum nostrorum dicti religiosi habent et habere debent omnem justiciam qualitercumque acciderit in dicta terra eorumdem ...».

取得権が伯に留保された裁判権として見なされていたことがわかる。

2. 伯以外の上級裁判権保持者の対象

　前節で検証したように，1263 年にジャンヌとジャン・ド・ネールが発給したヴィディムス文書では，騎士アンリ・デレーヌがノートル＝ダム・ド・スランクール修道院へ行った売却が確認された。その文書の中で，売却した土地においてはアンリが上級裁判権を有することが記されているが，その上級裁判権が対象としているものは，宝物漂着物取得権，強姦，殺人である[40]。同様に 1268 年にもジャンヌとジャン・ド・ネールはヴィディムス文書を発給し，騎士ジュルダン・ド・ボーネイによるノートル＝ダム・ド・スランクール修道院への売却を確認した。ジュルダンもまた，売却物に関して上級裁判権を持つことが明記されているが，その対象もまた，宝物漂着物取得権，強姦，殺人であった[41]。

　ここまで見てきたようにポンティウ伯領内においては，上級裁判権や伯に留保された裁判権が対象としたものは，殺人，宝物漂着物取得権，強姦，放火，窃盗，攻撃であった。その中でよく三つ組として挙げられているものは殺人，強姦，宝物漂着物取得権であり，特に宝物漂着物取得権が重視されている点が特徴的である。裁判権のうちに宝物漂着物取得権が含まれていることは一見奇妙に感じられる。しかしポンティウ伯が裁判権を罰金や財産の没収などにより収入を得る財源と見なしていたと考えると，伯に財をもたらす宝物漂着物取得権が裁判権と同列に語られることにも納得がいくと考えられる。この宝物漂着物取得権をポンティウ伯は 13 世紀初頭から後期まで確保し続けていたことが確認できる。ポンティウ伯は伯領統治を推し進めるにあたり，上級裁判権の獲得の過程において，公権力の強化とともに経済的な支配力の強化をもまた期待していたのではないだろうか。

39）RACP, no 436, «... exceptis tribus, scilicet raptu femine, inventione peccunie in terra et facto furtim homicidio. ...».
40）RACP, no 423, «... excepta tamen alta justitia que residet in scato, rato et muldro ...».
41）RACP, no 435, «... excepta tamen alta justitia que residet in scato, rato et muldro ...».

おわりに

　最後に本章の検討結果をまとめると以下の通りである。

　ポンティウ伯領においては，上級裁判権の登場と伯による獲得は，サン＝ポル伯を含めた一般的見解よりもやや早熟の12世紀末であった。ポンティウ伯の統治活動が本格的に始動する12世紀末から13世紀初期においては，伯は上級裁判権に相当する留保された裁判権を保持し，一連のコミューン文書発給を通じて伯による裁判権の保持を浸透させていた。また伯領という公的空間において裁判権の担い手という伯の特権が確立しており，教会もまた伯の裁判権の影響下にあったことがわかる。

　13世紀中期以降，ポンティウ伯が上級裁判権を有している地点の分布の増加からは，ポンティウ伯による上級裁判権の確保の進展が確認される。そして他者の領地においても，伯の上級裁判権が優越している事例も確認される。また上級裁判権の分割贈与による活用も続いている。

　その一方でポンティウ伯領には，伯の他にも上級裁判権を有する領主が存在していた。13世紀中期から後期において，ポンティウ伯は伯領における完全な上級裁判権の独占には至っていなかったが，伯はこれらの領主の寄進行為の確認を通じて，上位権力として優越的立場に立っていた。

　ポンティウ伯の行使した上級裁判権は，殺人，強姦，放火，窃盗，攻撃，宝物漂着物取得権を対象としていた。特に登場頻度の高いものは殺人，強姦を裁く権利，宝物漂着物取得権の三種であった。宝物漂着物取得権の重視からは，伯が上級裁判権を，伯領内における上位権力としての源であるとともに，統治活動における重要な収入源と捉えていたことがわかる。

　こうしたポンティウ伯の上級裁判権の獲得の過程と行使の状況を追跡すると，伯は伯領において，一領主以上の領域的上位権力として君臨することを志向していたことが読み取れる。伯の公権力の担い手としての意識は，裁判権以外の諸権利の行使，コミューン政策，文書行政にも現れているが，上級裁判権に対する伯の姿勢にもまた現れているのである。また最後に，ポンティウ伯領において他の領主も上級裁判権を有していた状況からは，多様な

諸権力の活動する場という中規模領邦の特性の一端も垣間見ることができることにも注目しておきたい。

　ポンティウ伯領のこのような現象は，中世後期から近世においての政体が，服属する様々な地域や社会集団との交渉，妥協，調停，合意などを通じて緩やかな統治を行う政体の集合体であるという複合国家論，またその延長線上にある礫岩国家論，すなわち君主の支配領域に服属する各地域は，中世以来の伝統的な地域独自の法，権利，行政制度を根拠に，君主に対して地域独特の接合関係をもって礫岩のように集合していたという観点の下にも位置づけることが可能なのではないかということにも触れ，本章を終えたい。

　これまでポンティウ伯の伯領統治という観点から，伯領内の人間，伯文書，伯の諸権利を一つひとつ分析してきた。最後の章となる第5章では，伯領の構成要素の一つである都市と伯との関係を取り上げる。そこではポンティウ伯の伯領統治という問題が，伯領内部で完結しているのではなく，伯領外部との関係にまで開かれていることを視野にいれて検討が行われるだろう。

第 5 章
ポンティウ伯とコミューン

はじめに

　本書の最終章となる第 5 章では，ポンティウ伯が伯領統治にあたり，伯領内の社会集団にどのように接していたのかという観点から，フランス中世の地域権力とコミューンの関係について論ずる。

　中世初期・盛期の都市史においては，今日まで多くの成果が蓄積されてきたが[1]，そのうちコミューン論の分野では，君主・領主によるコミューン文書の付与の行為が，領域内の法の統一や領域的諸権利の強化・確立の一環として，君主の領国統治の側面から検討されてきた[2]。ところで，これらの研

---

1) 森本芳樹『西欧中世経済形成過程の諸問題』木鐸社，1978 年；斎藤絅子「12・13 世紀における都市・農村関係―1960 年以降のベルギー中世史学界の動向―」『駿台史学』第 67 号，1986 年，119-137 頁；田北廣道「1960 年以降西ドイツ学界における中世盛期・後期の都市・農村関係に関する研究（上）」『福岡大學商學論叢』第 31 巻 1 号，1986 年，113-166 頁；「同（中）」同 32 巻 1 号，1987 年，59-93 頁；「同（下）」同 32 巻 3 号，1987 年，129-160 頁；山田雅彦「北フランス中世盛期の都市＝農村関係に関する研究―一九六〇年以降のフランス学界―」『史學雜誌』第 95 巻 1 号，1986 年，62-88 頁；加藤玄「「都市」と「農村」のはざまで―中世南フランス都市史研究の一動向―」『年報都市史研究』第 14 号，2006 年，132-146 頁。フランス学界における中世都市形成史の総合叙述としては，現在でもなお Duby, G. éd., *Histoire de la France urbaine*, Paris, 1981 が基本といえる。

2) 斎藤絅子『西欧中世慣習法文書の研究―「自由と自治」をめぐる都市と農村―』九州大学出版会，1992 年；花田洋一郎『フランス中世都市制度と都市住民―シャンパーニュの都市プロヴァンを中心にして―』九州大学出版会，2002 年；大宅明美『中世盛期西フランスにおける都市と王権』九州大学出版会，2010 年。80 年代以降のフランス

究のほとんどは，フランス王権とコミューン，あるいは大諸侯とコミューンの関係に焦点を当ててきた。より小さな範囲を治めた地方の「伯」と住民共同体の関係については，少なくともその「伯」の統治を中心に据えては本格的に検討されてこなかった。

この点で，中世盛期のピカルディ地域に注目することは意味あることのように思われる。というのも，この地域には，エノー，フランドル，ノルマンディ，シャンパーニュのような，強力かつ広域的な諸侯権力が存在せず[3]，中規模領邦が，主要な権力主体として，多数出現した。そしてその内部では，中小領主権力や教会・都市などの諸勢力がその中規模領邦と勢力を争っていたからである。

ピカルディは，11－12世紀において，コミューン運動が活発化した地域であった[4]。さらに，フォシエやデポルトが指摘したように，12－13世紀にかけて大量の慣習法文書が伯や領主層によって発給された地域でもあった[5]。ピカルディにおける慣習法文書の豊富さは，この地域が多種類の領主的諸権力の拮抗状態によって特徴づけられていたばかりか，一定の自治的権能を帯びた共同体勢力が都市から農村まで広く展開したことを示している。それはまた，地域における諸権利をめぐる紛争とその調整が，中規模諸侯か

学界のコミューン研究の代表として，以下の論文集をあげておきたい。*Les Chartes et le mouvement communal : colloque régional, octobre 1980 organisé en commémoration du neuvième centenaire de la commune de Saint-Quentin*, Saint-Quentin, 1982 ; *Communes et libertés communales du Moyen Age à nos jours, actes du Colloque de Montivilliers mai 2002*, Montivilliers, 2003.

3) FOSSIER, R., *La terre et les hommes en Picardie* ...を参照。

4) PETIT-DUTAILLIS, Ch., Les communes françaises au XIIe siècle : Chartes de commune et chartes de franchises, in *Revue Historique du droit français et étranger*, 4e série, t. 22-23, 1944-45（プティ＝デュタイイ，高橋清徳訳『西洋中世のコミューン』東洋書林，1998年，44-45頁）; id., *Les communes françaises*, Paris, 1950.

5) FOSSIER, R. éd., *Chartes de Coutume en Picardie (XIe - XIIIe siècles)*. 以下 CCP と略記する。Id., Franchises rurales, franchises urbaines dans le Nord de la France, dans BOURIN, M. éd., *Villes, bonnes villes, cités et capitales. Études d'histoire urbaine (XIIe - XVIIIe siècles) offertes à Bernard Chevalier*, Tours, 1989, pp. 179-192 ; DESPORTES, P., Les communes picardes au Moyen-Âge : une évolution originale, dans *Revue du Nord*, t. 70, n° 277, 1988, pp. 265-284.

ら在地の共同体まで，多彩な勢力を巻き込んで活発に行われていた状況を暗示している。

　ニウスのサン＝ポル伯領研究によると，サン＝ポル伯は，フランドル伯領，フランス王国，ノルマンディ公領などの強大な広域権力の境界において，一方では外部との婚姻による同盟関係や封建関係，他方で貴族や教会などの領内の諸社会集団との関係を活用することで，かなり自立的な伯権力を構築したことが明らかである[6]。ニウスは，サン＝ポル伯と領内の都市との関係もまた，伯領の統治と空間秩序の編成における主要な論点の一つとして取り上げている。例えば，コミューン役職者と伯の協力関係や，集落へのコミューン認可を立地状況と関連させて論じることで，ニウスは，伯はその領国統治において，一定の自治を持つ都市勢力と政治的に棲み分けていたと述べるのである[7]。ここでは，必ずしも絶大な権力を持たない伯と，在地領主等の干渉を可能な限り回避したい都市との間に一定の合意があったというのである。

　本章では，ニウスの研究に触発されつつ，ポンティウ伯領内に位置する集落に12世紀に発給された伯や領主によるコミューン文書の分析を通して，ポンティウ伯とコミューンの関係を考察したい[8]。ポンティウ伯領のコミューン文書に関しては，すでにフォシエの研究でその例外的な豊富さが指摘されている。ピカルディに伝来するこの時期のコミューン文書，及び慣習法文書の実に38％が，ポンティウ伯領内の集落のために発給されているのである[9]。この集中状況は，ポンティウ伯領が，ピカルディの中でも共同体的発展のとりわけ顕著な地域であったことを示唆するとともに，コミューン文書を発給した伯の側にも，何らかの強い意思があったことを予想させる。しかしポンティウ伯領における本格的なコミューン研究は未だなされておら

---

6) NIEUS, J.-F., *Un pouvoir comtal* ..., pp. 9-18 et 445-450 ; id., éd., *Les chartes des comtes* ..., pp. 29-30.
7) Id., *Un pouvoir comtal* ..., pp. 424-443.
8) ポンティウ伯領，伯家の概観については序章「中世フランスの国家と社会」第3節「本論の課題」参照。
9) CCP, pp. 110-111.

ず，伯領の中心都市アブヴィルのコミューン文書授与 800 年を記念して編纂された都市史において概観されているに過ぎない[10]。

本章では，具体的には，以下の 2 つの問題を明らかにすることを目指す。第一に，伯領内のコミューンがどの程度の自立性を持っていたのか，第二に，ポンティウ伯や領主などの権力主体が，コミューン文書付与にあたって何を期待していたのかである。このことを考えるために，まず第 1 節でポンティウ伯領におけるコミューン文書発給の基本的特徴，すなわち時期や場所，発給に至る経緯を整理したのちに，第 2 節でポンティウ伯が発給したコミューン文書の内容を検討し，伯とコミューンの関係を考察する。最後に第 3 節で，伯領内の他の領主のコミューン文書や紛争関係文書を検討する。伯のコミューン政策を，ポンティウ伯領内部の他の諸権力の動向とも関連させて考察することで，中規模領邦としての伯権力の存在形態を明らかにしたい。同時に本章では，伯領内のコミューンの実態や伯のコミューン政策を扱うとともに，伯の地方統治についても触れる。伯領の統治構造全体の中で，すでに中央の宮廷役人や側近については第 1 章と第 2 章で論じたが，本章では伯の地方役人ヴィコントのコミューンへの係わり合いの検討を通じて，伯の地方統治についても論ずる。

第 1 節　ポンティウ伯領におけるコミューン文書発給状況概観

1. ポンティウ伯領におけるコミューンとその文書

ピカルディは，フランス王国で最も古いコミューン群が存在する地域である[11]。ピカルディにおける活発なコミューン運動は，11 世紀末から 12 世紀

---

10) *La charte d'Abbeville et le mouvement communal dans le Ponthieu : VIIIème centenaire de la charte d'Abbeville, 1184-1984*, Abbeville, 1984. なおポンティウ伯とアブヴィルの研究として以下のものが挙げられるが，いずれも概説的叙述として利用可能といえるのみである。LOUANDRE, Ch., *Histoire d'Abbeville et du Comté de Ponthieu*, 2 vol., Abbeville, 1883 ; DU CANGE, Ch., *Histoire des Comtes de Ponthieu et de Montreuil, Préfaces et notes de l'Abbé Le Sueur, Mémoires de la Société d'émulation d'Abbeville*, t. XXIV, Abbeville, 1917.

11) FOSSIER, R. dir., *Histoire de la Picardie*, Toulouse, 1974, pp. 148-149 ; DESPORTES, P.,

前半にかけて展開したことが知られる。時代順に列挙すると，サン＝カンタン（1081 年以前），ボーヴェ（1096 年以前），ノワイヨン（1108 年），ラン（1111 年），アミアン（1113 年），コルビー（1123 年），サン＝リキエ（1126 年），アブヴィル（1130 年頃），モントルイユ（1144 年以前），ペロンヌ（1151 年以前），アム（1158 年）などがそれである[12]。コミューン運動は 12 世紀後半以降も拡大を続け，主要な集落から二次的な集落，そして村落の一部へとコミューンの認可は広がっていく。ポンティウ伯領内の諸集落は，この流れの中，12 世紀後半から 13 世紀前半にコミューン文書を獲得していった。この時期のポンティウ伯領内のコミューンは，全部で 20 あり，それらの存在は，現存するコミューン文書，確認文書，紛争解決文書内の言及によって確認される（コミューン一覧とそれぞれの位置に関しては，資料 5-1 を参照）。

　これら 20 の伯領内のコミューンは，ポンティウ伯，俗人領主，フランス王の三者によって認可された。各コミューンを認可文書の発給者別に分類すると，第一に，ポンティウ伯により文書が発給され認可されたコミューンが 16 存在する。隣接する同規模の伯領であるサン＝ポル伯領におけるコミューン数が 11 であることと比較しても[13]，ポンティウ伯領における伯のコミューン文書はかなり多い[14]。伯により認可された 16 のコミューンの内，11 のコミューン文書テクストが現存しており，コミューンに認められた諸権利の詳細を知ることができる[15]。伯が発給したことが知られるコミューン文書の最初の事例は，1184 年の伯ジャン（在位 1149–1191 年）によってアブヴィルに与えられた文書である。後ほど，改めて検討するよう

　　Les communes picardes ..., p. 265.
12)　*Ibid.*, p. 265.
13)　NIEUS, J.-F., *Un pouvoir comtal* ..., p. 426.
14)　またポンティウ伯領はフランス王領地よりもはるかに小規模であるが，フランス王権が発給した 48 コミューン文書と比較しても，その数は半数近くに及ぶ。BALDWIN, J. W., *The Government of Philip Augustus*, California, 1986, pp. 4–5, 59–64 and 472–473.
15)　文書のテクストの確認が可能なコミューンは以下の通りである。Abbeville (RACP, no 109), Crécy (RACP, no 131), Noyelles (RACP, no 134), Marquenterre (RACP, no 150), Ponthoile (RACP, no 152), Doullens (RACP, no 155), Mayoc (RACP, no 203), Rue (RACP, no 206), Ergnies (RACP, no 212), Port (RACP, no 257), Vismes (CCP, no 79).

地図番号		文書番号	年代	発給者
1	Abbeville	PACP, n° 109	1184, 9 juin	伯ジャン
2	Montreuil	RAPA., n° 236	1188	フィリップ・オーギュスト
3	Rue	PACP, n° 206, CCP, n° 70	1184-1189	伯ジャン
4	Saint-Riquier	RAPA, n° 236	1189	フィリップ・オーギュスト
5	Hiermont	PACP, n° 127	1192, 5 octobre	伯ギョーム2世
6	Doullens	PACP, n° 155	1202, 7 juin	伯ギョーム2世
7	Crécy	PACP, n° 131	1194, 4 juin	伯ギョーム2世
8	Noyelles	PACP, n° 134	1195, 8 mars	伯ギョーム2世
9	Waben	PACP, n° 148	1199	伯ギョーム2世
10	Marquenterre	PACP, n° 150	1199, 4 septembre	伯ギョーム2世
11	Ponthoile	PACP, n° 152	1201, 7 nobembre	伯ギョーム2世
12	Saint-Josse	PACP, n° 164, CCP, n° 60	1204 以前	伯ギョーム2世
13	Wavans	CCP, n° 61	1205, 19 juin	ボードゥアン・リ・ワロワ
14	Mayoc	PACP, n° 203	1209, 25 mars-1210, 24 mars	伯ギョーム2世
15	Ergnie	PACP, n° 212	1210, 26 nobembre	伯ギョーム2世
16	Villeroy	CCP, n° 73	1211, novembre	ニコラ・ド・ヴィルロワ
17	Visme	CCP, n° 79	1212 以前	伯ギョーム2世
18	Port	PACP, n° 257	1218, 28 juillet	伯ギョーム2世
19	Airaines	PACP, n° 292	1234	女伯マリ
20	Aumale	PACP, n° 430		女伯ジャンヌ

資料5-1 ポンティウ伯領内のコミューン一覧

略表記　PACP：Brunel, C. F. éd., *Recueil des actes des comtes de Pontieu*.
　　　　RAPA：Delaborde, H.-F. etc. éds., *Recueil des actes de Philippe Auguste*.
　　　　CCP：Fossier, R. éd., *Chartes de Coutume en Picardie*. これらを基に筆者作成。

に，アブヴィルのコミューンは1130年代に成立していたが，その時点の認可は口頭による認可であり，コミューンの慣習・諸権利・伯との関係等に関する諸規定が文書として文字化されるのは，このジャンの時期を待たねばならなかった。その後，伯ギョーム2世の在位期（1192-1221年）に，伯によるコミューン文書の大半が発給されており，その数は13にのぼる。続く13世紀のマリ（在位1225-1250年）とジャンヌ（在位1250-1278年）の時代には，それぞれ1通ずつが発給されている。

　第二に，伯領内の伯以外の俗人領主によって2通のコミューン文書が発給されている。これらの文書発給者はいずれも伯の封臣であり，伯ギョーム

第5章 ポンティウ伯とコミューン

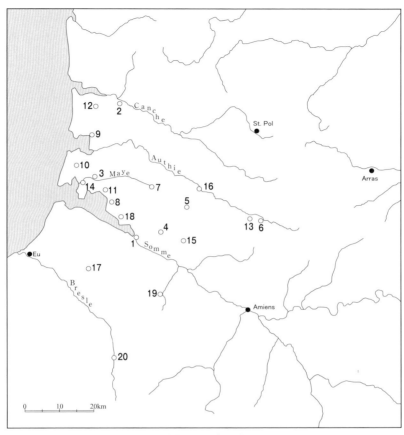

資料 5-1 （続き）

2世の許可の下に，自身の領主領内の集落へコミューン文書を発給している[16]。

　第三に，フランス王権が認可したコミューンが2つ存在する。その内，サン＝リキエは，最初にルイ6世がコミューン文書を与え，その後フィリップ・オーギュストによって確認された。一方モントルイユには，フィ

---

16) Wavans (CCP, no 61, 1205 年), Villeroy (CCP, no 73, 1211 年).

リップ＝オーギュストによりコミューンが認可された。これらの文書自体は残存していないが，後のフランス王による確認文書によってその存在が推測される[17]。

　これらのポンティウ伯領内のコミューン文書群のなかで，ポンティウ伯発給文書と伯領内の他領主発給の文書には，形式と内容における明らかな類似性が存在する。現存するアブヴィル文書以降に発給されたコミューン文書においては，リュ文書を例外として，テクスト中に「アブヴィルのコミューンの法と慣習に従って」保有されるべくコミューンを与える，と明記されている[18]。そして，これらのコミューン文書群は，全て1184年のアブヴィル文書の内容を踏襲し，同一の構成を持っているのである。特に，裁判権やコミューン構成員の諸権利を規定する条項は，全コミューン文書においてほぼ統一されている[19]。その上で，各集落の文書には，集落に応じて異なる，近隣地域に関する諸権利や貢租に関する規定が個別に追加されているのである[20]。

2. アブヴィルとアミアン——伯領の中心とさらなる上位都市——

　伯のコミューン文書発給は伯領外部のコミューン運動とも関連していた。この点はポンティウ伯の拠点であったアブヴィルのコミューン成立の経緯を追跡することで明らかとなる。

　アブヴィルにおいてコミューンが認可されたのは，現存する特許状授与に先立つ1130年代である。伯ギョーム1世が，アブヴィルの都市住民へコミューンの権利を売却したことが確認されるが[21]，その背景には，11世紀

---

17) BALDWIN, J. W., *The Government of Philip Augustus*, pp. 472-473 ; 斎藤絅子『西欧中世慣習法文書の研究』，228-229頁。
18) RACP, no 131（Crécy），«... concessi hominibus Cresciaco communiam habendam ... secundum jura et consuetudines communie Abbatisville, ...».
19) クレシー文書を例に挙げると，1-27条，31-32条がそれぞれアブヴィル文書の1-27条，30-32条を踏襲している。RACP, nos 109, 131.
20) クレシー文書は36条から成るが，28-30条，33-36条において，独自の居住制限や家屋建設時の規模，伯がコミューンへ譲渡する郊外区の範囲等が定められている。RACP, no 131.
21) CCP, p. 193 ; *La charte d'Abbeville* ..., p. 25. アブヴィル文書の詳細に関しては資料5-2

後半から 12 世紀前半における，ピカルディを覆ったコミューン運動の高まりが想定されている[22]。アブヴィルがコミューンを獲得する直前に，近隣の主要都市であるアミアン（1113 年）[23]やサン＝リキエ（1126 年）[24]において，フランス王ルイ 6 世によりコミューンが認可されており，アブヴィルのコミューン認可もまた，これら一連のコミューン運動に影響を受けてのものであったことが推測されるのである[25]。

　前項で述べたように，アブヴィルのコミューンの法・慣習・諸権利等が文書化されたのは，1184 年の伯ジャンの時代である。この文書化は，都市住民からの要求に伯が応えたものと史料には明記されている[26]。仮にこれを信じるならば，住民の文書化要求の背景には，当時のポンティウ伯領が，イングランド王とフランス王の戦争による被害や，それに伴う経済活動の妨げを受け，これらの戦禍からの保護を望んだことが想定される。すなわちアブヴィルのコミューン法の文書化は，当時の混乱を経た上での，ピカルディやポンティウ伯領における秩序再編期の現象の一面とも言える[27]。

　アブヴィル文書は全部で 35 条から成り，コミューン構成員の諸権利や刑事・民事裁判に関するコミューンの諸権利，伯の側に留保される諸権利について規定されている。この文書の最大の特徴は，フランス王が発給したアミアンのコミューン文書[28]との密接な関係である。アブヴィル文書はテクス

を参照。
22) DESPORTES, P., Les communes picardes ..., pp. 265-266 ; La charte d'Abbeville ..., p. 32.
23) DUFOUR, J. éd., Recueil des actes de Louis VI, roi de France（1108-1137），t. 1, Paris, 1192, p. 190, no 85.
24) VILEVAULT, M. de et BREQUIGNY, M. de éds., Ordonnances des roys de France de la troisième race, recueillies par ordre chronologique, t. 11, Paris, 1769, p. 184.
25) La charte d'Abbeville ..., p. 32 ; サン＝ポル伯領においても同様に，近隣のサン＝カンタンのコミューン運動の影響によりサン＝ポルのコミューン運動の高まりが見られた。NIEUS, J.-F., Un pouvoir comtal ..., pp. 427-431.
26) RACP, no 109, «... super illa venditione, burgenses scriptum autenticum non haberent, ad petitionem eorundem burgensium, ... concessi eis communiam ...».
27) La charte d'Abbeville ..., pp. 34-38.
28) アミアンはピカルディの中心に位置し，ポンティウ伯領から最も近い司教座都市である。アミアンのコミューンは，1113 年に成立後，1117 年にフランス王ルイ 6 世によって認可されたが，その時の文書は現存していない。アミアンのコミューン設立の

トの冒頭部で，このコミューンの規定がアミアンのコミューンの法と慣習からの模倣であることを明言しているのである[29]。また，両文書の各項目を比較検討すると，主として裁判権に関して，14項目で類似点を見つけることができる[30]。さらにアブヴィル文書の末尾において，「当文書によって解決できない紛争が発生した場合には，サン＝カンタン，コルビー，アミアンのコミューンによって解決されるべし」と定められている[31]。

以上から，アブヴィル文書（とその系列のポンティウ伯領内の諸コミューン文書）は，アミアンのコミューン法の影響下にあると言うことができる[32]。慣習法の影響関係という観点からみれば，アブヴィルをはじめとするポンティウ伯領内のコミューンは，アミアンを中心として編成される，ピカルディのコミューンネットワークのなかに，位置づけられるのである[33]。

実際，コミューン法に基づく両都市の関係は，この後も定期的に確認される。たとえば1310年にアブヴィルで生じた紛争が，アミアンの慣習によって解決が図られており，アブヴィルとアミアンの法的関係は14世紀においてもなお維持されていた[34]。以上から，古来の司教座都市で，かつて世俗

経緯に関しては，山田雅彦「コミューン成立期アミアンにおける司教権力と都市共同体の協同―空間的聖性の演出と受容をめぐる予備的考察―」服部良久編『平成21-22年度科学研究費補助金基盤研究（A）成果報告書』京都大学，2011年，158-164頁，及び，同「中世後期アミアンにおける契約登記簿の誕生―都市自治体による非訟裁治権〈juridiction gracieuse〉の行使を軸として―」『史窓』68号，2011年，421-444頁を参照。なお現在，確認可能なアミアンのコミューン文書は，1190年のフィリップ・オーギュストによる確認文書である。DELABORDE, H.-F. éd., *Recueil des actes de Philippe Auguste*, t. 1, Paris, 1916, no 319.

29) RACP, no 109, «... concessi eis communiam habendam et tanquam fidelibus meis contra omnes homines in perpetuum tenendam, secundum jura et consuetudines communie Ambianis, vel Corbeie, vel Sancti Quintini, ...».
30) RACP, no 109, 1-4, 6-12, 14, 20, 30条でアミアン文書の項目との内容の類似が見られた。
31) RACP, no 109, «... si forte inter me et dictos burgenses meos querela emerserit que per hoc scriptum nequeat terminari, per communiam Sancti Quintini, vel Corbie, vel Ambianis, terminata fuerit. ...».
32) CCP, pp. 122-123 ; DESPORTES, P., Les communes picardes ..., pp. 276-277.
33) 慣習法文書の系譜関係に関しては，以下の論文を参照。岡村明美「中世フランスにおけるフランシーズ文書の系譜と改変」『史學研究』第194号，1991年，71-81頁。

の伯権力が別個に存在したアミアンは，アブヴィルが参照すべきこの地域の中心都市として認識されていたと言える。ポンティウ伯自身もまた，様々な法行為に関して，証人としての臨席，伯文書への司教の印章の付与，司教の手を介する寄進などの形で，アミアン司教の助力を必要としていた様子が窺われる[35]。

ちなみに，アブヴィルの法は，1208年に領主ゴーチエによってポワにコミューン文書が付与される際に，アミアンの法，サン＝カンタンの法と共に，参考にすべき法の選択肢の一つとして登場している[36]。これは，13世紀において，アブヴィルの法もまた，一つの参照されるべきモデルとして，ピカルディ地域のなかで認知されていたことを示している。

第2節　アブヴィル文書に見る伯と都市関係

伯が伯領内の全コミューンに与えた特許状の元となったアブヴィル文書では，伯とコミューンの関係はどのように定められていたのだろうか。コミューンは伯に対して，どの程度の自立性を有していたのか。伯のコミューン政策は，この文書にどのように現れているのか。本節では，アブヴィル文書のテクストの検討によってこれらの問いの解明を目指す（当文書の内容の詳細は資料5-2を参照）。

1．コミューンに保証された一定の自治

まずアブヴィルのコミューンには高度な自治が認められていたことが確認できる。アブヴィル文書では，コミューンの役職や構成員資格が規定されており，コミューンがどのように運営されていたのかを明らかにすることがで

---

34) DESPORTES, P., Les communes picardes ..., p. 276.
35) アミアン司教の関与が確認される伯文書は31存在する。RACP, nos 3, 8-11, 48, 53, 55, 58, 60-62, 64, 69, 71, 85, 93-95, 101, 105-107, 113, 140, 143, 171, 175, 178, 230, 260.
36) LUCHAIRE, A., *Les communes françaises à l'époque des capétiens directs*, Paris, 1890, pp. 143-144.

地名	アブヴィル
年代	1184
発給者	ポンティウ伯ジャン

条項	内容	要約
1	コミューンの制度	都市民の忠誠, 武力, 助力, 助言の提供の義務
2	裁判権 コミューン, 伯の権利	・盗人と彼の財産は, 原告が自分の所有を証明できる盗品以外, 全て伯のヴィコントにより差し押さえられる ・盗人の他の財産は伯の用途に当てる ・盗人はエシュヴァンによる裁判, 晒し台の罰を受ける
3	裁判権	・バンリュウ内における, アブヴィルへ来る商人への危害を禁ずる ・違反者は身柄と財を捕らえられ, コミューンの違反者として裁かれる
4	裁判権 コミューン, 伯の権利	・コミューン誓約者間, または誓約者と非誓約者間の動産をめぐる紛争の申し立ては, 伯のヴィコントへなされる ・伯のヴィコンテ外の紛争は, 被害者の住むヴィコンテの領主へ持ち込まれる ・伯のヴィコンテ内の人間や財産については, 伯のヴィコントが裁判を行い, 誓約者は捕らえられない ・ヴィコントの有罪判決に従わない場合は, エシュヴァンにより強制的に判決を執行される
5	裁判権 コミューン, 伯の権利	・不動産に関する紛争の申し立ては, その不動産を所有する領主へ為され, 裁判はアブヴィルで扱う ・紛争が身代金や戦争へ発展すると, 伯のヴィコントの面前で紛争は解決される
6	裁判権	・非誓約者が誓約者の財を奪い判決に従わない場合, 判決の内容に従うまでその者と財産は差し押さえられる
7	裁判権	・拳か掌による傷害について, エシュヴァンの面前で加害者が弁護されるなら, 20スーをコミューンへ支払う
8	裁判権	・武器による傷害事件の裁判では, 加害者は追放し, その家はエシュヴァンが破壊する ・加害者がヴィラへ入るには, エシュヴァンの許可の後, エシュヴァンの哀れみの拳か9リーブルの賠償が必要 ・加害者が家を持たない場合には, 破壊した家を100スーで入手し, 補修と維持を行う ・9リーブルを支払えない貧者はエシュヴァンの哀れみの拳を受ける
9	裁判権	・非誓約者が誓約者か非誓約者を傷つけ, エシュヴァンの裁判を拒む場合は, ヴィラから追放され, エシュヴァンの裁判により罰せられる
10	裁判権	・誓約者を中傷した者が, 2-3人の証人より立証されると, エシュヴァンによる裁判を受ける
11	裁判権	・聴衆の前でコミューンへの不名誉な発言を行った者は, エシュヴァンの判決に従って償う
12	裁判権	・コミューンの敵を受け入れ, コミューンに被害を及ぼした者がコミューンの判決に応じない場合, その者の家を破壊する
13	裁判権	・コミューン全体に関する事柄でエシュヴァンに対立した者が, 2, 3の証言によって有罪とされたなら, エシュヴァンの判決によって償いを行う
14	裁判権	・紛争の判決後, 権威なく敵対者を傷つけた者は, エシュヴァンの合意の下で裁かれる
15	コミューン, 伯の権利	・伯とその後継者によるアブヴィルの都市民への課税を禁ずる ・都市民の自発的意思の場合を除き, 伯や他の領主は, 都市民から担保なく借金をすることを禁ずる

資料5-2 ポンティウ伯ジャンによるアブヴィル文書要約

(『ポンティウ伯文書集』no 109をもとに筆者作成)

第5章　ポンティウ伯とコミューン

条項	内　容	要　　　　　約
16	裁判権	・伯や他の有力者，非有力者へヴィラ，バンリュウ内において損害を与え，償いを実行しない者は，エシュヴァンの判決によって償いを行う
17	裁判権	・伯に対する過失による犯罪について有罪ならば，エシュヴァンの判決によって償いを行う
18	コミューンの権利	・誓約者であることを主張しようと望む者は，証人をたてて証明できる
19	裁判権	・新たな紛争，未解決の紛争は，エシュヴァンの判決によって解決され，判決の忘却防止のため記録される
20	裁判権	・判決に関してエシュヴァンを非難し，内容が立証されなければ，各エシュヴァンへ9リーブルと金1オボルを支払う
21	裁判権	・過失または故意で誓約者を殺害した者の家と全財産は破壊される ・都市民が犯罪者を捕らえた場合，完全な裁判が行われる ・一年逃亡した犯人が，エシュヴァンの慈悲を請う際，被害者の親族の慈悲が必要である。親族不在時にはエシュヴァンの慈悲によりヴィラへ入り，住むことができる ・その後犯人の敵が彼に対して敵対するならば，エシュヴァンは彼らを殺人犯として裁く
22	裁判権	・伯や他の有力者の怒りを買った者が有罪とされ，伯の怒りが鎮まらないならば，犯人はエシュヴァンの判決により追放される
23	裁判権	・他者の土地や収入の強奪については，1年と1日以内に告訴が必要であり，その後は聞き入れられない
24	コミューン，伯の権利	・コミューンの中への伯領内の封臣や封の受け入れを禁止する ・受け入れた後3年以内に伯の忠告を受けたならば，問題の人物は40日以内に，自身の財産と共にヴィラを離れる。不実行時は，問題の人物とその財産を，伯は自由に扱う
25	コミューン，伯の権利	・3年経過後，伯が忠告することはできない。しかし誓約者はコミューンと封の両方を保有することはできない
26	コミューンの権利	・相続や結婚により封を入手した時は，封とコミューンを保有する
27	伯の権利	・購入，担保，交換，他の方法により封を入手した時は，封とコミューンの両方の保有を禁止する。いずれも保有しようとした場合，誓約者が封地を他者へ渡す場合以外には，領主は封を与えずにおくことができる
28	伯の権利	・リュの人間を除き，コミューンへのポールの人間と，それより遠くの伯領内の人間の受け入れを禁止する
29	伯の権利	・ティトルの人間とそれより遠くの人間の受け入れを禁止する ・受け入れてしまった場合，3年以内にその都市民が伯により告発されると，その者は40日以内に財産を持ってヴィラを離れる。3年を過ぎると，伯は告発できない
30	コミューン，伯の権利	・購入，売却，交換，担保，その他の契約の取引は2-3人のエシュヴァンの面前で実行され，彼らの証言により保証される。有罪とされた者とその財産は，伯のヴィコントが差し押さえる
31	コミューンの制度	・メールやエシュヴァンによって正式な文書が，紛争を見たことのないエシュヴァンのために作成される
32	伯の権利	・伯への3つの助力義務の規定：伯の息子の騎士叙任時，娘の結婚時，伯の身代金の支払い時に，ポンティウ貨で各100リーブルを支払う
33	コミューン，伯の権利	・伯の都市民へのバンリューの譲渡：モトルの森，モン＝ド＝コベールの堀，ヌヴィオンの水車の堀，Quatuor Quercus，ロベール・フルトルのかつての屋敷；アルタヴェンナ境界範囲内の防備施設建設の禁止
34	コミューンの制度	・伯と都市民の間の紛争が，本文書により解決が出来ない場合は，アミアン，コルビー，サン＝カンタンのコミューンを通じて解決される
35	伯の権利	各条項において，伯の権利は留保され，正しく保たれる

資料5-2（続き）

きる。

(1) 市政機関

第一に，メールという役職が存在する。メールは多くの都市において，都市の長としての役割を与えられる最も主要な役職である。しかしアブヴィルにおいては，メールの存在感は非常に希薄である。アブヴィル文書に明記されているメールの役割は，文書の作成・保管に関してのみであり，この役職は，その他には，文書の末尾に証人として現れる以外は言及されない（31条）[37]。これは，たとえばアミアンのメールが行政官，裁判官，公証人などの多岐にわたる業務を担い，市政全般において活躍していたことや[38]，サン＝ポル伯領において，伯の側近の一人として強い権限を持っていたこととは対照的である[39]。

他方，アブヴィル文書内において盛んに言及される役職は参審人であるエシュヴァンである。エシュヴァンはコミューンに属する裁判に関わるあらゆる業務を担当するなど，市政の中枢を担っていた[40]。エシュヴァンはアブヴィルにおいては，5人以上で構成されているが[41]，ドゥランでは，19人がエシュヴァンの肩書きを帯びているなど，伯領内でもその構成人数にはばらつきが存在した[42]。

第三に，ジュレが挙げられる。ジュレという単語は，この文書内で異なる2つの意味で用いられている。1つは，何らかの役職に就くために誓約を行った者という意味であり，エシュヴァンや元エシュヴァン等の役職者を表

---

37) RACP, no 109, «... Hoc idem erit, si carta publica et autentica a majore et scabinis tradita, dictis scabinis non apparentibus, fuerit praducta. ... Testes sunt ... Guntero Patin existente majore Abbatisville tunc temporis, ...».
38) DUBAR, L., Les communes de Corbie et d'Amiens（Amiens 1117-Corbie 1123), dans Les chartes et le mouvement communal ..., p. 114.
39) NIEUS, J.-F., Un pouvoir comtal ..., pp. 440-442.
40) アブヴィル文書全35条の内，2-14, 16-17, 19-23条が裁判権に関する条項だが，その中で2, 4, 7-11, 13-14, 16-17, 19-22条において，エシュヴァンの裁判時の権利や役割が定められている。RACP, no 109.
41) RACP, no 109.
42) RACP, no 155.

す（1 条）[43]。いま 1 つは，コミューンに対して誓約を行った者として，コミューン構成員全般を指す場合が存在する（26，27 条）[44]。1 つの文書内でジュレという単語が 2 つの意味で併用される事例は，アブヴィル文書のみの特殊な用法ではなく，ルーアン法のコミューン文書等にも見られる[45]。

最後にブルゲンセスという人々が存在する。ブルゲンセスは，都市住民やコミューン誓約者，非誓約者を区別せず，都市民全体を表す言葉として用いられた[46]。

（2） コミューン構成員の資格

住民たちは，コミューンの誓約を行うことで様々な特権を得ていた。まずコミューン構成員は，身柄の自由が保証されていた。例えば，彼らは動産をめぐる紛争の最中に，伯の役人であるヴィコントによって拘束されることはないと定められた（4 条）[47]。また彼らは，伯や他の領主からの恣意的な課税や義務を負うことはなく，さらに伯や領主たちが，担保の設定なく，コミューン構成員から強制的に借金をすることは禁じられた（15 条）[48]。また

---

43) RACP, no 109, «... unusquisque jurato suo fidem, vim, auxilium consiliumque prebebit et observabit, secundum quod justicia dictaverit. ...».

44) RACP, no 109, «... Si vero alicui juratorum jure successionis vel per matrimonium liberum feodum obvenerir, ipsum feodum et communiam, ... retinere poterit; si vero emptione, pignore, permutatione vel alio modo feodum obvenerit jurato, feodum et communiam retinere non poterit, ...».

45) 水野綱子「ルーアン・コミューヌ法—王権による中世都市支配の一例—」『社會經濟史學』第 40 巻 2 号，1974 年，107-128 頁；プティ＝デュタイイ『西洋中世のコミューン』，44-45 頁。

46) RACP, no 109, «... aves meus, comes Willelmus Talvat, propter injurias et molestias a potentibus terre sue burgensibus de Abbatisvilla frequenter illatas, eisdem communiam vendidisset, et super illa venditione, burgenses scriptum autenticum non haberent, ad petitionem eorundum burgensium, ... concessi eis communiam ...».

47) RACP, no 109, «... Si inter juratum et juratum, vel inter juratum et non juratum, de re mobili questio oriatur, ... tam de eo quam de rebus suis in meo vicecomitatu existentibus, vicecomes meus justiciam faciet, excepto eo quod personam jurati capere non poterit ...».

48) RACP, no 109, «... ego Johannes, comes Pontivi, nec heredes mei, nec alii domini terrarum que infra Abbatisvillam site sunt, aliquam exactionem a burgensibus exigere poteurnt, nec credent mihi neque alicui dominorum sine vadimonio, nisi ex propria voluntate, ...».

コミューン構成員が，自身の身分を証明する必要が生じた時は，証人を立てることによってその身分を証明するという手段が定められていた（18条）[49]。ただし，コミューン構成員は，伯以外の者から封を得ることは禁じられていた。コミューン構成員の資格と他者から得た封の両方の所有が例外的に認められるのは，コミューン構成員が，相続または結婚を介して封を持つに至った場合のみであった（24, 26, 27条）[50]。

(3) 裁判権に関するコミューンの諸権利

アブヴィルのコミューンには，コミューン内の様々な問題に対処し，都市住民間の関係や都市内の秩序を維持するための大幅な裁量権が与えられていた。特に係争が生じた時の裁判権や，都市住民間の契約や取引を管理するための多彩な権限が与えられていた。これらのコミューンの裁判権に関する一切の職務を担っていたのは，エシュヴァンたちであった。

まずコミューン内の秩序や平和を維持するための様々な権利が規定されている。窃盗や動産をめぐる係争時には，エシュヴァンが伯のヴィコントの許可の下で判決を執行していた（2, 4条）[51]。また傷害事件の発生時には，エシュヴァンは裁判の開催，罰金の徴収，犯罪者の追放，家屋の破壊，犯人の帰還許可など，裁判から判決，刑の執行に至る一連の権限を行使した（7-9条）[52]。さらなるアブヴィルに関して特筆すべき点は，上級裁判権の一つで

---

49) RACP, no 109, «... si aliquis dixerit se esse juratum et hoc sit incertum, per testes probare poterit. ...».

50) RACP, no 109, «... nullum vavassorem vel liberum feodum in terra mea habentem burgenses de Abbatisvilla in suam commniam recipere poterunt, ... Si vero alicui juratorum jure successionis vel per matrimonium liberum feodum obvenerit, ipsum feodum et communiam, ... retinere poterit; si vero emptione, pignore, permutatione vel alio modo feodum obvenerit jurato, feodum et communiam retinere non poterit, ...».

51) RACP, no 109, «... Fur autem primo a scabinis judicabitur et penam pillorii sustinebit, ... et qui ab eodem vicecomite meo vel domino per sentenciam condempnabitur, si condempnatus judicio non paruerit, a scabinis quod judicatum fuerit exequi compelletur. ...».

52) RACP, no 109, «... Qui pugno aut palma aliquem cum ira percusserit, nisi se aliqua ratione coram scabinis defendere poterit, viginti solidos communie posolvet. Item, si quis armis aliquem vulneraverit, domus ejus a scabinis prosternetur, et ipse a villa eicietur, nec villam intrabit nisi prius impetrata licencia a scabinis ; de licencia autem eorum villam intrare non

ある殺人の管轄が，コミューンに与えられている点であろう。都市住民が殺人犯を捕らえた場合，裁判の開催，家屋の破壊，恩赦の権限はコミューンが行使した（21条）[53]。また，何者かが，コミューンやその構成員に対して中傷や不名誉な発言を行ったり，エシュヴァンや彼らの判決に反対する場合には，コミューン自身によって裁判が開かれ，原告が有罪と判断された際には罰金を徴収した（10-12, 20条）[54]。コミューンに関する問題が提起された場合には，それを扱うためのコミューンの集会が開催された（11, 13条）[55]。コミューンにおいて購入や売却，交換などの取引がなされる場合には，エシュヴァンが証人となることが求められた（30条）[56]。コミューン構成員によって伯や他の有力者に対する犯罪がなされた場合には，エシュヴァンが判決を下し，賠償の強制や犯人の追放の刑を執行するなど，コミューン自身の

---

poterit, nisi pugnum misericordie eorum exposuerit, aut novem libris ab eisdem scabinis redemerit. ... Si autem non juratus juratum vel non juratum vulneraverit, et judicium scabinorum subire recusaverit, a villa expelletur, et judicio scabinorum delictum punietur. ...».

53) RACP, no 109, «... Si quis fortuito casu vel ex precedente inimicicia juratum suum occiderit, et super hoc convictus fuerit, domus ejus et omnia ad ipsius mansionem pertinencia prosternantur; si vero burgenses malefactorem poterunt invenire, de eo plenam justiciam faciant; si autem manus eorum evaserit, et, elapso anni termino, misericordiam scabinorum pecierit, primum misericordiam parentum eum oportebit exigere; et si invenire non poterit, requisita misericordia a scabinis, libere et pacifice villam intrare et in ea manere poterit; et si inimici ejus in eum postea insurrexerint, de eis tanquam de interfectore scabini jusuticiam facient. ...».

54) RACP, no 109, «... Qui vero juratum suum turpibus leserit conviciis, ... a scabinis pena statuetur. Qui vero inhonestum de communia dixerit in audiencia et convinci poterit testibus , judicio scabiorum emendabit. Item, qui hostem scienter communie receperit in sua domo et ei participaverit in aliquo, inimicus communie efficietur, et, nisi judicio communie satisfecerit, tam illius quam alterius jurati qui judicium scabinorum subterfugerit domus prosternetur. ... quicumque scabinos de falsitate judicii infamaverit, nisi eos legitime convincere poterit, unicuique novem libras et aureum obolum persolvere tenebitur. ...».

55) RACP, no 109, p. 161, «... Qui autem in audencia contra scabinos aliquid dixerit quod ad utilitatem totius ville pertineat, si postea negaverit, duorum vel trium testimonio poterit convinci, et si convictus fuerit, judicio scabinorum emendabit. ...».

56) RACP, no 109, «... si in presencia duorum vel trium scabinorum contractus emptionis, vendicionis, permutationis, pignoris, vel alius contractus initus fuerit, eorum testimonio causa disrationabitur, ...».

156

手によって罪人を裁いた (16-17, 22条)[57]。

コミューンに関する出来事やコミューン構成員の活動, 紛争の経験は, 記憶として蓄積されるように, 文書の作成と伝達が定められていた (19, 31条)[58]。

2. コミューンと伯役人ヴィコントの協力

以上のように, アブヴィルのコミューンは, 大幅な都市統治上の権利を有していた。その一方で, コミューンは主君である伯と無関係であったわけではない。伯もまたコミューンに干渉する余地を残していた。本項では, コミューンに関係する事柄で, 伯の側に留保された権利について検討する。ここからは, 伯のコミューンに対する姿勢は抑圧的なものではなく, むしろ相互協力を旨とするものであったことが窺えるのである。

伯のコミューンへの干渉において重要な役割を担った役職がヴィコントである。ヴィコントは, ポンティウ伯領において12世紀末以降, 伯文書を初めとして様々な史料に頻繁に登場する伯の地方役人である。伯領の主要な拠点に設置され, 裁判やサンスの徴収, ラントの授与等, 伯権の実務に携わった[59]。そしてアブヴィル文書においても, ヴィコントのコミューンへの関与が言及されているのである。

---

57) RACP, no 109, «... Si quis mihi vel alii potenti vel impotenti infra villam vel banlivam in dicto forisfecerit, infra villam se expurgare poterit, quod si facere noluerit vel non potuerit, judicio scabinorum emendabit. Si vero in facto mihi deliquerit, similiter emendabit per judicium scabinorum, si exinde convictus fuerit. ... si quis non juratus vel juratus iram meam vel alicujus potentis contra villam promoverit, si inde convictus fuerit vel se purgare non potuerit, ab Abbatisvilla judicio scabinorum expelletur; si vero homines Abbatisville dampnum propter hoc passi fuerint, domus jurati iram promoventis prosternatur, et villam non intrabit donec dampna illata ab eo restituantur. ...».

58) RACP, no 109, «... si aliqua nova questio et a retro temporibus non judicata inter juratos aut intrinsecus aut extrinsecus orta fuerit, judicio scabinorum terminabitur, et ne quod judicatum oblivioni tradatur, autentice scripture commendabitur. ...».

59) ポンティウ伯領を含めた諸地域のヴィコントの実証研究については, 以下の論文集とニウスの論文を参照。NIEUS, J.-F., Vicomtes et vicomtés dans le nord de la France (XIe-XIIe siècles): Un monde d'officiers au service du pouvoir princier, dans DEBAX, H. éd., *Vicomtes et vicomtés dans l'Occident médiéval*, Toulouse, 2008, pp. 291-304.

第一に，伯は上級裁判権の内，窃盗を裁く権利を行使した。コミューン内で窃盗事件が発生すると，ヴィコントが犯人の身柄を拘束し，犯人の財産は没収され，伯の用途のために充てられた（2条）[60]。この際，エシュヴァンは，ヴィコントの指示の下で判決を執行する役目を担った。

　次に，動産・不動産をめぐる係争が身代金や決闘裁判に発展すると，その裁判権はコミューンから伯の側に移り，伯のヴィコントによって裁判がなされ，エシュヴァンが判決を執行した（4, 5条）[61]。また，契約・取引に関する係争が生じた場合，その裁判はコミューン側が行うが，有罪となった者の身柄と財産処分の権利は伯の側に属した（30条）[62]。

　このように，コミューンと伯役人ヴィコントは，裁判権の行使に際して，権利と役割を分担し，協力してコミューンの治安の維持に当たっていたと考えられる。

　ポンティウ伯のヴィコントは，サン＝ポル伯のヴィコントが伯の宮廷の側近の第一人者であり，伯文書発給の確認を行い，自身の封臣を有し，サン＝ポル伯領全土に権威を及ぼす伯の代理人として強力な存在であったことと比べると[63]，その実態はやや曖昧であるが，フランドル伯のシャトランのように，ポンティウ伯の地方統治のために専心する地方役人の性格が濃かったといえる。

3. 伯のコミューンに関する権利

　伯は，このほか，住民のコミューン構成員としての特権享受や，都市に居住可能な人間の出身地にも制限を設けていた。すでに述べたように，伯は，コミューン構成員が伯以外の者からの封を得ることを禁じていた。そしてこ

---

60) RACP, no 109, «... si quis de furto reus apparuerit, captis omnibus rebus furis a vicecomite meo vel ministris meis, exceptis rebus furtivis quas probare poterit esse suas qui reclamaverit, res alie furis ad opus meum observabuntur. ...».
61) RACP, no 109, «... Si vero de re immobili questio oriatur, ... et si res usque ad vadia et duellum processerit, in presencia vicecomitis illius cujus est vicecomitatus causa illa debet terminari. ...».
62) RACP, no 109, «... salvo jure meo in eo qui convictus fuerit. ...».
63) NIEUS, J.-F., Vicomtes et vicomtés ..., pp. 297-298.

の規則を拒否する者の身柄と財産を，伯は自由に扱うことができた（24条）[64]。次に伯は，アブヴィルのコミューンに居住可能な者を，近隣のポール，ティトルまでの範囲の出身者に限定していた（28, 29条）[65]。さらにアブヴィルのコミューンの郊外区において，コミューンが防備施設を建設することを禁止している（33条）[66]。また伯とコミューンの封建関係に基づく権利として，伯の身代金，伯の息子の騎士叙任，娘の婚姻の3つの場合における援助金徴収の権利も記されている（32条）[67]。

　伯によるコミューンの住民に対する様々な制限は，コミューンと伯との間の密接な関係が阻害されることを避けるためであったと考えられる。たとえば，他の人間との封建関係や，それに伴う封・財産・権利の移動は，コミューンを様々な紛争に導き入れる危険をもたらしたに違いない。また，伯領内における人間の移動や居住の制限には，コミューンへの介入を通じて伯領の統治をコントロールするという，伯の意図が表れている。

4. 伯のコミューン政策

　最後に，伯はコミューン文書をどのような意図に基づいて発給したのかを考察する。まず伯が諸集落へコミューン文書を与えるに至った背景を検討したい。その際，コミューン設置のイニシアティヴのありかが焦点となる。

　伯側の背景としてまず考えられるのは，経済的必要性である。伯はアブヴィルへコミューン文書を与える際，都市へのコミューンの売却という形をとっている[68]。同様にリュへの文書授与の際にも，640リーブルと引き換え

---

64) RACP, no 109, «... nullum vavassorem vel liberum feodum in terra mea habentem burgenses de Abbatisvilla in suam communiam recipere poterunt ... alioquin tam de ipso quam de rebus suis sine tuitione burgensium meam faciam volumtatem ...».

65) RACP, no 109, «... hominess de Portu et ultra manentes usque ad terminos mee terre idem burgenses de Abbatisvilla in suam communiam recipere non poterunt, ... similiter neque homines de Tristre et ulterius, in quantum mea terra protenditur ...».

66) RACP, no 109, «... Concessi eciam eisdem burgensibus banlivam quietam et liberam habendam ... ita quidem quod infra hos terminos nulla poterit fieri munitio, ...».

67) RACP, no 109, «... tantum tria auxilia idem burgenses mihi tenentur ex debito solvere, ...».

68) RACP, no 109, «... comes Willemus Talvat, propter injurias et molestias a potentibus terre sue burgensibus de Abbatisvilla frequenter illatas, eisdem communiam vendidisset, ...».

にコミューンを認可している[69]。

　しかしコミューン文書に頻繁に登場するのは，都市側による伯へのコミューン認可の要求である。アブヴィル，マルカンテル，ポントワル，ドゥラン，ウルニーのコミューン文書には，冒頭部に「都市住民の懇願に対し，伯がコミューンを与えるに至った」と記されている[70]。この言及が現実をそのまま反映しているのかどうかは，それぞれの状況の検討を待つしかないが（それは史料的にはほとんど不可能である），住民の要望と伯による好意的な対応が定型表現化していたことは明らかなように思われる。他方で，都市が伯へコミューンの認可を求めた背景には，当時のピカルディの状況が関係していたと想定する理由がある。先述のように，12世紀後半から13世紀前半にかけてのピカルディは，フランス王，フランドル伯，イングランド王などの外部権力間の戦争の被害を被っていた。これらの諸権力の抗争に巻き込まれ，従来，流通や商業によって栄えていたアブヴィルは経済的被害を受けていた。アブヴィルの住民たちがコミューンを設置しようとしたのは，強力な領邦君主が不在のピカルディにおいて，身体の安全や財産・通商の保護，裁判権などの特権を確保することで，これらの事態にみずから対応しようとしたものと思われる[71]。

　アブヴィルのコミューン文書は，先述の通り1130年代の口頭によるコミューンの認可を経て，1184年に住民の要求によって文書化された。コミューン成立と文書化の過程には，前述のように，アミアンでの動きが直接影響を与えていたと考えられる。しかし，アブヴィルでは，モデルとなったアミアンとは異なり，殺人に関する上級裁判権の確保など，コミューンに対し大幅な自治が認められていた。この点は，アミアンやサン＝ポル，ルーアン法系列の諸都市において，上級裁判権が君主の下に留保されていたこととは対照的である[72]。コミューンが保持する裁判権の大きさという点では，

---

69) RACP, no 206, «... Johannes, comes Pontivi, pater meus, vendidit communiam hominibus meis Rue pro sexentis libris et quadraginta libris. ...».
70) RACP, no 109, «... super illa venditione, burgenses scriptum autenticum non haberent, ad petitionem eorundem burgensium, ... concessi eis communiam ...». nos 150, 152, 155, 212.
71) *La charte d'Abbeville* ..., pp. 27-28, 32.

アブヴィルはむしろポンティウ伯領の北部に位置するフランドル諸都市との類似性が高いとも思われる[73]。つまり，アブヴィルを含むポンティウ伯領の都市自治の具体相は，周辺の地域との比較において，独自の性格を呈しているのである。

他方，伯のコミューンへの対応は，伯の領邦統治上の関心，具体的には，経済的関心や秩序維持の必要性に基づいているとみなすこともできるように思われる。伯は，コミューン認可に際して経済的利益を享受した上に，都市の裁判権，都市住民の特権や居住の制限に関する権利を留保していた。

しかしながら，種々の裁判権において，伯とコミューン双方の権利と役割は絡み合っており，都市の裁判と治安の維持は，エシュヴァンとヴィコントの協力によって成り立っていた。両者は協調関係にあったと考えるべきであろう。

第3節　伯の広域的なコミューン政策——在地領主のコミューン——

すでに述べたように，伯領内には伯によって認可されたコミューンだけでなく，他の領主によって発給されたコミューン文書も2件存在した。いずれの文書も伯の封臣により，伯の許可を受けた上で発給されており，伯と領主双方の印章とキログラフによって文書の効力が保証されている。領主発給文書は，伯のアブヴィル文書のテクストをほぼ踏襲した上で，文書の後半に個別の条項が追加されるという構成をとり，形式と内容の両面において，明らかに伯文書から影響を受けている。同時に領主のコミューン授与活動が伯の強い監督下にあったことを窺わせる[74]。

---

72) NIEUS, J.-F., *Un pouvoir comtal* ..., pp. 440-442；水野綱子「ルーアン・コミューヌ法」107-128頁。

73) NIEUS, J.-F., *Un pouvoir comtal* ..., pp. 440-442；プティ=デュタイイ『西洋中世のコミューン』86-93頁。

74) CCP, no 60（Wavans, 1205年），«... ego Baldewinus li Walois, ... assensu et concessu eorumdem et consilio domini mei Willelmi, comitis Mosterolii et Ponivi, ... Ut autem hec omnia firma et illibata permaneant, sub religione jusjurandi, ego et dominus meus, comes Mosterolii et Pontivi, et burgenses mei de Wavans, ita promisimus ad invicem observaturos.

第5章　ポンティウ伯とコミューン

他方，領主が発給したコミューン文書においても，それらが伯のアブヴィル文書の模倣であるがゆえに，ポンティウ伯とコミューンの間の関係が踏襲されているといえる。他方，伯領全体に共通する領主－コミューン関係とは別に，個別の文書においては，個々の関係についての規定も付加されている[75]。これらの規定からは，中小領主とコミューンの間の個別の関係が読み取れると同時に，両者の関係に干渉しようとする伯の姿も浮かび上がる。特定都市内において，聖俗領主が大きな諸権利を有している場合には，伯はそれらに対しても，なんらかの対応を余儀なくされたはずである。このように複数の領主の利害が錯綜する集落のコミューンを考察することで，伯と伯以外の都市領主層，そしてコミューンの三者間の複雑な関係を検討することが可能となる。以下では，それぞれ俗人領主，修道院領主を都市君主とする3コミューンの事例を考察したい。

1．ワヴァンの事例――俗人領主配下のコミューンと伯の介入――

本項では，1205年に伯の封臣ボードゥアン・リ・ワロワにより発給されたワヴァン文書を取り上げる。その際，伯発給文書には見られない，本文書のみに付加された条項を検討し，俗人領主，コミューン，伯の三者の関係を検討したい。

ボードゥアンとコミューンの間には，伯－アブヴィル間と同様の権利や義務の関係が生ずるとされた（34条）[76]が，異なる条件も存在した。たとえば，コミューンは，都市の囲壁の門の鍵を管理することができた。またここでは，伯のコミューンとは異なり，ボードゥアンへ一定の金額を支払えばど

Ad majorem autem confirmacionem, scriptum hoc ymagine sigilli mei et dominus comes Moserolii et Pontivi sui et sub cyrographo, ita quod una pars nobis cedet, altera domino comiti munivinus. ...» ; no 73（Villeroy, 1211年）．

75) CCP, no 61, «... secumdum jura et consuetudines communie Abbatisville, ...»，ボードゥアンによるワヴァン文書は全42条から成り，その内1-30条はアブヴィル文書の1-23条，26-27条，30-35条の内容と一致する。そして後半の31-42条にはワヴァン独自の条項が付加されている。

76) CCP, no 61, «... Burgensis vero claves portarum observabunt, de quibus tantum adversus me facere tenentur quantum burgenses de Abbatisvilla comiti de consimili facerent. ...».

の地域の住民も居住することが可能であり，移動に関する制限は存在しない (39, 40条)[77]。またコミューンには，都市に囲壁を設ける権利も認められていた (33条)[78]。このようにワヴァンのコミューンには，アブヴィルよりも広範な権利が認められていた。

他方，ボードゥアンがワヴァンのコミューンに対して行使した権利については，収入に関するものが目を引く。毎年12ドゥニエのサンスを徴収する権利に加えて (31条)，ボードゥアンは，住民が家を売却する際に，売却額の6分の1を徴収し，さらにコミューンへの居住希望者から2スーと雄鶏2羽を徴収することができた (37, 39条)[79]。またコミューン近隣の牧草地や池，森林の保有権もボードゥアンの下にあり，コミューンの住民はこれらを利用する際には，ボードゥアンの許可が必要であった (32, 36条)[80]。これらの諸規定には，ボードゥアンの領主としての諸権利の確保の意図が表れているといえよう。

ところでワヴァン文書には，俗人領主－コミューン間の問題だけではなく，その上位の存在であるポンティウ伯が留保する諸権利や義務も記されている。まず伯は，各コミューン構成員から年1スチエの燕麦のサンスを徴収し，その代償にコミューンを保証し，保護する義務を負う (38条)[81]。次に，伯領内において戦争が生じた際には，ワヴァンのコミューンは伯のため

---

77) CCP, no 61, «... si alieni venerint, II solidos et II capones de censu mihi persolvent. Preterea, si aliquis hospes esse voluerit, et exinde aliquid mihi promiserit, si forsan respuerit, promissum integre habebo. ...».
78) CCP, no 61, «... si hominess de Wavans villam firmare voluerint, firmare poterunt nec ego super hoc eos cogere potero quin firmant. ...».
79) CCP, no 61, «... predicti homines mei de Wavans concessu meos quos singulis annis mihi reddere tenentur, de XIIim denariis singulariter crescunt. ... si quis hominum meorum de Wavans alicui domum suam vendere voluerit quod de singulis XIIcim denariis II denarios habebo. ...».
80) CCP, no 61, «... ego duo prata ad opus mei retineo similiter et aquam meam in qua, scilicet si quis piscator invenietur, LXta solidos mihi emendabit, si capere voluero. ... herbagia mea et nemus ad mansam meam pertinens retineo. ...».
81) CCP, no 61, «... domus meus, comes Mosterolii et Pontivi, unum scestatium avene de quolibet homine communie de Wavans annuatim habebit et dominus comes per hec communiam observare et garandire tenetur. ...».

に3日間の軍事奉仕に従事する義務を負った (42条)[82]。この軍事奉仕の規定は, 伯発給のコミューン文書には存在しない項目である。さらに伯は, ボードゥアンによる堀の建設を制限するなど, コミューンの直接の君主であるボードゥアンの行動に関しても, 干渉する権利を有していた (33条)[83]。

2. サン=ジョスの事例——修道院領主, 伯, コミューンの権利関係の錯綜——

本項では, 伯とサン=ジョス修道院領主間に生じた, コミューンの権利をめぐる一連の紛争の事例を考察し, 伯領内における利害関係者の一人としての伯の姿と, そこでコミューンが持つ意義を検討する。

1204年に, 伯とサン=ジョス修道院の間で, サン=ジョスのコミューンに関する係争が解決された[84]。このとき発給された修道院長と伯の連名文書の記述から, サン=ジョスはこれ以前にすでに, ポンティウ伯によってコミューンが与えられていたと推測される。また, 1203年に同修道院と伯の間に, コミューンの裁判権やサンスの徴収権, 市場開設権をめぐって紛争が発生し, 伯と修道院がこれらの諸権利を分割していた[85]。以上から, サン=ジョスにおけるコミューンの認可者かつ都市領主は伯であること, 他方, 以前から修道院もまたサン=ジョスの集落において諸権利を有しており, サン=ジョスが伯のコミューンとなった後も, その権利が存続していたと見なすことができる。その後も[86], 1245年に伯と修道院との間で, 同様の問題に関する紛争が再度発生し, 同じ内容の和解がなされている[87]。こ

---

82) CCP, no 61, «... si guerra infra comitatum antedicti comitis, quam Deus avertat ! evenerit, homines mei de Wavans in equitatu domini comitis per tres dies, ad citacionem ipsius vel servientis sui, morabuntur. ...».

83) CCP, no 61, «... si domum meam firmare voluero, firmare potero, excepto quod falsum posternum facere non potero, sed per portas antiquas ville me exire oportebit. ...».

84) CCP, no 60, «... Ego Florentius, divina miseratione Sancti Judoci abbas humilis et ejusdem loci conventus, et ego Willermus, comes Mosterolii et Pontivi, notum facimus universis quod post multas altercationes inter nos jam pridem habitas super institutione communie in terra beati Judoci, ...».

85) RACP, no 164, «... de unoquoque homine in memorata communia existente unum sextarium avene annuatim recipiemus, et totalem avenam equaliter inter nos devidemus. ...».

86) CCP, no 60, n. 2 ; RACP, no 163.

の状況からは，伯によるコミューン設立後も，伯と修道院両者の権利が確定されないこと，つまり，伯のコミューン都市内部に領主的諸権力が存続し続けていることが確認される。この際，近年の紛争史研究の成果を念頭におけば，伯と修道院双方は，権利の帰属に決着をつけ，一方を排除するよりもむしろ，紛争を繰り返し，その都度和解するというプロセスを通して，両者の立場を尊重し合っているともいえる[88]。

3. マルカンテルの事例──伯領外の状況が領内の権力関係に及ぼす影響──

最後の事例は，マルカンテルのコミューンをめぐる伯とサン＝ヴァレリー修道院間の紛争である。この集落は伯によってコミューン文書を与えられていたが，1215年に修道院は，伯と伯のコミューンに対し，都市内における修道院と伯役人であるヴィコントの諸権利，収入に関して係争を提起した[89]。修道院が伯とコミューンに対して異議申し立てを行った直接の背景は，ブーヴィーヌの戦いにおいて，ポンティウ伯がオットー4世側に付き，敗北したことが推測されている。この事例は，伯領内の伯，修道院，コミューンなどの各集団の関係が，伯領外部の状況に影響を受ける可能性を示している。同時に，この事例でも，コミューン設置者の伯だけでなく，修道院領主が，コミューンの諸権利や運営に干渉し得ることが示されている。

さらにマルカンテルのコミューンが，都市側からの要望を受けて設置されたと見なされていることも，この紛争の要因となった可能性がある[90]。なぜなら，伯によるコミューン設置以前から，修道院は都市に対する影響力や

---

87) CCP, no 60, n. 2 ; RACP, no 359.
88) 修道院が関係する紛争解決研究としては，以下の論文を参照。CHEYETTE, F., Suum Cuique Tribuere ..., pp. 287-299 ; WHITE, S., D., "Pactum ... Legem Vincit et Amor Judicium" ..., pp. 281-308 ; GEARY, P. J., Vivre en confit dans une France sans état ..., pp. 1107-1133.
89) CCP, no 83, n. 1, «... ego Richarius, Dei gratia abbas Sancti Walerici, ... adversus virum nobilem Willelmum, comitem Pontivi et Monsteroli, ... occasione institutionis communie super communia de Mareskieneterre de cetero non reclamabimus, salvo tamen vicecomitatu nostro et salvis ibidem redditibus nostris, ...».
90) RACP, n° 150, «... cum homines de Maredkigneterre communiam non haberent, ad petitionem eorundem hominum, ... concessi eis communiam ...».

権利を有していたが，都市側の要望に応じて伯がコミューンを認可したという言説自体，都市の伯権力への接近と後者による保護を意味したと考えられる。修道院がこの動きを快く思っていなかったと推定することは，伯と修道院との係争を理解することを助けてくれるように考えられる[91]。

　以上の検討結果から，次の諸点が推測される。
　第一に，領主と彼らが認可したコミューンとの関係は，ポンティウ伯－コミューン関係を模倣するものであり，伯の監督下でなされた領主のコミューン文書発給は，結果的に，伯領の政治的統合に繋がったといえる。
　第二に，領主は，伯と同様に，コミューンにおける裁判権や経済的権利を保持したが，伯直属のコミューンに比べ，コミューンの自治は相対的に大きかった。
　第三に，伯はコミューン全体の上級領主として振る舞い，在地領主を直接の領主とするコミューンに対しても一定の影響力を及ぼした。伯は領主のコミューンからも，封建宗主として軍役奉仕を要求した。このような奉仕規定は，伯直属のコミューンにおいては明記されていなかったことは注目に値する。
　以上の検討から，伯は，伯領内の集落の自治をめぐる在地の権力関係に強い関心を持ち，領主のコミューン文書授与に際しては，これをコントロールすることに意を用いていたと考えることができる。聖俗の領主など，各都市内部の既存の勢力が競合する場において，伯は自身の存在感を示す必要性に迫られていたはずである。こうした状況の下で，伯自身のイニシアティヴと介入により，伯領のコミューンの政治的統合が進んだとしたら，それは都市の側における伯の保護を求める傾向とも対応していた。それは，伯領内にお

---

91) 伯領内の諸勢力だけでなく，外部権力との関係が伯のコミューンに及ぶ事例がもう一つ存在する。1204 年に俗人領主がフィアンヴィレのコミューンの諸権利に関する文書を発給した。その確認文書をポンティウ伯とサン＝ポル伯が共同で発給している。CCP, no 59, «... Ut hoc ratum sit, ego Willermus, comes Pontivensis, hanc elemosinam coram nobis datam sigilli nostri auctoritate cum sigillis virorum nobilium Hugonis Campdavaine et Gaufridi de Dorlens confirmavi et de eadem Hospitale investivi, meam et heredum meorum garanditionem contra omnes promittens. ...».

ける諸勢力の競合という現実において，伯権の優越性が都市民によって認識されつつあったことを表しているともいえよう。

おわりに

　最後に，本章の「はじめに」で提示した課題に対して，検討結果をまとめると，以下の通りである。

　第一に，ポンティウ伯領のコミューンは，裁判権の大幅な獲得に見られるように，高い自立性を有していた点を指摘せねばならない。これはサン＝ポル伯領のコミューンにおいては，伯に対する奉仕や支払いの義務はほとんど軽減されず，裁判権の譲渡についても伯が裁判に干渉する余地を残し，伯への宣誓を義務づけており，全体的に伯の影響力の強い内容となっていた点とは対照的である[92]。これらのポンティウ伯領のコミューンの自治の枠組みは，アブヴィルとアミアンの文書の関連性に見られるように，伯領を越え，ピカルディにおいて相互に影響を受けあっていた。

　しかしながら第二に，コミューンのこのような自立性は，ポンティウ伯の領域統治と対立，あるいは矛盾するものではなかった。ポンティウ伯領は狭小な中規模領邦であったが，伯はそこにおいて，王や大領邦君主にならった領域的権力主体として行動しようと試みていたように見える。伯領の拠点都市アブヴィルに付与したコミューン文書をモデルに，伯領内の都市法の統一を試みると同時に，ワヴァン，サン＝ジョスのような個別都市の保護に積極的に介入することで，伯領内の聖俗領主のコントロールもまた目指していた。こうした伯の一貫した政策の下で，伯領内のコミューン都市は，伯役人ヴィコントと緊密に協力しながら大幅な自治を享受し，領主たちとの紛争にあたっては，伯からの保護を期待することができたのである。

　ポンティウ伯領においては，政治権力による凝集的な領域支配の強化と都市的自由の地域ネットワークの広がりとは共存しうる関係にあったといえる。広域的政治権力と都市との関係は，従来，フランドル伯領やカペー王領

---

92) NIEUS, J.-F., *Un pouvoir comtal* ..., pp. 437-440.

のような強力な領域権力支配圏の内部の問題として論じられてきた。他方，ピカルディにおけるコミューン運動の広範な展開は，領邦権力の不在とも関係づけられてきた。しかしながら，ポンティウ伯領における領邦権力とコミューンとの関係の検討からは，いわば第三のモデルが提起されているように思える。つまり，政治地理を越えたコミューン運動の広がりと，中規模領邦における集権化政策の相互補完的な両立である。このような関係が成立し得た背景には，中世盛期において，都市の自治と君主の集権化の同時並行的に進展した現象が存在するだろう。中規模領邦自体が，中世末期にはより大きな政治単位（ここではフランス王国）に統合されてしまうからである。

結　論

　これまで，12世紀から13世紀におけるポンティウ伯の統治を復元するために，5つの側面から検討を行った。最後にその結果を結論としてまとめたい。まず章ごとの検討結果の復習と確認を行い，全体の総括とその歴史的意味を提示したうえで，最後に序論を受けてのサン＝ポル伯領研究との比較を行う。

　まず第1章では，ポンティウ伯文書の文書形式学的検討を行った。ジャン，ギョーム2世，マリの文書の約8割は証書の形式をとり，内容の32％は寄進である。伯は親密な教会機関に対して寄進を繰り返すと同時に，関係をまだ持たない伯領内外の教会機関へも寄進を行い，伯の影響力の拡大に努めていた。また確認文書も28％を占め，伯が領内において上位権力としてみなされていたことが推察される。伯文書の構成要素の検証によると，ジャン期には文書の62％が受益者によって作成されており，特定の受益者にはそれぞれ固有の書式が用いられていた。ギョーム2世期になると伯の文書行政は進展する。発給文書数は倍増し，伯の文書局の作成文書が66％を占め，ジャン期の5倍となった。「ポンティウとモントルイユの伯」の肩書きの書式の確立には，伯の領土拡大の意思が文書において表現されている。印章の告示書式の使用の定着からは，伯の印章による法的恒久的効力の保証が浸透していたことが分かる。さらにマリ期には，伯文書局作成文書の割合は79％に達した。この時期には書簡形式が増加し，令状の使用が開始されるが，これはフランス王権の動向と類似する。このような伯文書を作成した伯の文書局の構成員に関しては，12世紀中期ジャンの時代に，伯の側近聖職者たちによって文書の作成が開始された。伯の家政役人や礼拝堂付司祭など

の伯の私的な分野で働いていた書記たちは，文書行政の進展により，伯の公の統治活動に携わっていくようになる。12世紀末から13世紀初頭にはDatum per manum N 書式が現れ，使用頻度は低いもののカンケラリウスの肩書きを持つ特定の人物が文書の認証を行っていることから，文書局書記の間にある程度の組織化，制度化が進展していたことが分かる。13世紀には法的効力を与える印章の付加が定着し，それに伴って伯の印章管理の専門職も設置された。このような伯の文書行政の進展過程の追跡からは，伯の領域的統治と公権力の担い手としての意欲が感じられる。

　第2章では，文書の証人欄に登場する人物を伯の親族，俗人領主，役人の3種類に分類し，登場した回数を数える量的分析と，文書本文に行為の当事者として登場する個別事例の検討を行った。12世紀の伯ジャンの時代には，親族に関しては，伯の寄進行為を共同で行ったり，伯文書へ自身の印章を付加するなど，伯の法行為への関与の頻度が高い。俗人領主については，文書の証人欄に頻繁に登場する人名が存在することから，伯の側近集団を形成した俗人領主集団の存在が認められる。また伯の役人としては，セネシャル職が設置され，その職を務めた唯一の人物アンゲランは，伯と個人的な強い紐帯を持ち，両伯に重用された。13世紀のギョーム2世の時代になると，伯の行為に直接的に関与する親族は減少するが，その一方で個人的に活発な活動を続けるギョーム2世のおじ・ギイとの協調的関係は存続している。俗人領主に関しては，「(伯の) 騎士 miles」の肩書きを持つ者が増加し，伯の側近の構成の中核を占める者が上級貴族から中小貴族へと変化していったことが認められる。また俗人領主の出身地の分布の拡大が確認されることから，伯の俗人領主層に対する影響力の増大が認められる。その一方で俗人領主の中には，伯と個別的に関係を結ぶものもあり，伯が人的紐帯を重視している様子も窺える。つまりポンティウ伯の統治が個々の人間との個人的紐帯にも依拠していたことを読み取ることができる。こうした12世紀から13世紀にかけての伯の側近の変化からは，フランス王権やサン＝ポル伯と類似の傾向が見出せる。特にフランス王権から多少遅れて生じるこの現象からは，ポンティウ伯がフランス王権の動向を模倣しようとしていたとも考えることができる。

結　論

　第3章では，伯の諸権利を検討するため，寄進・確認文書を網羅的に検証した。領主的諸権利に関しては，11世紀後期にはヴィラ，「全ての諸権利」などの全体的表現がなされ一括して扱われているが，12世紀には諸権利の細分化が認められる。またベレーム家の伯位継承に対応して，ノルマンディ地方などベレーム家由来の地域に立地する諸権利が現れる。ジャンの時代になると，従来のポンティウ伯領への諸権利の集中が見られ，ギョーム2世期には諸権利の数と所有地点は倍増する。13世紀も伯は従来の諸権利の所在地に所有を保持し続け，堅実な諸権利の管理運営がなされていた。ポンティウ伯の諸権利として注目すべきは，河川と海に面した立地に由来する，塩やニシンなどの海産物であった。12世紀後期から13世紀にはラントの形をとる諸権利が増加し，ヴィコンテやグランギアといった流通拠点の整備化がなされ，定期的な諸権利の活用が見られる。また伯は「ポンティウの共通の単位」を導入し，伯領内の単位の統一を図った。君主的諸権利に関しては，伯は12世紀初期から森林，水流，水車，海，街道といった公的空間を支配していた。伯は初期からクレシー，カンタトルなど特定の森林を重用していた。水車も各地に存在し，製粉料や使用料を徴収した。領土や河川の通行税も，伯のみに属する上級の権利として保持し，贈与する特権として頻繁に活用した。また12世紀初期からポンティウ貨が流通しており，ジャンは造幣と両替の権利を独占していた。ジャン，ギョーム2世の時代には，ポンティウ貨は封建的義務の援税やサンスの支払いに指定され，伯による寄進や贈与時にも活用され，伯の権威の浸透と定着に貢献した。しかし13世紀以降，ポンティウ貨はより汎用性の高いパリ貨に取って代わられた。一連のポンティウ伯の諸権利運営は，ジャンを経てギョーム2世の時期に本格化した。また単位，使用貨幣の統一の試みや公的空間の支配からは，領域的統治を志向する伯の姿が浮かび上がる。

　第4章では，ポンティウ伯による上級裁判権の掌握状況を確認するため，伯文書のうち上級裁判権に関係する内容を有する文書のテクストを網羅的に検証した。ポンティウ伯は伯の統治活動の本格的な始動期とされる12世紀末から13世紀初期においては，上級裁判権に相当する留保された裁判権を保持し，一連のコミューン文書発給を通じて伯による裁判権の保持を浸透さ

せた。また伯領という公的空間において，裁判権の担い手という伯の特権が確立しており，教会もまた伯の裁判権の影響下にあった。13世紀中期以降には，ポンティウ伯が上級裁判権を有している地点が増加しており，伯による上級裁判権の獲得の進展が確認される。そして他者の領地においても，伯の上級裁判権が優越している事例が確認される。また上級裁判権の分割贈与による活用も継続している。その一方でポンティウ伯領においては，伯以外の領主にも上級裁判権を有する者がいた。13世紀中期から後期において，ポンティウ伯は伯領における完全な上級裁判権の独占には至っていなかったが，伯はこれらの領主の寄進行為の確認を通じて，上位権力として優越的立場に立っていた。伯の行使した上級裁判権は殺人，強姦，放火，窃盗，攻撃，宝物漂着物取得権を対象としており，特に登場頻度の高いものは殺人，強姦を裁く権利，宝物漂着物取得権の三種であった。宝物漂着物取得権の重視からは，ポンティウ伯にとって上級裁判権が，伯領内における上位権力としての源であるとともに，統治活動における重要な収入源であったことがわかる。こうしたポンティウ伯の上級裁判権の獲得の過程と行使の状況を追跡すると，伯は伯領において，一領主以上の領域的上位権力として君臨することを目指していたことが読み取れる。伯の公権力の担い手としての意識は，上級裁判権に対する伯の姿勢にもまた現れているのである。またポンティウ伯領において他の領主も上級裁判権を有していた状況からは，多様な諸権力の活動する場という中規模領邦の特性の一端も垣間見ることができる。

　第5章では，ポンティウ伯とコミューンの関係を考察するために，伯領の諸コミューン文書の基となった，中心都市アブヴィルのコミューン文書の内容の検討を行った。12世紀に都市側からの懇願を受けて発給されたアブヴィル文書は，形式と内容においてアミアン文書の強い影響が認められ，アブヴィルはアミアンを中心とするピカルディのコミューンネットワークの一員として位置づけられる。しかしアミアンやサン＝ポルといった周辺地域とは対照的に，アブヴィルのコミューンには特に裁判権において，高度な自治が認められていた。市政の中枢を担うエシュヴァン職は，上級裁判権の一つである殺人や窃盗，動産をめぐる係争において裁判を開催し，刑を執行した。他方で伯もまた，自身の側にコミューンに関わる諸権利を留保し，裁判

においては役人ヴィコントを通してコミューンと協力関係にあった。またコミューン住民に対して，伯以外との封建関係や封・財産・権利の移動を禁止したり，居住や移動の範囲に制限を設けるなど，コミューンへの介入を通じて，伯領の統治を管理しようという伯の意図が垣間見られる。伯以外の領主によって認可されたコミューンに関しても，文書は伯の許可の下でアブヴィル文書を模倣して作成・発給されており，文書の内容についても，伯が領主とコミューンの双方に干渉する余地を残しており，伯が上級領主として強い影響力を有していたことが窺える。その一方で伯とサン＝ジョス修道院間の一連の紛争の経緯からは，サン＝ジョスのコミューンに関する，伯と修道院双方の領主的諸権利が絡み合って存続していた可能性が指摘できる。こうしたコミューンの広がりと中規模領邦による集権化政策の両立は，中世盛期における都市の自治と君主の集権化が同時並行的に進展した現象の一つとして位置づけられるだろう。

　以上の各側面の検討の結果から見えてくるのは，中規模領邦でありながら，大領邦君主や王権のような領域的統治を志向するポンティウ伯の姿である。伯の文書行政，コミューン法の統一の試み，諸権利の運営，上級裁判権の行使，公的空間の支配などには，公権力の担い手として振る舞おうという伯の強い意欲が現れており，その動向には，12－13世紀の王権の傾向との類似性も指摘しうる。ポンティウ伯は王権や大領邦を目指し，あるいは影響を受けて統治を行っていたともいえる。

　他方で，伯の統治はコミューンへの大幅な自治の付与や都市との協力関係，個々人との紐帯に依拠する側近構成などの上に成り立っていた。同時に上級裁判権に関しても，伯以外にも上級裁判権を有する領主が存在していた。こうした状況には，多様な諸社会集団，諸権力の並存する中規模領邦の統治の特徴が現れている。

　このようなポンティウ伯の中規模領邦としての特徴が端的に現れた事件としてブーヴィーヌの戦いが挙げられる。1214年に起こったブーヴィーヌの戦いは，神聖ローマ皇帝オットー4世，フランドル伯フェラン，イングランド王ジョン，ブーローニュ伯ルノーの連合軍をフランス王フィリップ2

世が破り，その後 1 世紀にわたりヨーロッパにおけるフランスの優位を決定づけた会戦である。序章で確認したように，ポンティウ伯はその創設以来，フランス王権と良好な関係を築いていた。それにもかかわらず，ブーヴィーヌの戦いにおいて，ポンティウ伯はフランス王と対立する道を選んだ。これはどうしてであろうか。その理由は，後のポンティウ女伯マリの夫であるシモン・ド・ダンマルタンがブーローニュ伯ルノー・ド・ダンマルタンの兄弟であったからである。ここからは横の関係が大きな影響力を持つ中規模領邦の特徴の一端が垣間見られる。

その一方で，ポンティウ伯の主要都市コミューンであるアブヴィルはフランス王権に味方した。アブヴィルはポンティウ伯領の中心地として伯に重用される一方で，フランス王権とも友好関係にあり，ブーヴィーヌの戦いにおいてはフランス王の側につくことを選んだ。ここでは中規模領邦内に外部権力である王権の影響力が浸透しており，伯の影響力に優越している様子が見て取れる。

このような外部の影響力も関与する，伯領内外の協力関係や，諸社会集団との緊張関係の並存が，大領邦とは異なる中規模領邦の特質といえる。

12 世紀から 13 世紀はフランス王権の覚醒と成長の時代といわれているが，その一方で王権と異なる次元での地域形成が進行しており，多様な諸権力が並存していた。中規模領邦はこれらの諸権力，社会集団による地域形成の場として，意義深い存在であったのである。

　

以上のポンティウ伯の統治の検討結果を，ニウスのサン＝ポル伯領研究と比較してみよう。まず伯の側近に関しては，12 世紀後期から，その構成が古い大貴族から個人的紐帯により伯と結びついた中小貴族へと変化する点で同じである。

伯の統治に直接携わる役人については，まずポンティウ伯の宮廷役人セネシャルは，12 世紀後半に 1 人しか確認されず，伯と強い結びつきを持つ在地の領主層出身で，伯の代理を務めた。一方サン＝ポル伯のセネシャルは，13 世紀に伯領を不在にしがちなシャティヨン家に代わって伯領を治めさせるため強い権限を与えられた伯の代理人であり，伯により 10 人が任ぜられ

ているのが確認できる。続いて地方役人に関しては，ポンティウ伯のバイイの役割は，数少ない情報によれば，教会と聖職者の保護と支援であった。一方でヴィコントは伯領の各地に存在し，裁判の開廷や税の徴収，ラントの授受に携わる地方役人であった。サン＝ポル伯のヴィコントは，12世紀には伯の側近として卓越的地位にあり，伯の代理人としてふるまったが，その後にセネシャルに吸収された。他方バイイは伯領全土の城に駐在し，裁判や徴税など多岐にわたる業務に携わった。

　伯の文書行政においては，ポンティウ伯の下では12世紀中期に文書局が形成され，文書の認証を行う責任者カンケラリウスの存在から，13世紀初頭には書記たちの間の上下関係や制度化がなされていたことが分かる。一方サン＝ポル伯の下では，12-13世紀転換期においては伯の文書局は組織化されているとは言い難く，伯文書の作成はアラス司教の文書局に委ねられており，カンケラリウスもアラス司教の聖堂参事会員が務めていた。

　上級裁判権の獲得と行使の状況については，まずポンティウ伯は12世紀半ばにすでに上級裁判権を有していたのに対し，サン＝ポル伯文書に上級裁判権の語が現れ始めるのは13世紀初頭である。また13世紀において，ポンティウ伯領の場合と同様に，サン＝ポル伯領内においても複数の領主が上級裁判権を持っていたことが確認されている。13世紀中期から後期にかけて，ポンティウ伯は上級裁判権の掌握を推し進め，完全な独占には至ってはいなかったが，上位権力として優越的立場に立っていた。サン＝ポル伯もまた上級裁判権の完全な独占には至っていなかったが，13世紀後半にはそれに近づいた。そしてポンティウ伯領においては，殺人，強姦，宝物漂着物取得権が上級裁判権の主要な対象であったが，サン＝ポル伯領においては，殺人，強姦，放火の三種の大罪の定型表現が古くから存在していたようである。

　コミューン政策については，両伯とも伯領内のコミューン法を統一して伯領統治を進めようとした点では一致しているが，ポンティウ伯がコミューンに大幅な自治権を与え，上級裁判権の一部も譲渡しているのに対し，サン＝ポル伯のコミューンでは，伯への奉仕や支払いの義務はほとんど軽減されておらず，伯の影響力や干渉能力は高いままであった。

ポンティウ伯とサン＝ポル伯は中規模領邦としての共通点を持っていた。まず両伯は王権や大領邦君主のように側近集団を有していた。その構成の時間的変化も王権や大領邦君主と同様の傾向を示す。また伯の統治の実務を担う役人も設置していた。伯領内のコミューンの法の統一も行っていた。さらに伯領全体において伯の諸権利 domaine comtal を所有し，貨幣鋳造のような君主的諸権利も完全にではないにせよ有していた。このように中規模領邦は，統治の方法や制度において王権や大領邦君主のそれを導入し，領域的統治を目指していた。一方で，各役人の役割や活動の活発さは両伯において異なっており，上級裁判権の獲得と行使の状況や，コミューンに対する自治の譲渡の度合いなどにも相違が見られる。中規模領邦は統治制度の詳細については，それぞれの個別的状況に応じた対応をとっていた。

　ポンティウ伯領は最終的に1279年にイングランドに併合されて終末を迎える。大領邦君主になることを目指して統治を行っていたポンティウ伯だが，この望みは叶わなかった。それはなぜだろうか。ポンティウ伯は伯領内部において王権や大領邦をまねたり，横の紐帯関係を駆使したりして充実した統治を行っていた。一方でブーヴィーヌの戦いでは横の紐帯にもとづき敗戦の側についてしまうなど，伯の統治の手段は内部の統治で役に立つ一方で，外部の問題に巻き込まれる危険性をはらんでいた。伯領後期から末期においては，男性相続人の不在のため，女性相続人と外部権力との婚姻によって外部権力に伯家が移ったように，外部の影響を受けやすいという一面もあった。ここに中規模領邦の限界も指摘しておかなければならないだろう。
　それでも中規模領邦が中世盛期フランス政治社会史において意義深い存在であることに変わりはない。序章で紹介した「近代国家の生成」論や「紛争とその解決」論，「複合国家」や「礫岩国家」論などの各論点に立って中規模領邦を眺めるとき，我々は重要な示唆を得られるであろう。
　最後に本書の検討結果を中世フランス国制史の文脈に位置づけたい。12-13世紀は，王権の覚醒と成長の時代であり，王権による統合と統治制度の整備が進んだ。しかしながら，この時代には同時に王国とは異なるレヴェルでの地域形成が進行し，そこでは聖俗領主や都市などの多様な諸権力

がそれぞれ固有の論理で成長し，また共存していたのである。近年の領邦研究で注目されているのは様々なレヴェルでの社会統合の具体相であるが，この問題は必ずしも王権に比肩する大領邦だけではなく，各地方に多数存在した中規模の権力，すなわち中規模領邦にもあてはまることを強調しておきたい。

　今回触れることのできなかった課題を挙げておこう。今回検討した各論点は，主にポンティウ伯領内部の問題や現象，構成要素を扱ったが，伯と王権や他の領邦君主などの外部権力との関係もまた重要な論点である。これらのテーマは別の機会に論ずることとしたい。これらの残された課題の検討の上に，さらにより実態に近づいたポンティウ伯領の展開が描けるであろうと展望して，本書を閉じたい。

参考史料・文献　Sources et Bibliographie

Sources
1. 未刊行史料
Abbeville, Archives municipales
　　　　JJ 293 : Cartulaire de l'abbaye de Saint-Riquier
Abbeville, Bibliothèque municipale
　　　　Ms. 114 : Livre blanc d'echivinage d'Abbeville
　　　　Ms. 115 : Livre rouge d'echivinage d'Abbeville.
Amiens, Archives départementales de la Somme
　　　　3G : originaux de l'évêché d'Amiens
　　　　H (030) 0002 : Cartulaire de l'abbaye Notre-Dame de Valloires
　　　　H (013) 0004-0005 : Cartulaire de l'abbaye Notre-Dame du Gard
Dainville, Archives départementales du Pas-de-Calais
　　　　H : Fonds de Dammartin, Cartulaire de Dammartin
　　　　H (008) 0001 : Cartulaire de l'abbaye de Saint-Josse-sur-Mer
Metz, Bibliothèque municipale
　　　　1197 : Cartulaire de l'abbaye de Dammartin à Saint-Josse-au-Bois
Paris, Bibliothèque nationale de France
　　　　Nouv. acq. lat. 1681 : Cartulaire de la collégiale Saint-Vulfran d'Abbeville, Cartulaire
　　　　　　　noir
　　　　Collection de Picardie vol. 238 : Cartulaire de la léproserie du Val-de-Bugny
　　　　Collection Moreau; Ms. lat. 10112 : Premier cartulaire de Pontieu
　　　　Ms. lat. 10112 : Second cartulaire de Pontieu
　　　　Ms. lat. 10112 : Troisième cartulaire de Pontieu
　　　　Ms. lat. 10112 : Quatrième cartulaire de Pontieu
　　　　Ms. lat. 10113 : Obituaire de Saint-Vulfran d'Abbeville

2. 刊行史料
2-1. ピカルディー地域関係
ABBÉ DEHAISNE, C., *Les Annales de Saint-Bertin et de Saint Vaast*, Paris, 1871.
BRUNEL, C. F., éd., *Recueil des actes des comtes de Pontieu (1026-1279)*, Paris., 1930.
DE BEAUVILLÉ, V., éd., *Recueil de documents inédits concernant la Picardie*, 4 vols., Paris, 1860-1882.
DE HEMPTINNE, Th. and VERHILST, A., eds., *De oorkonden der graven van Vlaanderen (Juli 1128-September 1191)*, t. 2 : *Uitgave*, I : *Regering van Diederik van de Elzas (Juli*

1128-17 Januari 1168); II : *Regering van Filips van de Elzas* (Eerste deel : *1168-1177)*, Bruxelles, 1988-2001.

DE LOISNE, A., éd., *Le cartulaire du chapitre d'Arras*, Arras, 1896.

FEUCHÈRE, P., Regestes des comtes de Saint-Pol (1023-1205). 1e partie (1023-1145), dans *Revue du Nord*, t. 39, 1957, pp. 43-48.

FOSSIER, R., éd., *Chartes de Coutume en Picardie (XIe-XIIIe siècles)*, Paris, 1974.

HARIULF, *Chronicon Centulense*, dans LOT, F., éd., *Chronique de l'abbaye de Saint-Riquier*, Paris, 1894.

LAMBERT D'ARDRES, *Historia comitum Ghisnensium*, in HELLER, J., (ed.), *Monumenta Germaniae historica. scriptores*, t. 24, Hanovre, 1879, pp. 557-642.

NIEUS, J.-F., Un exemple précoce de répertoire féodal : le livre des fiefs de la châtellenie d'Encre (nord de la France, ca 1245), in *Bulletin de la Commission royal d'histoire*, t. 168, 2002, pp. 1-70.

NIEUS, J.-F., Le chartrier des comtes de Saint-Pol au XIIIe siècle. Approche d'un fonds disparu, in *Histoire et archéologie au Pas-de-Calais*, t. 21, 2003, pp. 11-36.

NIEUS, J.-F., éd., *Les chartes des comtes de Saint-Pol (XIe-XIIIe siècles)*, Nancy, 2007.

PREVENIER, W., ed., *Do oorkonden der graven van Vlaanderen (1191-aanvang 1206)*, t. 1 : *Diplomatische inleiding*, t. 2 : *Uitgave*, t. 3 : *Documentatie en indices*, Bruxelles, 1964-1971.

ROUX, J. et SOYER, R, éd., *Cartulaire du chapitre de la cathédrale d'Amiens*, 2 vols., Amiens, 1903-1912.

TAILLIAR, M., éd., *Recuil d'actes des XIIe et XIIIe siècles, en langue romane wallone du Nord de la France*, Douai, 1849.

TOCK, B.-M., éd., *Les Chartes des évêques d'Arras, 1093-1203*, Paris, 1991.

VERCAUTEREN, F., éd., *Actes des comtes de Flandre, 1071-1128*, Bruxelles, 1938.

VERHULST, A. et GYSSELING, M., éds., *Le Compte Général de 1187, connu sous le nom de 'Gros Brief' et les institutions financières du comté de Flandre au XIIe siècle*, Bruxelles, 1962.

2-2. その他

BALDWIN, J. W., éd., *Les Registres de Philippe Auguste*, Paris, 1992.

BEUGNOT, A. A., éd., *Les Olim,ou registres des arrêts rendus par la cour du roi*, 4vols, Paris, 1839-1848.

DELABORDE, H.-F., PETIT-DUTAILLIS, Ch., BOUSSARD, J. et NORTIER, M. éds., *Recueil des actes de Philippe Auguste*, 5 vols., Paris, 1916-2004.

DELISLE, L. et BERGER, E., éds., *Recueil des actes de Henri II, roi d'Angleterre et duc de Normandie concernant les provinces françaises et les affaires de France*, 4 vols, 1909-1927.

DUFOUR, J. éd., *Recueil des actes de Louis VI, roi de France (1108-1137)*, t. 1, Paris, 1192.

PROU, M., éd., *Recueil des actes de Philippe Ier, roi de France*, Paris, 1908.

TEULET, A., DELABORDE, H.-F. et BERGER, E., éds., *Layettes du Trésor des Chartes*, 5 vols., Paris, 1863-1909.

VILEVAULT, M. de et BREQUIGNY, M. de éds., *Ordonnances des roys de France de la troisième race, recueillies par ordre chronologique*, t. 11, Paris, 1769.

Bibliographie

Travaux
1. ピカルディー地域関係

ARNOULD, M.-A., Pairs et bannerets du comte de Hainaut, dans *Albums de Croÿ*, t. 5, Bruxelles, 1987, pp. 22-33.

BAQUET, G., *Le Ponthieu*, Abbeville, 1992.

BELLEVAL, R., *Les sceaux du Ponthieu*, Paris, 1984.

BERNARD, A., *La citadelle de Montreuil-sur-Mer*, Montreuil, 2006.

CAROLUS-BARRÉ, L., La date des chartes communales de Saint-Pol-sur-Ternoise, Lucheux et Pernes, et le départ de Hugues IV Candavène pour la IVe croisade (1202), dans *Bibliothèque de l'Ecole de Chartes*, t. 129, 1971, pp. 398-408.

CAROLUS-BARRÉ, L., *Études et documents sur l'Ile-de France et la Picardie au moyen âge*, 3 vols., Compiègne, 1994-1998.

DE BRANDT DE GALAMETS, R., Les variations des limites du Ponthieu et de l'Artois au XIIIe siècle, dans *Mémoires de la Société d'émulation d'Abbeville*, t. 17, 1889-1890, pp. 163-189.

DE HEMPTINNE, Th., Aspects des relations de Philippe Auguste avec la Frandre au temps de Philippe d'Alsace, dans BAUTIER, R.-H., éd., *La France de Philippe Auguste : Le Temps des mutations*, Paris, 1980.

DELMAIRE, B., Moines, clercs et laïques au Moyen Âge, dans DERVILLE, A., éd., *Histoire de Béthune et de Beubry*, Arras, 1985, pp. 79-94.

DELMAIRE, B., Le comté de Saint-Pol. Géographie administrative, dans DUVOSQUEL, J.-M., éd., *Albums de Croÿ*, t. 20, Bruxelles, 1989, pp. 15-27.

DELMAIRE, B., Esquisse de la géographie historique du comté de Saint-Pol au Moyen Âge, dans DUVOSQUEL, J.-M., éd., *Albums de Croÿ*, t. 21, Brexelles, 1990.

DE LHOMEL, G., *La Vicomté de Montreuil-sur-Mer*, Montreuil-sur-Mer, 1904.

DEMANGEON, A., *La Picardie et ses regions voisins. Artois, Cambrésis, Beauvaisis*, Paris, 1905.

DHONDT, J., *Les origines de la Flandre et de l'Artois*, Arras, 1944.

DROLET, S., Le cartulaire Livre blanc d'Abbeville : quelques remarques, dans *Memini. Travaux et documents*, t, 12, 2008, pp. 115-132.

DUBY, G., Structures de parenté et noblesse dans la France du Nord aux XIe et XIIe siècles, dans *Hommes et structures du Moyen Âge. Recueil d'articles*, Paris-La Haye, 1973.

DU CANGE, Ch., *Histoire des Comtes de Ponthieu et de Montreuil, Préfaces et notes de l'Abbé*

Le Sueur, *Mémoires de la Société d'émulation d'Abbeville*, t. XXIV, Abbeville, 1917.

DUMAS, F., Comparisons between the political, the economic and the monetary evolution of the North of France in the twelfth century, in MATHEW, N. J., ed., *Coinage in the Low Countries (880-1500). Third Oxford Symposium on coinage and monetary history, September 1978*, Oxford, 1979, pp. 35-48.

DUMÉNIL, A. et NIVET, Ph., dir., *Picardie, terre de frontière : actes du colloque (Amiens, 26 avril 1997)*, Amiens, 1998.

FEUCHÈRE,P., "Vicecomes" et "vicecomitatus" en Artois aux XIe et XIIe siècles, dans *Bulletin trimestriel de la Société des antiquaires de la Morinie*, t. 17, 1951, pp. 498-507.

FEUCHÈRE, P., Les origines du comté de Saint-Pol, dans *Revue du Nord*, t. 35, 1953, pp. 125-149.

FEUCHÈRE,P., Pairs de principauté et pairs de château. Essai sur l'institution des pairies en Flandre. Étude géographique et institutionnelle, dans *Revue belge de philologie et d'histoire*, t. 31, 1953, pp. 973-1002.

FEUCHÈRE, P., Recherches sur la pairie en Artois du XIe au XVe siècle, dans *Bulletin de la Société d'études de la province de Cambrai*, 1953, pp. 1-26.

FEUCHÈRE, P., Pairs de principauté et pairs château. Essai sur l'institution des pairs en Flandre. Étude géographique et institutionnelle, dans *Revue belge de philologie et d'histoire*, t. 31, 1953, pp. 972-1002.

FOSSIER, R., *La terre et les homme en Picardie jusqu'à la fin du XIIIe siècle*, 2 vols, Paris et Louvain, 1968.

FOSSIER, R., dir., *Histoire de la Picardie*, Toulouse, 1974.

FOSSIER, R., Chevalerie et noblesse en Ponthieu aux XIe et XIIe siècles, dans *Études de civilisation médiévale, IXe-XIIe siècle : melanges offerts à Edmond-René Labande*, Poitiers, 1974, pp. 293-306.

FOSSIER, R., La noblesse picarde au temps de Philippe le Bel, dans CONTAMINE, P., éd., *La noblesse au Moyen Âge, XIe-XVe siècle. Essais à la mémoire de Robert Boutruche*, Paris, 1976, pp. 105-127.

FOSSIER, R., Naissance de la seigneurie en Picardie, dans DE LA RONCIELE, Ch. M., éd., *Histoire et sociétés : mélanges offerts à Georges Duby, t. 2 : Le tenencier, le fidèle et le citoyen*, Aix-en-Provence, 1992, pp. 9-21.

FOSSIER, R., Naissance de l'aristocratie picarde, dans BUSCHINGER, D., éd., *Cours princières et châteaus. Pouvoir et culture du IXe au XIIIe s. En France du Nord, en Angleterre et en Allemagne, Actes du colloque de Soissons (28-30 septembre 1987)*, Greifswald, 1993, 137-142.

FOSSIER, R., Le roi et les villes de Picardie (XIIe-XIIIe siécle), dans LAURENT, C., MERDRIGNAC, B. et PICHOT, D., éds., *Mondes de l'Ouest et villes du monde. Regards sur les sociétés médiévales. Mélanges en l'honneur d'André Chédeville*, Rennes, 1998.

FOSSIER, R., Le domaine du roi en Picardie (Xe-XIIIe siécle), dans PAVIOT, J. et VERGER,

J., éd., *Guerre, pouvoir et noblesse au Moyen Âge, Mélanges en l'honneur de Philippe Contamine*, Paris, 2000, pp. 271-282.

GANSHOF, F.-L., *La Flandre sous les premiers comtes*, Bruxelles, 1949.

GANSHOF, F.-L., La Flandre, dans LOT, F. et FAWTIER, R., éds., *Histoire institutions françaises au Moyen Âge*, t. 1, Paris, 1957.

GARNIER, J., *Dictionnaire topographique du département de la Somme, Archives départementales de la Somme*, Paris/ Amiens, 1867.

GENICOT, L., *L'economie rurale namuroise au bas Moyen Âge, t. 2 : Les hommes, la noblesse*, Louvain, 1960.

GENICOT, L., Une thèse : compagnards et paysans de Picardie jusqu'au XIIIe siècle, dans *Annales. Économies, sociétés, civilisations*, 1970, pp. 1475-1492.

GENICOT, L., Aristocratie et Dignites Ecclesiastiques en Picardie aux XIIe et XIIIe siècles, dans *Revue d'Histoire ecclesiastiques*, t. 67, 1972, pp. 436-442.

GUYOTJEANNIN, O., *Episcopus et comes: affarmation et déclin de la seigneurie épiscopale au nord du royaume de France (Beauvais-Noyon, 10e-13e siècle)*, Geneva et Paris, 1987.

HEIRBAUT, D., Flanders : a pioneer of State-orientated feudalism ? Feudalisum as an instrument of comital power in Flanders during the high Middle Ages (1000-1300), in MUSSON, A., ed., *Expectations of law in the Middle Ages*, Woodbridge, 2001, pp. 23-34.

HÉNOCQUE, abbé, *Histoire de l'abbaye et de la ville de Saint-Riquier*, t. 1, Amiens, 1880.

KOCH, A. C. F., L'origine de la haute et de la moyenne justice dans l'Ouest et le Nord de la France, dans *Revue d'histoire du droit*, t. 21, 1953, pp. 420-458.

LEBECQ, S., BETHOUART, B. et VERSLYPE, L., éds., *Quentovic: environnement, archéologie, histoire: actes du colloque international de Montreuil-sur-Mer, Étaples et Le Touquet et de la journée d'études de Lille sur les origines de Montreuil-sur-Mer, 11-13 mai 2006 et 1er décembre 2006*, Villeneuve d'Ascq, 2010.

LEROY, J., *Quand Montreuil était sur mer – Quentovic*, Boulogne-sur-Mer, 1979.

LOUISE, G., *La Seigneurie de Bellême, Xe-XIIe siècles. Dévolution des pouvoires territoriaux et construction d'une seigneurie de frontière aux confins de la Normandie et du Maine à la charnière de l'an mil*, Rouen, 1993.

MACDONALD, R. Th., Les comtes de Ponthieu et la politique normande, 1053-1147, dans *Bulletin de la Société d'émulation historique et littéraire d'Abbeville*, t. 27, 1993, pp. 353-367.

MALO, H., *Un grand feudataire : Renaud de Dammartin et la coalition de Bouvines. Contribution à l'étude du règne de Philippe-Auguste*, Paris, 1898.

MORELLE, L., Les chetes dans la gestion des conflits (France du Nord, XIe-début XIIe siècle), dans *Bibliothéque de l'École des chartes*, t. 115, 1997, pp. 267-298.

MASSIET DU BIEST, J., *Études sur les fiefs et censives et sur la condition des tenures urbaines à Amiens (XIe-XVIIe siècle)*, Tours, 1954.

NAPRAN, L., The woman who was not there : application of prosopography to the study of marriage contracts, in KEATS-ROHAN, K. S. B., ed., *Resourcing sources*, Oxford,

2002, pp. 76-85.

NIEUS, J.-F., L'abbaye cistercienne de Claimarais et les comtes de Saint-Pol au XIIe siècle, dans *Revue Mabillon*, nouv. sér., t. 10, 1999, pp. 205-229.

NIEUS, J.-F., Pairie et "estage" dans le comté de Saint-Pol au XIIIe siècle. Autour d'un texte publié par Charles du Cange, dans *Revue du Nord*, t. 81, 1999, pp. 21-42.

NIEUS, J.-F., Aux marge de la principauté : les "comtés vassaux" de la Flandre, fin Xe-fin XIIe siècle, dans *Actes du sixième congrès de l'Association des certes francophones d'histoire et d'archéologie de Belgique, et LIIIe congrès de la Fédération des certes d'archéologie de Belgique*, t. 2, Mons, 2002, pp. 309-324.

NIEUS, J.-F., *Un pouvoir comtal entre Flandre et France : Saint-Pol, 1000-1300*, Bruxelles, 2005.

NIEUS, J.-F., Et hoc per meas litteras significo. Les débuts de la diplomatique féodale dans le Nord de la France (fin XIIe-milieu XIIIe siècle), dans *Le vassal, le fief et l'écrit : pratiques d'écriture et enjeux documentaires dans le champ de la féodalité (XIe-XVe siècles.) : actes de la journée d'étude organisée à Louvain-la-Neuve le 15 avril 2005*, Louvain-la-Neuve, 2007, pp. 71-95.

NIEUS, J.-F., Vicomtes et vicomtés dans le nord de la France (XIe-XIIe siècles): Un monde d'officiers au service du pouvoir princier, dans DEBAX, H. éd., *Vicomtes et vicomtés dans l'Occident médiéval*, Toulouse, 2008, pp. 291-304.

NOWÉ, H., *Les baillis comtaux de Flandre, des origines à la fin du XIVe siècle*, Bruxelles, 1929.

PLATELLE, H., Naissance et essor des principautés (fin IXe siècle-fin XIIe siècle), dans Trenard, L., dir., *Histoire des Pays-Bas français : Flandre, Artois, Hainaut, Boulonnais, Cambrésis*, Toulouse, 1972, pp. 73-94.

POPOFF, M., *Artois et Picardie : Beauvaisis, Boulonnais, Corbiois, Ponthieu, Vermandois*, Paris, 1981.

PRAROND, E., *Notice sur les rues d'Abbeville*, Abbeville, 1850.

PRAROND, E., *Notices historiques, topographiques et archéologiques sur l'arrondissement d'Abbeville*, Abbeville, 1854.

PRAROND, E., ed., *Cartulaire du Ponthieu*, tome 2, Abbeville, 1897.

RICHEBÉ, Cl., *Les monnaies féodales d'Artois du Xe au début du XIVe siècle*, Paris, 1963.

TANNER, H. J., *Families, friends and allies. Boulogne and politiques in Northern France and England, c. 879-1160*, Leyde-Boston, 2004.

THOMPSON, K. H., William Talvas, count of Ponthieu, and the politics of the Anglo-Norman realm, in BATES, D. and CURRY, A., eds., *England and Normandy in the Middle Ages*, Londres, 1994, pp. 169-184.

WAQUET, H., *La billiages de Vermandois*, Paris, 1919.

2. 政治・領邦・紛争史など

ALLEMAND-GAY, M.-T., *Le pouvoir des comtes de Bourgogne au XIIIe siècle*, Paris. 1988.

AUTRAND, F., *Naissance d'un grand corps de l'État : les gens du Parlement de Paris, 1345-*

1454, Paris, 1981.
AUTRAND, F., éd., *Prosopographie et genèse de l'Etat moderne. Actes de la table ronde organisée par le C.N.R.S. et l'Ecole Normale Supérieure de jeunes filles, Paris, 22-23 octobre 1984*, Paris, 1986.
AUTRAND, F., BARTHELEMY, D. et CONTAMINE, P., L'espace français: histoire politique du début du XIe à la fin du XVe siècle, in BALARD, M., éd., *L'Histoire médiévale en France. Bilan et perspectives*, Paris, 1991, pp. 101-125.
BALDWIN, J. W., *The Government of Philip Augustus*, California, 1986.
BARTHÉLEMY, D., *La société dans le comté de Vendôme, de l'an mil au XIVe siècle*, Paris, 1993.
BARTHÉLEMY, D., *Les deux ages de la seigneurie banale : pouvoir et société dans la terre des sires de Coucy（milieu XIe-milieu XIIIe siècle）*, Paris, 1984.
BARTHÉLEMY, D., *L'ordre seigneurial, XIe-XIIe siècle*, Paris, 1990.
BAUDUIN, P., *La première Normandie (Xe-Xie siècles) : sur les frontières de la haute Normandie : identité et construction d'une principauté*, Caen, 2004.
BAUTIER, R.-H., éd., *La France de Philippe Auguste: Le Temps des mutations*, Paris, 1980.
BLOCH, M., *La Société féodale*, 2 vols., Paris, 1949.（新村猛，森岡敬一郎，大高順雄，神沢栄三訳『封建社会』みすず書房，1973-1977年。）
BOURNAZEL, E., *Le gouvernement royal au XIIe siècles 1108-1180*, Paris, 1975.
BOUSSARD, J., *Le gouvernement d'Henri II Plantagenêt*, Abbeville, 1956.
BUR, M., *La formation du comté de Champagne : v. 950-v. 1150*, Nancy, 1977.
CARTELIERRI, A., *Philipp II August, König von Frankreich*, 4 vols., Leipzig, 1899-1921.
CHEYETTE, F. L., Suum cuique tribuere, in *French Historical Studies*, 6, 1970, pp. 287-299.（F. L. チェイエット，図師宣忠訳「各人にその取り分を―11-13世紀南フランスにおける法と紛争解決―」服部良久編訳『紛争のなかのヨーロッパ中世』京都大学学術出版会，2006年，4-22頁。）
CONTAMINE, Ph. et MATTÉONI, O., éds., *La France des principautés : Les Chambre des comptes XIVe et XVe siècles（Colloque tenu aux Archives départementales de l'Allier, à Moulins-Yzeure, les 6, 7 et 8 avril 1995）*, Paris, 1996.
Culture et idéologie dans la genèse de l'Etat moderne. Actes de la table ronde organisée par le C. N.R.S. et l'Ecole française de Rome, Rome, 15-17 octobre 1984, Rome, 1985.
DAUZAT, A. et ROSTAING, C., *Dictionnaire étymologique des noms de lieux en France*, Paris, 1963, réédition 1979.
DEBORD, A., *Aristocratie et pouvoir. Le rôle du château dans la France médiévale*, Paris, 2000.
DESPY, G., *Les tarifs de tonlieu*, Turnhout, 1976.
DHONDT, J., *Études sur la naissance des principautés territoriales en France（IXe-Xe siècle）*, Bruge, 1948.
DUBY, G., *Hommes et structures du Moyen Âge, Recueil d'articles*, Paris-La Haye, 1973.
DUBY, G., *La société aux XIe et XIIe siècles dans la région mâconnaise*, Paris, 1953.
ELLIOT, J. H., A Europe of Composite Monarchies, in *Past and Present*, 137, 1992, pp. 48-71.

(J. H. エリオット，内村俊太訳「複合君主制のヨーロッパ」古谷大輔・近藤和彦編『礫岩のようなヨーロッパ』山川出版社，2016年。)

EVERGATES, T., *Feudal society in the bailliage of Troyes under the counts of Champagne, 1152-1284*, Baltimore, 1975.

EVERGATES, T., *The aristocracy in the county of Champagne, 1100-1300*, Philadelphia, 2007.

GANSHOF, F.-L., *La flandre sous les premiers comtes*, Bruxelles, 1949.

GANSHOF, F.-L., *Qu'est-ce que la féodalité ?*, 5e éd, Paris, 1982.

GEARY, P. J., Vivre en confit dans une France sans état : Typologie des mechanismes de règlement des conflits, 1050-1200, dans *Annales Economies, Sociétés, Civilisations*, 41, 1986, pp. 1107-1133.（P. ギアリ「紛争に満ちたフランス中世社会」同，杉崎泰一郎訳『死者と生きる中世』白水社，1999年，130-161頁。)

GENET, J.-Ph., Genèse de l'État moderne en Europe, dans *Le Courrier du CNRS*, LVIII, 1984, pp. 32-39.

GENET, J.-Ph., L'État moderne : un modèle opératoire ?, dans *L'État moderne : genèse*, Paris, 1990, pp. 261-281.

GENET, J.-Ph., éd., *L'Etat moderne : Genèse. Bilans et perspectives. Actes du Colloque tenu au CNRS à Paris les 19-20 septembre 1989*, Paris, 1990.

GENET, J.-Ph., La genèse de l'Etat moderne : les enjeux d'un programme de recherche, dans *Actes de la recherche en sciences sociales*, 118, 1997, pp. 3-18.

GENET, J.-Ph. et LOTTES, G., éds., *L'Etat moderne et les élites, XIIIe-XVIIIe siècles. Apports et limites de la méthode prosopographique. Actes du colloque international CNRS-Paris I, 16-19 octobre 1991*, Paris, 1996.

GENET, J.-Ph. et VINCENT, B., éds., *Etat et Eglise dans la genèse de l'Etat moderne. Actes du colloque organisé par le C.N.R.S. et la Casa de Velázquez, Madrid, 30 novembre et 1er décembre 1984*, Madrid, 1986.

GENICOT, L., Le premier siècle de la "curia" de Hainaut（1060 env.-1195）, dans *Le Moyen Âge*, t. 53, 1947, pp. 39-60.

GENICOT, L., *Études sur les principautés lotharingiennes*, Louvain, 1975.

GENICOT, L., Monastères et principautés en Lotharingie du Xe au XIIIe siècle, dans *Études sur les principautés lotharingiennes*, Louvain, 1975, pp. 59-139.

GUENÉE, B., *Tribunaux et gens de justice dans le Bailliage de Senlis à la fin du moyen âge（vers 1380-vers 1550）*, Strasbourg, 1963.

GUENÉE, B., Espace et État dans la France du Bas Moyen Âge, dans *Annales : Économie, Société, Civilisation*, no 4, 1968, pp. 744-758.

GUENÉE, B., *Un meurtre, une société. L'assassinat du duc d'Orléans, 23 novembre 1407*, Paris, 1992.（佐藤彰一・畑奈保美訳『オルレアン大公暗殺―中世フランスの政治文化』岩波書店，2010年。）

GUILLOT, O., *Le comte d'Anjou et son entourage au XIe siècle*, 2 vols., Paris, 1972.

GUSTAFSON, H., The Coglomarate State : A Perspective in State Formation in Early Modern Europe, in *Scandinavian Journal of History*, 23, 1998, pp. 189-213.（H. グスタフソ

ン，古谷大輔訳「礫岩のような国家」古谷大輔・近藤和彦編『礫岩のようなヨーロッパ』山川出版社，2016年。)

HORIKOSHI, K., Les principautés en France aux XIVe et XVe siècles, ou la naissance du régionalisme, dans *Hakusan Shigaku*, 34, 1999, pp. 1-16.

KERHERVÉ, J., *L'État breton aux XIVe et XVe siècles : les ducs, l'argent et les hommes*, 2 vols., Paris, 1987.

KOENIGSBERGER, H. G., *Dominium Regale or Dominium Politicum et Regale : Monarchies and Parliaments in Early Modern Europe : Inaugural Lecture in the Chair of History at University of London King's Collage 25th February 1975*, London, 1975.（H. G. ケーニヒスバーガ，後藤はる美訳「複合国家・代表会議・アメリカ革命」古谷大輔・近藤和彦編『礫岩のようなヨーロッパ』山川出版社，2016年，26-54頁。)

LANGLOIS, Ch.-V., *Saint Louis. Philippe le Bel. Les derniers Capétiens directs*, Paris, 1911.

LEGUAI, A., *Les ducs de Bourbon pendant la crise monarchique du XVe siècle : contribution à l'étude des apanages*, Paris, 1962.

LEGUAI, A., Royauté et principauté en France aux XIVe et XVe siècles : l'évolution de leurs rapports au cours de la guerre de Cent Ans, dans *Le Moyen Âge*, 5 série, 102, 1995, pp. 121-135.

LEMARIGNIER, J.-F., *Le gouvernement royal aux premiers temps capétiens (987-1108)*, Paris, 1965.

Les princes et le pouvoir au Moyen Âge. XXIIIe Congrès de la Sociétés des historiens médiévales de l'enseignement supérieur, Brest, mai 1992, Paris, 1993.

LEYTE, G., *Domaine et domanialité publique dans la France médiévale (XIIe-Xve siècles)*, Strasbourg, 1996.

LOT, F. et FAWTIER, R., éds., *Histoire des institutions fraçaises au Moyen Age*, t. I. *Institutions seigneuriales*, Paris, 1957.

LOT, F. et FAWTIER, R., éds., *Histoire des institutions françaises au Moyen Age*, t. II. *Institutions royales (les droits du Roi exercés par le Roi)*, Paris, 1958.

LUCHAIRE, A., *Histoire des Institutions monarchiques de la France sous les premiers capétiens (987-1180)*, Paris, 1891.

LUCHAIRE, A., *Les premiers capétiens, 987-1137*, Paris, 1901.

MACÉ, L., *Les comtes de Toulouse et leur entourage : XIIe-XIIIe siècles : rivalités, alliances et jeux de pouvoir*, Toulouse, 2000.

MAZEL, F., *La noblesse et l'Eglise en Provence, fin Xe-début XIVe siècle : l'exemple des familles d'Agoult-Simiane, de Baux et de Marseille*, Paris, 2002.

MAZEL, F., *Féodalités : 888-1180*, Paris, 2010.

NEWMAN, W. M., *Le domaine royal sous les premiers Capétiens, 987-1180*, Paris, 1937.

OLIVIER-MARTIN, F., *Histoire du droit français : des origines à la Révolution*, Paris, 1947.（オリヴィエ=マルタン，塙浩訳『フランス法制史概説』創文社，1986年。)

PACAUT, M., *Louis VII et son royaume*, Paris, 1964.

PARISSE, M., *La noblesse lorraine : XIe-XIIIes.*, 2 vols., Lille, 1976.

PETIT-DUTAILLIS, Ch., *Étude sur la vie et le règne de Louis VIII (1187-1226)*, Paris, 1894.
POLY, J.-P. et BOURNAZEL, E., *La mutation féodale : Xe-XIIe siècles*, Paris, 1980.
POWER, D., *The Norman frontier in the twelfth and early thirteenth centuries*, Cambridge, 2004.
RICHARD, J., *Les ducs de Bourgogne et la formation du duché : du XIe au XIVe siècle*, Paris, 1954.
ROSENWEIN, B. H., *To be the Neighbor of Saint Peter. The Social Meaning of Cluny's Property, 909-1049*, 1989.
SASSIER, Y., *Recherches sur le pouvoir comtal en Auxerrois du Xe au début du XIIIe siècle*, Auxerre, 1980.
SCHNERB, B., *L'État Bourguignon : 1363-1477*, Paris, 1999.
SMOLAR-MAYNART, A., La genése de la charge de souverain bailli : sénéchal, bailli du comté, grand bailli (XIIe-XVe siècles), dans *Annales de la Société archéologique de Namur*, t. 61, 1981, pp. 15-24.
Théologie et droit dans la science politique de l'Etat moderne. Actes de la table ronde organisée par l'Ecole française de Rome avec le concours du CNRS, Rome, 12-14 novembre 1987, Rome, 1991.
THOMPSON, K., *Power and border lordship in medieval France : the county of the Perche, 1000-1226*, Woodbridge, 2002.
WHITE, S. D., "Pactum … legem vincit et amor judicium" The Settlement of Disputes by Compromise in Eleventh-Century Wentern France, in *The American Journal of Legal History*, 22, 1978, pp. 281-308. (S. D. ホワイト，轟木広太郎訳「合意は法に勝り，和解は判決に勝る―11世紀西フランスにおける和解による紛争解決―」服部良久編訳『紛争のなかのヨーロッパ中世』23-56頁。)
WHITE, S. D., Feuding and Peace-Making in the Tournaine around the Year 1100, in *Traditio*, 42, 1986, pp. 195-263.
WHITE, S. D., *Custom, Kinship, and Gifts to Saints. The Laudatio Parentum in Western France, 1050-1150*, Chapel Hill/London, 1988.

3. 文書局・文書形式学

ANHEIM, E. et CHASTANG, P., Les pratiques de l'écrit dans les sociétés médiévales (VIe-XIIIe siècle), dans *Médiévales*, 56, 2009, pp. 5-10.
BAUTIER, R.-H., Recherches sur la chancellerie royale au temps de Philippe IV, dans *Bibliothèque de l'Ecole des Chartes*, 122-123, 1964-5, pp. 89-176 and pp. 313-459.
BAUTIER, R.-H., Les actes de la chancellerie royale française sous les règnes de Louis VII (1137-1180) et Philippe Auguste (1180-1223), in BISTRICKY, J. (Hrsg.), *Typlogie der Königsurkunden. Kolloquium de Commission Internationale de Diplomatique in Olmütz, 30.8-3.9. 1992*, Olmütz, 1998, pp.101-113.
BERTRAND, P., A propos de la révolution de l'écrit (Xe-XIIIe siècle): considérations inactuelles, dans *Médiévales*, 56, 2009, pp. 75-92.
BISTRICKY, J. (Hrsg.), *Typologie der Königsurkunden. Kolloquium de Commisison*

Internationale de Diplomatique in Olmütz, 30.8-3.9. 1992, Olmütz, 1998.
BRITNELL, R., ed., *Pragmatic Literacy. East and West, 1200-1330*, Woodbridge, 1997.
CASTELNUOVO, G. et MATTEONI, O., éds., *Chancelleries et chanceliers des princes à la fin du Moyen âge: actes de la table ronde de Chambéry, 5 et 6 Octobre 2006*, Chambéry, 2011.
CLANCHY, M. T., *From Memory to Written Record, England 1066-1307*, Oxford/ Cambridge, Mass., 1979.
DE HEMPTINNE, T., PREVENIER, W. et VANDERMAESEN, M., La chancellerie des comtes de Flandre (12e - 14e siècle), in SILAGI, G. (Hrsg.), *Landesherrliche Kanzeleien im Spätmittelalter. Referate zum VI. Internationalen Kongress für Diplomatik, München 1983*, München, 1984, pp. 433-454.
EVERGATES, T., The Chancery Archives of the Counts of Champagne : Codicology and History of the Carturary-Registers, in *Viator*, 16, 1985, pp.159-179.
FIANU, K. et GUTH, D. J., éds., *Ecrit et pouvoir dans les chancelleries médiévales: espace français, espace anglais. Actes du colloque international de Montréal, 7-9 septembre 1995*, Louvain-la-Neuve, 1997.
GASSE-GRANDJEAN, M.-J. et TOCK, B.-M., éds., *Les actes comme expression du pouvoir au Haut Moyen Age. Actes de la Table Ronde de Nancy, 26-27 novembre 1999*, Turnhout, 2003.
HEIDECKER, K., ed., *Charters and the Use of the Written Word in Medieval Society*, Turnhout, 2000.
HERMAND, X., éd., *Decrire, inventorier, enregistrer entre Seine et Rhin au moyen age*, Paris, 2012.
HERDE, P. und JAKOBS, H. (Hrsg.), *Papsturkunden und europäisches Urkundenwesen. Studien zu ihrer formalen und rechtliche Kohärenz vom 11. bis 15. Jahrhundert. Commission internationale de diplomatique, Symposion Heidelberg, 28. September bis 1. Oktober 1996*, Köln/Weimar/Wien, 1999.
HIESTAND, R. (Hrsg.), *Hundert Jahre Papsturkundenforschung: Bilanz - Methoden - Perspektiven: Akten eines Kolloquiums zum hundertjährigen Bestehen der Regesta Pontificum Romanorum vom 9.-11. Oktober 1996 in Göttingen*, Göttingen, 2003.
LEONARD, E. G., Chanceliers, notaires comtaux et notaires publics dans les actes des comtes de Toulouse, dans *Bibliothèque de l'Ecole des Chartes*, 113, 1956, pp. 37-74.
NIEUS, J.-F., Formes et fonctions des documents de gestion féodaux du XIIe au XIVe siècle, dans HERMAND, X., éd., *Decrire, inventorier, enregistrer entre Seine et Rhin au moyen age*, Paris, 2012., pp. 123-163.
PREVENIER, W., La Chancellerie des comtes de Flandre, dans le cadre européen, à la fin du XIIe siècle, dans *Bibliothèque de l'Ecole des Chartes*, vol. 125, 1967, pp. 34-93.
SCHULTE, P., MOSTERT, M. and VAN RENSWOUD, I., eds., *Strategies of Writing : Studies on Text and Trust in the Middle Ages. Papers from "Trust in Writing in the Middle Ages" (Utrecht, 28-29 November 2002)*, Turnhout, 2008.

SILAGI, G. (Hrsg.), *Landesherrliche Kanzleien im Spätmittelalter. Referate zum VI. Internationalen Kongreß für Diplomatik, München 1983*, München, 1984.

TESSIER, G., *Diplomatique royale française*, Paris, 1962.

TOCK, B.-M., *Une chancellerie épiscopale au XIIe siècle: Le cas d'Arras*, Louvain-la-Neuve, 1991.

4. 都市・コミューン史

BOUET, P. et NEVEUX, F., éds., *Les villes normandes au Moyen Age : renaissance, essor, crise. Actes du colloque international de Cerisy-la-Salle (8-12 octobre 2003)*, Caen, 2006.

CAUCHIES, J.-M., Service du seigneur et sevice du comte : ost et chevauchée dans les chartes de franchises rurales du Hainaut (XIIe-XIIIe s.), dans *Cahiers du centre de recherches en histoire du droit et des institutions*, t. 18. 2002.

CHÉDEVILLE, A., Le mouvement communal en France aux XIe et XII siècles, ses éléments constitutifs et ses relations avec le pouvoir royal, dans FAVREAU, R., RECH, R. et RIOU, Y.-J., éds., *Bonnes villes de Poitou et des pays charentais (XIIe-XVIIr siècles)*, Poitiers, 2002, pp. 9-24.

Communes et libertés communales du Moyen Age à nos jours, actes du Colloque de Montivilliers mai 2002, Montivilliers, 2003.

COUDERT, J., éd., *La chartes de Beaumont et les franchises municipales entre Loire et Rhin. Actes du colloque organisé par l'institut de recherché régionale de l'Université de Nancy II (Nancy, 22-25 sept. 1982)*, Nancy, 1988.

DESPORTES, P., Les communes picardes au Moyen-Âge: une évolution originale, dans *Revue du Nord*, t. 70, n° 277, 1988, pp. 265-284.

DUBAR, L., Les communes de Corbie et d'Amiens (Amiens 1117-Corbie 1123), dans *Les Chartes et le mouvement communal: colloque régional, octobre 1980 organisé en commémoration du neuvième centenaire de la commune de Saint-Quentin*, Saint-Quentin, 1982, pp. 113-122.

DUBY, G., éd., *Histoire de la France urbaine*, Paris, 1981.

FAVREAU, R., Naissance des communes en Poitou, Aunis, Saintonge et Angoumois, dans FAVREAU, R., RECH, R. et RIOU, Y.-J., éds., *Bonnes villes de Poitou et des pays charentais (XIIe-XVIIr siècles)*, Poitiers, 2002, pp. 151-166.

FOSSIER, R., Franchises rurales, franchises urbaines dans le Nord de la France, dans BOURIN, M. éd., *Villes, bonnes villes, cités et capitales. Études d'histoire urbaine (XIIe - XVIIIe siècles) offertes à Bernard Chevalier*, Tours, 1989, pp. 179-192.

FOSSIER, R., Les "communes rurales" au Moyen Âge, dans *Journal des Savants*, 1992, pp. 235-276.

GIRY, A., *Étude sur la commune de Saint-Quentin*, Saint-Quentin, 1887.

La charte d'Abbeville et le mouvement communal dans le Ponthieu: VIIIème centenaire de la charte d'Abbeville, 1184-1984, Abbeville, 1984.

La charte de commune de Compiegne - 1153, Compiegne, 2009.

Les Chartes et le mouvement communal: colloque régional, octobre 1980 organisé en commémoration du neuvième centenaire de la commune de Saint-Quentin, Saint-Quentin, 1982.

LOUANDRE, Ch., *Histoire d'Abbeville et du Comté de Ponthieu*, 2 vols., Abbeville, 1883.

PETIT-DUTAILLIS, Ch., Les communes françaises au XIIe siècle: Chartes de commune et chartes de franchises, dans *Revue Historique du droit français et étranger*, 4e série, t. 22-23, 1944-45.（プティ゠デュタイイ，高橋清徳訳『西洋中世のコミューン』東洋書林，1998 年。）

PETIT-DUTAILLIS, Ch., *Les communes françaises*, Paris, 1950.

SAINT-DENIS, A., Instigateurs et acteurs des premieres communes francaises（fin XIe-premier tiers du XIIe siècle）, dans OLDENBOURG, R., éd., *Révolte et statut social de l'antiquité tardive aux temps modernes*, 2008, pp. 111-125.

SAINT-DENIS, A., Maires et jurés de Laon aux premiers temps de la commune（1128-1297）, dans *Musiques de l'Aisne*, 2009, pp. 153-177.

5. 辞典

DAUZAT, A. et ROSTAING, C., éds., *Dictionnaire étymologique des noms de lieux en France*, Paris, 1963, réédition 1979.

FAVIER, J., éd., *Dictionnaire de la France médiévale*, Paris, 1993.

Grand Larousse encyclopédique, Paris, 1960-1975.

邦語文献

上田耕造『ブルボン公とフランス国王―中世後期フランスにおける諸侯と王権―』晃洋書房，2014 年。

上山益己「中世盛期北フランスの領邦における歴史叙述―共属観念創出の試み」『西洋史学』第 210 号，2003 年，137-158 頁。

江川温「書評，Eric Bournazel, *Le gouvernement capétien au XIIe siècle, 1108-1180*, 1975」『史林』第 61 号，1978 年。

エリオット，J. H., 内村俊太訳「複合君主制のヨーロッパ」古谷大輔・近藤和彦編『礫岩のようなヨーロッパ』山川出版社，2016 年。

大宅明美『中世盛期西フランスにおける都市と王権』九州大学出版会，2010 年。

大浜聖香子「中世盛期北フランスにおける中規模領邦の展開（12 世紀後期 – 13 世紀初期）―ポンテュー伯の側近たちをめぐって―」『西洋史学論集』第 46 号，2008 年，39-57 頁。

大浜聖香子「12 – 13 世紀における北フランス中規模領邦とコミューン―ポンティウ伯領を素材に―」『西洋史学』第 255 号，2014 年，206-224 頁。

大浜聖香子「12 – 13 世紀におけるポンティウ伯の文書と文書局」『西洋史学論集』第 53 号，2016 年，1-22 頁。

大浜聖香子「12 – 13 世紀における北フランス中規模領邦の諸権利―ポンティウ伯領を素材に―」『七隈史学』第 19 号，2017 年，111-125 頁。

岡崎敦「パリ司教座教会の文書局（9-12世紀）」『史淵』第 123 号，1986 年，39-76 頁．
岡村明美「中世フランスにおけるフランシーズ文書の系譜と改変」『史學研究』第 194 号，1991 年，71-81 頁．
オリヴィエ＝マルタン，塙浩訳『フランス法制史概説』創文社，1986 年．
加藤玄「「都市」と「農村」のはざまで―中世南フランス都市史研究の一動向―」『年報都市史研究』14 号，2006 年，132-146 頁．
金尾健美「ヴァロワ家ブルゴーニュ公フィリップ・ル・ボンの財政」『川村学園女子大学研究紀要』第 17-22 号，2006-2011 年．
ギアリ，P., 杉崎泰一郎訳『死者と生きる中世』白水社，1999 年．
ギアリ，P.,「紛争に満ちたフランス中世社会」同，杉崎泰一郎訳『死者と生きる中世』白水社，1999 年，130-161 頁．
グスタフソン，H., 古谷大輔訳「礫岩のような国家」古谷大輔・近藤和彦編『礫岩のようなヨーロッパ』山川出版社，2016 年．
グネ，B., 佐藤彰一・畑奈保美訳『オルレアン大公暗殺―中世フランスの政治文化』岩波書店，2010 年．
ケーニヒスバーガ，H. G., 後藤はる美訳「複合国家・代表会議・アメリカ革命」古谷大輔・近藤和彦編『礫岩のようなヨーロッパ』山川出版社，2016 年，26-54 頁．
小山啓子『フランス・ルネサンス王政と都市社会―リヨンを中心として―』九州大学出版会，2006 年．
斎藤絅子「12・13 世紀における都市・農村関係―1960 年以降のベルギー中世史学界の動向―」『駿台史学』第 67 号，1986 年，119-137 頁．
斎藤絅子『西欧中世慣習法文書の研究―「自由と自治」をめぐる都市と農村―』九州大学出版会，1992 年．
佐藤猛「十四・十五世紀フランスの諸侯領における上訴法廷（cour d'appel）の創設」『西洋史論集』北海道大学，第 4 号，2001 年．
佐藤猛「14・15 世紀フランスにおける国王代行官と諸侯権―1380 年ベリー公ジャンの親任を中心に」『西洋史学』第 217 号，2005 年，1-21 頁．
佐藤猛「百年戦争期フランスにおける諸侯権と王権：親王領の変質を焦点に」『史學雑誌』第 115 巻，第 9 号，2006 年．
佐藤猛『百年戦争期フランス国制史研究―王権・諸侯国・高等法院―』北海道大学出版会，2012 年．
下野義朗「フランス封建王政をめぐる基本的諸問題-1-」『北大史学』第 12 号，1968 年，64-85 頁．
下野義朗「フランス封建王政をめぐる基本的諸問題-2 の 1-」『愛知県立大学外国語学部紀要』第 4 号，1969 年，21-61 頁．
下野義朗「フランス封建王政をめぐる基本的諸問題-2 の 2-」『愛知県立大学外国語学部紀要』第 6 号，1971 年，1-32 頁．
下野義朗『西洋中世社会成立期の研究』創文社，1992 年．
鈴木道也「中世盛期フランス王国の慣習法文書―北東フランスを中心として―」『西洋史研究』第 22 号，1993 年，83-110 頁．

高山博「フィリップ4世（1285-1314）治世下のフランスの統治構造—バイイとセネシャル—」『史學雑誌』第101編，第11号，1992年，1-38頁。
高山博「フランス中世における地域と国家—国家的枠組みの変遷—」辛島昇・高山博編『地域の世界史2 地域のイメージ』山川出版社，1997年，293-325頁。
高山博／池上俊一編『西洋中世学入門』東京大学出版会，2005年。
田北廣道「1960年以降西ドイツ学界における中世盛期・後期の都市・農村関係に関する研究（上）」『福岡大學商學論叢』第31巻1号，1986年，113-166頁。
田北廣道「1960年以降西ドイツ学界における中世盛期・後期の都市・農村関係に関する研究（中）」『福岡大學商學論叢』第32巻1号，1987年，59-93頁。
田北廣道「1960年以降西ドイツ学界における中世盛期・後期の都市・農村関係に関する研究（下）」『福岡大學商學論叢』第32巻3号，1987年，129-160頁。
チェイエット，F. L.，図師宣忠訳「各人にその取り分を—11-13世紀南フランスにおける法と紛争解決—」服部良久編訳『紛争のなかのヨーロッパ中世』京都大学学術出版会，2006年，4-22頁。
中堀博司「中世後期ブルゴーニュ伯直営製塩所グランド=ソヌリの管理体制：ブルゴーニュ公国形成との関連において」『史學雑誌』第110巻，第8号，2001年，1527-1555頁。
中堀博司「中世後期ブルゴーニュ公国南部における諸侯直轄領の管理—サランの封=ラントをめぐって」『法制史研究』第53号，2003年，1-46頁。
畑奈保美「1477年マリー・ド・ブルゴーニュの「大特権」—低地の自立主義と「ブルゴーニュ国家」をめぐって」『歴史』東北史学会，第94号，2000年，1-31頁。
服部良久『ドイツ中世の領邦と貴族』創文社，1998年。
服部良久「中世ヨーロッパにおける紛争と紛争解決—儀礼・コミュニケーション・国制—」『史學雑誌』第113巻，第3号，2004年，60-82頁。
服部良久「中世ヨーロッパにおける紛争と秩序—紛争解決と国家・社会—」『史林』第88巻，第1号，2005年，56-89頁。
服部良久編『コミュニケーションからみたヨーロッパ中近世史—紛争と平和のタピスリー』ミネルヴァ書房，2015年。
服部良久編訳『紛争のなかのヨーロッパ中世』京都大学学術出版会，2006年。
花田洋一郎『フランス中世都市制度と都市住民—シャンパーニュの都市プロヴァンを中心にして—』九州大学出版会，2002年。
花田洋一郎「国際研究プロジェクト「近代国家の生成」関連文献目録」『西南学院大学経済学論集』第44巻，第2，3号，2010年，269-285頁。
広瀬隆司「中世的支配権の形成—フランス・ピカルディ地方の場合—」『学園論集』第24号，1974年，73-91頁。
藤井美男「近代国家形成過程における都市エリートの学説史的検討—対象と方法をめぐって—」『経済史研究（九州大学）』第66巻，第5・6号，2000年，43-65頁。
藤井美男『ブルゴーニュ国家とブリュッセル：財政をめぐる形成期近代国家と中世都市』ミネルヴァ書房，2007年。
藤井美男編，ブルゴーニュ公国史研究会著『ブルゴーニュ国家の形成と変容—権力・制

度・文化―』九州大学出版会，2016 年。

古谷大輔・近藤和彦編『礫岩のようなヨーロッパ』山川出版社，2016 年。

ブロック，M.，新村猛・森岡敬一郎・大高順雄・神沢栄三訳『封建社会』みすず書房，1973-1977 年。

ホワイト，S. D.，轟木広太郎訳「合意は法に勝ｒ，和解は判決に勝るー11 世紀西フランスにおける和解による紛争解決―」服部良久編訳『紛争のなかのヨーロッパ中世』23-56 頁。

水野綱子「中世北フランスのコミューヌとカペー王権―中世都市の「封建」的性格にかんする一試論」『西洋史学』第 89 号，1973 年，50-67 頁。

水野綱子「ルーアン・コミューヌ法―王権による中世都市支配の一例―」『社會經濟史學』第 40 巻 2 号，1974 年，107-128 頁。

森洋「初期カペー王朝の Domain Royal」『史淵』，第 76・77 号，1958 年。

森本芳樹「フランス中世経済史に関する新研究，フォシエ，R.『13 世紀末期に至るピカルディーの土地と人間（1968）』をめぐって」『経済学研究』第 36 巻，1970 年，79-89 頁。

森本芳樹『西欧中世経済形成過程の諸問題』木鐸社，1978 年。

山田雅彦「シャンパーニュの初期年市をめぐる諸問題」『西洋史学』第 136 号，1984 年，250-269 頁。

山田雅彦「北フランス中世盛期の都市＝農村関係に関する研究―一九六〇年以降のフランス学界―」『史學雜誌』第 95 巻 1 号，1986 年，62-88 頁。

山田雅彦「コミューン成立期アミアンにおける司教権力と都市共同体の協同―空間的聖性の演出と受容をめぐる予備的考察―」服部良久編『平成 21-22 年度科学研究費補助金基盤研究（A）成果報告書』京都大学，2011 年，158-164 頁。

山田雅彦「中世後期アミアンにおける契約登記簿の誕生―都市自治体による非訟裁治権〈juridiction gracieuse〉の行使を軸として―」『史窓』第 68 号，2011 年，421-444 頁。

渡辺節夫『フランス中世政治権力構造の研究』東京大学出版会，1992 年。

渡辺節夫「ヨーロッパ中世国家史研究の現状」『歴史評論』第 559 号，1996 年，62-72 頁。

付録　ポンティウ伯文書一覧

番号	年　　代	発　給　者	受　益　者	内容類型	カンケラリウス
1	1026 年-1027 年 4 月 5 日	Enguerrand Ier	Abbaye Saint-Riquier	確認	
2	1020 年-1045 年 3 月 25 日	Enguerrand Ier	Abbaye Saint-Riquier	寄進	
3	1043 年-1052 年 11 月 20 日	Enguerrand II	Abbaye Saint-Riquier	確認	
4	1067 年 9 月 24 日- 12 月 31 日	Guy Ier	Abbaye Saint-Riquier	返還	
5	1053 年 10 月 25 日- 1075 年 3 月 3 日	Guy Ier	Abbaye Saint-Riquier	交換	
6	1053 年 10 月 25 日- 1090 年 3 月 12 日	Guy Ier	Prieuré Saint-Martin-des-Champs	寄進	
7	1098 年 5 月 22 日 以前	Guy Ier	Lambert, évêque d'Arras	書簡	
8	1100 年 10 月 6 日	Guy Ier	Prieuré Saint-Pierre d'Abbeville	寄進	
9	1100 年 3 月 25 日- 10 月 13 日	Guy Ier	Prieuré Saint-Pierre d'Abbeville	寄進	
10	1100 年 3 月 25 日- 10 月 13 日	Guy Ier	Abbaye Saint-Josse-sur-Mer	確認	
11	1100 年 3 月 25 日- 10 月 13 日	Guy Ier	Abbaye Saint-Sauve de Montreuil	権利の放棄	
12	1100 年 10 月 14 日 以前	Guy Ier	Abbaye Saint-Corneille de Compiègne	権利の放棄	
13	1100 年 10 月 14 日 以前	Guy Ier	Abbaye Saint-Riquier	謝罪	
14	1053 年 10 月 25 日- 1100 年 10 月 13 日	Guy Ier	Abbaye Saint-Martin de Marmoutier	確認	
15	1101 年 11 月 5 日	Robert de Bellême et Agnès	Abbaye Saint-Martin de Troarn	確認	
16	1106 年 3 月 4 日	Guillaume Ier	Abbaye Saint-Martin de Sées	確認	
17	1110 年 3 月 25 日- 1111 年 3 月 24 日	Guillaume Ier	Prieuré Saint-Pierre d'Abbeville	寄進	
18	1112 年 11 月- 1113 年 4 月	Guillaume Ier	Abbaye Saint-Martin de Marmoutier	確認	
19	1127 年	Guillaume Ier	Abbaye Saint-Saveur-le-Vicomte	寄進	
20	1129 年 6 月 3 日	Guillaume Ier	Abbaye Saint-Martin de Troarn	通告	
21	1103 年- 1129 年 10 月 17 日	Guillaume Ier	Prieuré Saint-Pierre d'Abbeville	契約	
22	1103 年- 1129 年 10 月 17 日	Guillaume Ier	Chapitre Notre-Dame d'Eu	確認	

196

番号	年　　代	発　給　者	受　益　者	内容類型	カンケラリウス
22bis	1119 年 6 月 - 1129 年 10 月 17 日	Guillaume Ier	Abbaye Notre-Dame de Montebourg	確認	
23	1131 年 3 月 25 日 - 1132 年 3 月 24 日	Guy II	Chapitre Saint-Vulfran d'Abbeville	寄進	
24	1134 年 3 月 25 日 - 1135 年 3 月 24 日	Guy II	Abbaye Saint-Josse-sur-Mer	証明	
24bis	1135 年	Guillaume Ier	Abbaye Saint-André en Gouffern	確認	
25	1136 年 3 月 25 日 - 1137 年 3 月 24 日	Guy II	Prieuré Saint-Pierre d'Abbeville	寄進	
26	1139 年 12 月 18 日	Guy II	Abbaye de Notre-Dame de Balances	寄進	
27	1143 年 9 月 18 日	Guillaume Ier	Abbaye Saint-André en Gouffern	寄進	
28	1143 年 12 月 8 日	Guy II	Abbaye de Notre-Dame de Balances	寄進	
29	1124 年 -1143 年	Guillaume Ier	Jean, évêque de Sées	書簡	
30	1144 年 3 月 25 日 - 1145 年 3 月 24 日	Guy II	Abbaye Saint-Jean d'Amiens	確認	
30bis	1119 年 6 月 - 1147 年 6 月 8 日	Guillaume Ier	Abbaye Saint-Vigor de Cerisy	確認	
31	1145 年 5 月	Guillaume Ier	Abbaye Saint-Martin de Sées	確認	
32	1145 年	Guillaume Ier	Abbaye Notre-Dame de Persigne	寄進	
33	1147 年 6 月 8 日以前	Guy II	Thierri, évêque d'Amiens	返還	
34	1139 年 12 月 18 日 - 1147 年 6 月 8 日	Guy II	Abbaye de Notre-Dame de Balances	寄進	
35	1126 年 - 1147 年 6 月 8 日	Guy II	Chapitre Notre-Dame d'Eu	確認	
36	1126 年 - 1147 年 6 月 8 日	Guy II	Abbaye Saint-Silvin d'Auchy	寄進	
37	1126 年 - 1147 年 6 月 8 日	Guy II	Abbaye Notre-Dame de Séry	確認	
38	1126 年 - 1147 年 6 月 8 日	Guy II	Guillaume d'Aumale	贈与	
39	1126 年 - 1147 年 6 月 8 日	Guy II	Abbaye Saint-Josse-sur-Mer	権利の放棄	
40	1126 年 - 1147 年 6 月 8 日	Guy II	Abbaye Saint-Josse-au-Bois	確認	
41	1119 年 6 月 - 1147 年 11 月	Guillaume Ier	Abbaye Saint-Martin de Troarn	確認	
42	1119 年 6 月 - 1147 年 11 月	Guillaume Ier	Abbaye Saint-Martin de Troarn	確認	

付録　ポンティウ伯文書一覧

番号	年代	発給者	受益者	内容類型	カンケラリウス
43	1119年6月-1147年11月	Guillaume Ier	Abbaye Saint-Martin de Troarn	寄進	
44	1119年6月-1147年11月	Guillaume Ier	Abbaye Saint-Martin de Troarn	確認	
45	1149年	Guillaume Ier	Abbaye Saint-Martin de Sées	確認	
46	1151年	Guillaume Ier	Abbaye Saint-Martin de Sées	寄進	
47	1148年-1153年3月24日	Guillaume Ier	Prieuré Saint-Pierre d'Abbeville	書簡	
48	1152年3月25日-1153年3月24日	Jean	Prieuré Saint-Pierre d'Abbeville	紛争調停	
49	1154年10月3日	Jean	Chevaliers du Temple	寄進	
50	1154年	Guillaume Ier	Abbaye Saint-Martin de Sées	確認	
51	1154年3月25日-1155年3月24日	Jean	Hôpital Saint-Nicolas d'Abbeville	確認	
52	1154年3月25日-1155年3月24日	Jean	Abbaye Notre-Dame de Cercamp	承認	
53	1155年3月26日	Jean	Hôpital Saint-Nicolas d'Abbeville	寄進	Herbertus
54	1155年3月26日	Guillaume Ier	Église de Saint-Pierre de Gast	寄進	
55	1156年1月19日	Jean	Abbaye Notre-Dame de Gard	寄進	
56	1155年3月25日-1156年3月26日	Jean	Église de Saint-Jean d'Amiens	確認	
57	1119年6月-1157年3月29日	Guillaume Ier	Sergents et forestiers d'Almenêches	マンドマン	
58	1157年3月25日-1157年8月31日	Jean	Prieuré Saint-Pierre d'Abbeville	寄進	
59	1158年3月25日-1159年3月24日	Jean	Hôpital Saint-Nicolas d'Abbeville	寄進	
60	1156年-1159年	Jean	Léproserie de Val de Buigny	寄進	Johannes
61	1159年3月25日-1160年3月26日	Jean	Abbaye de Saint-Josse-au-Bois	確認	
62	1159年9月24日-1160年3月24日	Jean	Abbaye de Saint-Josse-au-Bois	賠償	
63	1160年3月25日-1161年3月24日	Jean	Église de Saint-Jean d'Amiens	寄進	
64	1160年3月25日-1161年3月24日	Jean	Abbaye Saint-Pierre de Selincourt	契約	Johannes
65	1161年3月25日-1162年3月24日	Jean	Temple de Jérsalem	寄進	

番号	年代	発給者	受益者	内容類型	カンケラリウス
66	1162年3月25日-1163年3月24日	Jean	Abbaye Notre-Dame de Balances	合意	
67	1162年3月25日-1163年3月24日	Jean	Abbaye Notre-Dame de Séry	確認	
68	1163年3月25日-1164年3月24日	Jean	Abbaye Notre-Dame de Balances	確認	
69	1148年-1164年10月	Jean	Prieuré Saint-Sauveur de Doullens	寄進	Johannes
70	1166年3月25日-1167年3月24日	Jean	Abbaye Notre-Dame de Balances	告示	
71	1165年-1169年4月	Jean	Prieuré Saint-Pierre d'Abbeville	確認	
72	1170年12月4日	Jean	Abbaye Notre-Dame de Balances	寄進	
73	1119年6月-1171年6月30日	Guillaume Ier	Abbaye de la Sainte-Trinité de Lessay	確認	
74	1119年6月-1171年6月30日	Guillaume Ier	Abbaye de Saint-Évroul	確認	
74bis	1119年6月-1171年6月30日	Guillaume Ier		不明	
75	1143年9月18日-1171年6月30日	Guillaume Ier	Abbaye Saint-André en Gouffern	寄進	
76	1143年9月18日-1171年6月30日	Guillaume Ier	Abbaye Saint-André en Gouffern	寄進	
77	1143年9月18日-1171年6月30日	Guillaume Ier	Abbaye Saint-André en Gouffern	確認	
78	1143年9月18日-1171年6月30日	Guillaume Ier	Abbaye Saint-André en Gouffern	寄進	
79	1145年-1171年6月30日	Guillaume Ier	Abbaye Notre-Dame de Persigne	確認	
80	1145年-1171年6月30日	Guillaume Ier	Abbaye Notre-Dame de Persigne	要求の却下, 確認	
81	1145年-1171年6月30日	Guillaume Ier	Abbaye Notre-Dame de Persigne	確認	
82	1151年-1171年6月30日	Guillaume Ier	Abbaye Saint-Martin de Sées	告示	
83	1154年-1171年6月30日	Guillaume Ier	Robert Sanson et Robert de Garennes	贈与	
84	1163年-1171年6月30日	Guillaume Ier	Abbaye Saint-André en Gouffern	寄進	
85	1171年3月25日-1172年3月24日	Jean	Église de Saint-Josse-au-Bois	確認	
86	1173年	Jean	Chapitre Saint-Vulfran d'Abbeville	寄進	
87	1173年3月25日-1174年3月24日	Jean	Abbaye Notre-Dame de Cercamp	確認	

付録　ポンティウ伯文書一覧

番号	年代	発給者	受益者	内容類型	カンケラリウス
88	1173年3月25日－1174年3月24日	Jean	Abbaye Notre-Dame de Gard	確認	
89	1173年3月25日－1174年3月24日	Jean	Église de Saint-Jean d'Amiens	確認	
90	1175年3月25日－1176年3月24日	Jean	Abbaye Notre-Dame de Balances	確認	
91	1176年3月25日－1177年3月24日	Jean	Abbaye Notre-Dame de Balances	寄進	
92	1176年3月25日－1177年3月24日	Jean	Chapitre Saint-Vulfran d'Abbeville	宣誓	
93	1177年3月25日－1178年3月24日	Jean	Abbaye Saint-Riquier	合意	Johannes
94	1177年3月25日－1178年3月24日	Jean	Abbaye Notre-Dame de Balances	確認	
95	1177年3月25日－1178年3月24日	Jean	Léproserie de Val de Buigny	寄進	Robertus
96	1177年3月25日－1178年3月24日	Jean	Abbaye Notre-Dame de Balances	確認	
97	1177年3月25日－1178年3月24日	Jean	Abbaye Notre-Dame de Séry	紛争調停	
98	1173年－1179年	Jean	Abbaye Notre-Dame de Gard	寄進	
99	1179年3月25日－1180年3月24日	Jean	Prieuré Saint-Léger de Lucheux	確認	
100	1179年3月25日－1180年3月24日	Jean	Robert Le Pullois	贈与	Johannes
101	1180年3月25日－1181年3月24日	Jean	Abbaye Notre-Dame de Balances	確認	
102	1180年3月25日－1181年3月24日	Jean	Abbaye Notre-Dame de Balances	寄進	
103	1183年12月17日	Jean	Abbaye Notre-Dame de Balances	寄進	
104	1159年9月24日－1184年3月24日	Jean	Abbaye de Saint-Josse-au-Bois	寄進	
105	1183年3月25日－1184年3月24日	Jean	Abbaye Notre-Dame de Balances	寄進	Johannes
106	1183年3月25日－1184年3月24日	Jean	Abbaye de Saint-Josse-au-Bois	賠償	Johannes
107	1183年3月25日－1184年3月24日	Jean	Abbaye de Saint-Josse-au-Bois	要求	
108	1180年－1184年6月8日	Jean	Léproserie de Val de Buigny	寄進	
109	1184年6月9日	Jean	Abbeville	コミューン文書授与	Ingerranus
110	1160年－1185年3月28日	Jean	Abbaye Notre-Dame de Séry	確認	

番号	年代	発給者	受益者	内容類型	カンケラリウス
111	1183年3月25日-1185年4月	Jean	Abbaye de Saint-Josse-au-Bois	確認	
112	1185年	Jean	Abbaye de Saint-Josse-au-Bois	寄進	
113	1185年	Jean	Abbaye de Saint-Josse-au-Bois	要求	
114	1186年2月11日	Jean	Léproserie de Val de Buigny	寄進	Ingerranus
115	1186年3月25日-1187年3月24日	Jean	Godin, son frère Simon et héritiers	贈与	Ingerranus
116	1187年11月	Jean	Bourgeois d'Abbeville	合意	Ingerranus
117	1173年-1187年	Jean	Léproserie de Val de Buigny	告示	
118	1187年3月25日-1188年3月24日	Jean	Hugue Le Baron	契約	
119	1188年3月25日-1189年3月24日	Jean	Abbaye Notre-Dame de Bertaucourt	寄進	Ingerranus
120	1148年-1190年6月	Jean	Abbaye d'Auchy-les-Moines	告示	
121	1148年-1190年6月	Jean	Abbaye Notre-Dame de Séry	確認	
122	1168年2月4日-1190年6月	Jean	Philippe, comte de Flandre	要求	
123	1170年-1190年6月	Jean	Abbaye Notre-Dame d'Ourscamps	告示	
123bis	1180年9月18日-1190年6月	Jean	Les Templiers	要求	
124	1190年3月25日-6月	Jean	Hôpital Saint-Nicolas d'Abbeville	寄進	
125	1190年3月25日-6月	Jean	Hugue Cholette	告示	Ingerranus
126	1191年3月25日-1192年3月24日	Jean	Léproserie de Val de Buigny	寄進	Ingerranus
127	1192年10月5日	Guillaume II	Hiermont	コミューン文書授与	Ingerranus
128	1192年3月25日-1193年3月24日	Guillaume II	Prieuré Saint-Pierre d'Abbeville	確認	
129	1192年3月25日-1193年3月24日	Guillaume II	Abbaye Notre-Dame d'Épagne	確認	
130	1193年3月29日	Guillaume II	Abbaye Notre-Dame de Balances	紛争調停	
131	1194年6月2日	Guillaume II	Crécy	コミューン文書授与	Ingerranus
132	1194年9月18日	Guillaume II	Silvertre（伯の聖職者）	贈与	Ingerranus
133	1195年2月22日	Guillaume II	Prieuré Saint-Pierre d'Abbeville	確認	Ingerranus

付録　ポンティウ伯文書一覧

番号	年　　代	発　給　者	受　益　者	内容類型	カンケラリウス
134	1195 年 3 月 8 日	Guillaume II	Noyelles-sur-Mer	コミューン文書授与	Ingerranus
135	1194 年 3 月 25 日-1195 年 3 月 24 日	Guillaume II	Abbaye Notre-Dame d'Épagne	寄進	
136	1195 年 4 月 23 日	Guillaume II	Abbaye Notre-Dame de Balances	確認	
137	1195 年 4 月	Guillaume II	Prieuré Saint-Pierre d'Abbeville	合意	
137bis	1195 年 5 月 14 日	Guillaume II	Abbaye Saint-Sauveur d'Anchin	確認, 寄進	Ingerranus
138	1195 年 8 月	Guillaume II	Hôpital Saint-Jean de Jérsalem	返還	
139	1195 年 9 月	Guillaume II	Petrus de Pontisaco	贈与	
140	1195 年 10 月 15 日	Guillaume II	Abbaye Saint-Josse-sur-Mer	告示	
141	1196 年 6 月	Guillaume II	Alix et Philippe Auguste	承認	
142	1197 年	Guillaume II	Hôpital de Saint-Jean de Jerisalem	保護	
143	1197 年 4 月 6 日-1197 年 10 月 31 日	Guillaume II	Abbaye Notre-Dame de Cercamp	確認	
144	1198 年 5 月 8 日	Guillaume II	Abbaye Notre-Dame de Balances	承認	Ingerranus
145	1199 年 1 月 31 日	Guillaume II	Abbeville	規定	Ingerranus
146	1198 年 3 月 25 日-1199 年 3 月 24 日	Guillaume II	Abbaye Notre-Dame de Balances	確認	Ingerranus
147	1199 年 4 月 17 日	Guillaume II	Abbaye Notre-Dame de Balances	寄進	Ingerranus
148	1199 年 4 月 29 日	Guillaume II	Waben	コミューン文書授与	
149	1199 年 5 月	Guillaume II	Chapitre Saint-Vulfran d'Abbeville	確認	Ingerranus
150	1199 年 9 月 4 日	Guillaume II	Marquenterre	コミューン文書授与	Ingerranus
151	1199 年 3 月 25 日-1200 年 3 月 24 日	Guillaume II	Abbaye Notre-Dame de Willencourt	寄進	
152	1201 年 11 月 7 日	Guillaume II	Pontoile	コミューン文書授与	Ingerranus
153	1201 年 3 月 25 日-1202 年 3 月 24 日	Guillaume II	Abbaye Notre-Dame de Balances	紛争調停	
154	1202 年 5 月	Guillaume II	Prieuré Saint-Sauveur de Doullens	確認	
155	1202 年 7 月 7 日	Guillaume II	Doullens	コミューン文書授与	Ingerranus
156	1203 年 3 月 4 日	Guillaume II	Léproserie de Val de Buigny	確認	Ingerranus

番号	年代	発給者	受益者	内容類型	カンケラリウス
157	1203年3月4日	Guillaume II	Léproserie de Val de Buigny	寄進	Ingerranus
158	1202年3月25日-1203年3月24日	Guillaume II	Abbaye Notre-Dame de Willencourt	確認	
159	1202年7月7日-1203年3月24日	Guillaume II	Doullens	契約	
160	1203年3月25日-1204年3月24日	Guillaume II	Abbaye Notre-Dame de Balances	紛争調停	
161	1203年3月25日-1204年3月24日	Guillaume II	Abbaye Saint-André-au-Bois	確認	Ingerranus
162	1203年3月25日-1204年3月26日	Guillaume II	Abbaye Notre-Dame de Balances	確認	Ingerranus
163	1203年4月7日-1204年4月25日	Guillaume II	Abbaye Saint-Josse-sur-Mer	合意	
164	1204年12月	Guillaume II	Abbaye Saint-Josse-sur-Mer	合意	
165	1204年3月25日-1205年3月24日	Guillaume II	Abbaye de Saint-Josse-au-Bois	確認	
166	1205年4月	Guillaume II	Temple de Jérsalem	確認	Ingerranus
167	1205年7月	Guillaume II	Temple de Jérsalem	紛争調停	
168	1205年9月	Guillaume II	Prieuré Saint-Marie-Madeleine de Verjolay	確認	
169	1205年9月	Guillaume II	Chapitre Notre-Dame de Longpré	保護	
170	1205年3月25-31日, 1206年3月1-24日	Guillaume II	Abbaye de Saint-Josse-au-Bois	合意	
171	1205年3月25-31日, 1206年3月1-24日	Guillaume II	Abbaye Notre-Dame de Balances	確認	
172	1205年3月25-31日, 1206年3月1-25日	Guillaume II	Chapitre Saint-Vulfran d'Abbeville	寄進	Ingerranus
173	1205年3月25日-1206年3月24日	Guillaume II	Abbaye de Saint-Josse-au-Bois	寄進	
174	1205年3月25日-1206年3月24日	Guillaume II	Chapitre Saint-Vulfran d'Abbeville	確認	Ingerranus
175	1205年3月25日-1206年3月24日	Guillaume II	Chapitre Saint-Vulfran d'Abbeville	告示	
176	1206年7月	Guillaume II	Hôpital Saint-Jean de Beauvais	寄進	
177	1206年11月	Guillaume II	Prieuré Saint-Sauveur de Doullens	確認	
178	1206年12月	Guillaume II	Abbaye Notre-Dame de Gard	確認	Ingerranus
179	1206年3月25日-1207年3月24日	Guillaume II	Abbaye Notre-Dame de Balances	確認	

付録　ポンティウ伯文書一覧

番号	年　代	発　給　者	受　益　者	内容類型	カンケラリウス
180	1200 年 5 月 16 日， 1207 年 3 月 23 日	Guillaume II	Raoul, comte d'Eu	オマージュ 受取	
181	1207 年 7 月	Guillaume II	Chanoines d'Eu	マンドマン	
182	1207 年 3 月 25 日- 1208 年 3 月 24 日	Guillaume II	Chapitre Notre-Dame de Longpré	書簡	
183	1207 年 3 月 25 日- 1208 年 3 月 24 日	Guillaume II	Chapitre Notre-Dame de Longpré	確認	
184	1207 年 3 月 25 日- 1208 年 3 月 24 日	Guillaume II	Hugue Trochart	贈与	
185	1207 年 3 月 25 日- 1208 年 3 月 24 日	Guillaume II	Abbaye Notre-Dame de Willencourt	確認	
186	1208 年 7 月 8 日	Guillaume II	Abbaye Saint-Riquier	ヴィディムス	Johannes
187	1208 年 8 月	Guillaume II	Hugue d'Oleham	贈与	
188	1208 年 9 月	Guillaume II	Renaut, comte de Boulogne et Simon, son frère	合意	
189	1208 年 12 月	Guillaume II	Abbaye Notre-Dame de Gard	確認	
190	1208 年 12 月	Guillaume II	Léproserie de Val de Montreuil	確認	
191	1208 年 3 月 25-31 日， 1209 年 3 月 1-24 日	Guillaume II	Abbaye Notre-Dame de Balances	確認	
192	1209 年 3 月 1-24 日	Guillaume II	Abbaye Notre-Dame de Balances	確認	
193	1209 年 5 月	Guillaume II	Rue	贈与	
194	1209 年 10 月	Guillaume II	Abbeville	承認	
195	1209 年 12 月	Guillaume II	Simon de Dammartin	贈与	
196	1209 年 12 月	Guillaume II	Prieuré Notre-Dame de Moreaucourt	寄進	
197	1210 年 1 月	Guillaume II	Montreuil	合意	
198	1210 年 1 月	Guillaume II	Hôpital Saint-Nicolas de Crécy	寄進	
199	1210 年 1 月	Guillaume II	Hôpital Saint-Nicolas de Saint-Riquier	保護	
200	1210 年 2 月	Guillaume II	Abbaye Notre-Dame d'Épagne	紛争調停	
201	1210 年 2 月	Guillaume II	Abbaye Notre-Dame d'Épagne	寄進	
202	1209 年 3 月 25-31 日， 1210 年 3 月 1-24 日	Guillaume II	Léproserie de Val de Buigny	確認	
203	1209 年 3 月 25 日- 1210 年 3 月 24 日	Guillaume II	Mayoc	コミューン 文書授与	
204	1209 年 3 月 25 日- 1210 年 3 月 24 日	Guillaume II	Montreuil	規定	

番号	年代	発給者	受益者	内容類型	カンケラリウス
205	1209年3月25日-1210年3月24日	Guillaume II	Abbeville	契約	
206	1210年5月	Guillaume II	Rue	確認	
207	1210年7月	Guillaume II	Abbaye Saint-Sauve de Montreuil	ヴィディムス	
208	1210年7月	Guillaume II	Abbaye Notre-Dame de Cercamp	寄進	
209	1210年8月	Guillaume II	Léproserie de Val de Buigny	寄進	
210	1210年9月	Guillaume II	Abbaye Notre-Dame de Forest-Montiers	確認	
211	1210年9月	Guillaume II	Abbaye Saint-Josse-sur-Mer	寄進	
212	1210年11月26日	Guillaume II	Ergnies	コミューン文書授与	Johannes
213	1210年3月25-31日, 1211年3月1-24日	Guillaume II	Abbaye Saint-Riquier	契約	
214	1210年3月25-31日, 1211年3月1-24日	Guillaume II	Saint-Maurice en Valais	寄進	
215	1210年3月25日-1211年3月24日	Guillaume II	Abbaye Notre-Dame d'Épagne	確認	
216	1210年3月25日-1211年3月24日	Guillaume II	Simon de Nouvion	承認	
217	1210年3月25日-1211年3月24日	Guillaume II	Abbaye Notre-Dame de Balances	寄進	
218	1210年3月25日-1211年3月24日	Guillaume II	Chapitre Saint-Vulfran d'Abbeville	紛争調停	Johannes
219	1210年3月25日-1211年3月24日	Guillaume II	Abbaye Saint-Silvin d'Auchy	寄進	
220	1210年3月25日-1211年3月24日	Guillaume II	Hôpital de Rue	寄進	
221	1210年3月25日-1211年3月24日	Guillaume II	Hôpital Saint-Nicolas d'Abbeville	寄進	
222	1211年5月	Guillaume II	Doullens	合意	
223	1211年7月	Guillaume II	Jean Torchart	贈与	
224	1211年10月	Guillaume II	Chapitre Notre-Dame d'Amiens	承認	
225	1211年3月25日-1212年3月24日	Guillaume II	Abbaye Notre-Dame de Balances	確認	
226	1212年6月11日	Guillaume II	Hôpital Saint-Nicolas de Saint-Riquier	寄進	
227	1212年6月	Guillaume II	Abbaye Notre-Dame de Cercamp	寄進	
228	1212年8月	Guillaume II	Doullens	規定	

付録 ポンティウ伯文書一覧

番号	年代	発給者	受益者	内容類型	カンケラリウス
229	1212 年	Guillaume II	Abbaye Notre-Dame de Clairvaux	贈与	
230	1212 年 10 月	Guillaume II	Eveque d'Amiens	要求	
231	1212 年 11 月	Guillaume II	Hôpital Saint-Nicolas de Saint-Riquier	確認	
232	1212 年 3 月	Guillaume II	Roi de France	合意	
233	1213 年 5 月	Guillaume II	Walon de Senarpont	贈与	
234	1214 年 2 月	Guillaume II	Abbaye Notre-Dame de Willencourt	確認	
235	1214 年 2 月	Guillaume II	Hôpital d'Amiens	寄進	
236	1214 年 7 月	Guillaume II	Abbeville	告示	Johannes
237	1214 年 7 月	Guillaume II	Léproserie de Quesne	交換	
238	1214 年 8 月	Guillaume II	Robert de Bove	寄進	
239	1214 年 3 月 25-31 日, 1215 年 3 月 1-24 日	Guillaume II	Abbaye Notre-Dame de Balances	寄進	
240	1214 年 3 月 25 日- 1215 年 3 月 24 日	Guillaume II	Rue	合意	Johannes
241	1214 年 3 月 25 日- 1215 年 3 月 24 日	Guillaume II	Abbaye Notre-Dame de Balances	合意	
242	1214 年 3 月 25 日- 1215 年 3 月 24 日	Guillaume II	Abbaye Notre-Dame de Balances	合意	
243	1214 年 3 月 25 日- 1215 年 3 月 24 日	Guillaume II	Abbaye Notre-Dame de Balances	規定	
244	1214 年 3 月 25 日- 1215 年 3 月 24 日	Guillaume II	Abbaye Notre-Dame de Balances	告示	
245	1215 年 4 月	Guillaume II	Saint-Pierre de Cluny	寄進	
246	1215 年 3 月 25-31 日, 1216 年 3 月 1-24 日	Guillaume II	Abbaye Saint-Valery	確認	
247	1215 年 3 月 25-31 日, 1216 年 3 月 1-24 日	Guillaume II	Abbaye Saint-Valery	確認	
248	1215 年 3 月 25-31 日, 1216 年 3 月 1-24 日	Guillaume II	Hôpital Saint-Nicolas d'Abbeville	寄進	
249	1215 年 3 月 25-31 日, 1216 年 3 月 1-24 日	Guillaume II	Léproserie de Val de Montreuil	寄進	
250	1216 年 7 月	Guillaume II	Blanche, comtesse de Champagne, Thibaut, son fils	告示	
251	1216 年 7 月	Guillaume II	Blanche, comtesse de Champagne, Thibaut, son fils	告示	
252	1217 年 2 月	Guillaume II	Abbaye Saint-Riquier	交換	
253	1217 年 4 月	Guillaume II	Abbaye Saint-Pierre de Corbie	確認	
254	1217 年 4 月	Guillaume II	Bernard Tuelou	贈与	

番号	年　　代	発　給　者	受　益　者	内容類型	カンケラリウス
255	1217 年 4 月	Guillaume II	Hôpital de Rue	確認	
256	1217 年 3 月 25 日－1218 年 3 月 24 日	Guillaume II	Chapitre Notre-Dame de Noyelles	寄進	
257	1218 年 7 月 28 日	Guillaume II	Port-le-Grand	コミューン文書授与	Johannes
258	1218 年 11 月	Guillaume II	Guy, frère de Jean, comte de Ponthieu	確認	
259	1218 年 3 月 25-31 日, 1219 年 3 月 1-24 日	Guillaume II	Abbaye Notre-Dame de Gard	寄進	
260	1216 年－1218 年	Guillaume II	Abbaye Notre-Dame de Willencourt	寄進	
261	1218 年 3 月 25 日－1219 年 3 月 24 日	Guillaume II	Abbaye Notre-Dame de Balances	確認	
262	1218 年 3 月 25-31 日, 1219 年 3 月 1-24 日	Guillaume II	Comte de Saint-Pol	合意	
263	1219 年 5 月	Guillaume II	Chapitre Saint-Vulfran d'Abbeville	寄進	
264	1219 年 5 月	Guillaume II	Léproserie de Lannoy	確認	
265	1219 年 5 月	Guillaume II	Abbaye Notre-Dame de Séry	寄進	
266	1219 年 5 月	Guillaume II	Église de Montigny	寄進	
267	1219 年 5 月	Guillaume II	Eveque d'Amiens	寄進	
268	1219 年 5 月	Guillaume II	Abbaye Notre-Dame de Cercamp	寄進	
268bis	1219 年 5 月	Guillaume II	Abbaye Notre-Dame de Cercamp	確認	
269	1219 年 3 月 25 日－1220 年 3 月 24 日	Guillaume II	Chapitre Saint-Vulfran d'Abbeville	ヴィディムス	
270	1220 年 7 月	Guillaume II	Hôpital de Montdidier	寄進	
271	1220 年 3 月 25 日－1221 年 3 月 24 日	Guillaume II	Abbaye Notre-Dame de Longpont	寄進	
272	1220 年 3 月 25 日－1221 年 3 月 24 日	Guillaume II	Abbaye Notre-Dame de Balances	告示	
273	1221 年 6 月	Guillaume II	Abbaye de Saint-Josse-au-Bois	確認	
274	1221 年 7 月	Guillaume II	Abbaye Saint-Vast d'Arras	確認	
275	1191 年 6 月 30 日－1221 年 10 月 6 日	Guillaume II	Chapellenie du Gard-lez-Rue	寄進	
276	1203 年 3 月 25 日－1221 年 10 月 6 日	Guillaume II	Hommes de Rue	確認	
277	1203 年 3 月 25 日－1221 年 10 月 6 日	Guillaume II	Abbeville	合意	
278	1225 年 7 月 2-3 日	Marie	Louis VIII, roi de France	贈与	

付録　ポンティウ伯文書一覧

番号	年代	発給者	受益者	内容類型	カンケラリウス
279	1225 年 12 月	Marie	Louis VIII, roi de France	贈与	
280	1226 年 3 月 1-24 日	Marie	Lépreux du Val d'Abbeville	確認	
281	1226 年 12 月	Marie	Prieuré Saint-Pierre d'Abbeville	確認	
282	1228 年 6 月	Marie	Abbeville	規定	
283	1228 年 12 月	Marie	Abbaye Notre-Dame d'Épagne	確認	
284	1229 年 6 月	Marie	Abbaye Saint-Michel de Doullens	確認	
285	1230 年 2 月	Marie	Abbaye de Saint-Josse-au-Bois	確認	
286	1230 年 9 月 - 1231 年 3 月 22 日	Marie	Abbaye Notre-Dame de Willencourt	確認	
287	1231 年 3 月 1-22 日	Simon de Dammartin et Marie	Louis VIII, roi de France	ヴィディムス	
288	1231 年 3 月 3-24 日	Simon de Dammartin et Marie	Abbaye Saint-Leu d'Esserent	寄進	
289	1231 年 8 月	Simon de Dammartin et Marie	Lépreux du Val d'Abbeville	寄進	
290	1232 年 1 月	Simon de Dammartin et Marie	Abbaye Notre-Dame de Séry	確認	
291	1232 年 3 月 25-31 日, 1233 年 3 月 1-24 日	Simon de Dammartin et Marie	Abbaye Notre-Dame d'Ourscamps	ヴィディムス	
292	1234 年 1 月	Simon de Dammartin et Marie	Airaines	コミューン文書授与	
293	1234 年 2 月	Simon de Dammartin et Marie	Chapitre Notre-Dame de Boulogne	マンドマン	
294	1234 年 5 月	Simon de Dammartin et Marie	Chapellenie du Gard-lez-Rue	確認	
295	1234 年 6 月	Simon de Dammartin et Marie	Abbaye de Saint-Josse-au-Bois	合意	
296	1235 年 2 月	Simon de Dammartin et Marie	Roi de France	規定	
297	1234 年 3 月 25 日 - 1235 年 3 月 24 日	Simon de Dammartin et Marie	Alix, comtesse d'Eu	合意	

番号	年代	発給者	受益者	内容類型	カンケラリウス
298	1235年5月29日	Simon de Dammartin et Marie	Waben	ヴィディムス	Ingerranus
299	1235年5月	Simon de Dammartin et Marie	Abbaye Notre-Dame de Cercamp	確認	
300	1236年1月	Simon de Dammartin et Marie	Gautier de Noyelles	合意	
301	1235年3月25-31日, 1236年3月1-24日	Simon de Dammartin et Marie	Chapitre Notre-Dame d'Amiens	確認	
302	1236年3月25-31日, 1237年3月1-24日	Simon de Dammartin et Marie	Abbaye Notre-Dame de Gard	寄進	
303	1237年3月25日-5月31日	Simon de Dammartin et Marie	Prieuré Notre-Dame de Maintenay	ヴィディムス	
304	1237年8月	Simon de Dammartin et Marie	Abbaye Notre-Dame d'Epagne	寄進	
305	1237年8月	Simon de Dammartin et Marie	Abbeville	合意	
306	1237年8月	Simon de Dammartin et Marie	Prieuré de Wariville	寄進	
307	1237年8月	Simon de Dammartin et Marie	Prieuré Notre-Dame de Moreaucourt	寄進	
308	1237年8月	Simon de Dammartin et Marie	Prieuré Notre-Dame de Moreaucourt	確認	
309	1237年10月	Simon de Dammartin et Marie	Geoffroi de La Capelle	贈与	
310	1237年12月	Simon de Dammartin et Marie	Abbaye Notre-Dame de Balances	確認	
311	1237年3月25日-1238年3月24日	Simon de Dammartin et Marie	Prieuré Notre-Dame de Maintenay	合意	
312	1238年10月10日	Simon de Dammartin et Marie	Abbaye Saint-Pierre de Selincourt	確認	
313	1238年11月12日	Simon de Dammartin et Marie	Comtesse de Dreux	合意	
314	1239年4月	Simon de Dammartin et Marie	Chapitre Saint-Vulfran d'Abbeville	確認	

付録　ポンティウ伯文書一覧

番号	年　代	発　給　者	受　益　者	内容類型	カンケラリウス
315	1239 年 5 月	Simon de Dammartin et Marie	Abbaye Notre-Dame de Riéval	寄進	
316	1239 年 6 月	Simon de Dammartin et Marie	Abbaye Saint-Acheul d'Amiens	確認	
317	1239 年 7 月	Simon de Dammartin et Marie	Bernart d'Amiens, siegneur d'Estrées	贈与	
318	1239 年 8 月	Simon de Dammartin et Marie	Guy de Vaudricourt	贈与	
319	1239 年 9 月 18 日	Simon de Dammartin et Marie	Chapellenie de Berles	規定	
320	1239 年 9 月 1-21 日	Simon de Dammartin et Marie	Richart, maréchal	贈与	
321	1231 年 3 月 25 日- 1239 年 9 月 21 日	Simon de Dammartin et Marie	Prieuré de la Sainte-Trinité de Pontarmé	寄進	
322	1239 年 9 月 21-30 日	Marie	Abbaye Notre-Dame de Balances	寄進	
323	1239 年 9 月 21-30 日	Marie	Abbaye Saint-Josse-sur-Mer	寄進	
324	1239 年 10 月	Marie	Chapitre Saint-Vulfran d'Abbeville	寄進	
325	1239 年 10 月	Marie	Chapitre Notre-Dame d'Amiens	寄進	
326	1239 年 10 月	Marie	Abbaye Notre-Dama du Gard	寄進	
327	1239 年 10 月	Marie	Église Saint-Vulphy de Rue	寄進	
328	1239 年 10 月	Marie	Hôpital de Rue	寄進	
329	1239 年 10 月	Marie	Léproserie de Lannoy	寄進	
330	1239 年 10 月	Marie	Abbaye Saint-André-au-Bois	寄進	
331	1239 年 10 月	Marie	Abbaye Saint-Leu d'Esserent	寄進	
332	1239 年 10 月	Marie	Chapitre Notre-Dame de Boulogne	寄進	
333	1239 年 10 月	Marie	Abbaye Saint-Pierre de Selincourt	寄進	
334	1239 年 10 月	Marie	Abbaye Notre-Dame de Willencourt	寄進	
335	1239 年 10 月	Marie	Abbaye Notre-Dame de Séry	寄進	

番号	年代	発給者	受益者	内容類型	カンケラリウス
336	1239 年 10 月	Marie	Abbaye Notre-Dame d'Epagne	寄進	
337	1239 年 10 月	Marie	Prieuré Notre-Dame de Moreaucourt	寄進	
338	1239 年 12 月	Marie	Lépreux d'Abbeville	寄進	
339	1239 年 12 月	Marie	Abbaye Saint-Josse-au-Bois	寄進	
340	1239 年 12 月	Marie	Abbaye Saint-Valery	寄進	
341	1239 年 12 月	Marie	Hôpital Saint-Nicolas d'Abbeville	寄進	
342	1239 年 12 月	Marie	Lépreux du Val de Montreuil	寄進	
343	1240 年 6 月	Marie	Prieuré Notre-Dame de Maintenay	通告	
344	1240 年 7 月	Marie	Chapelains de Saint-Croix d'Abbeville	寄進	
345	1240 年 9 月	Marie	Chapitre Notre-Dame de Noyelles-sur-Mer	寄進	
346	1241 年 12 月 15 日	Mathieu de Montmorency et Marie	Marie, fille de comte de Ponthieu	贈与	
347	1242 年 9 月	Mathieu de Montmorency et Marie	Pierre Dominus, bourgeois du Crotoy	ヴィディムス	
348	1243 年 5 月	Mathieu de Montmorency et Marie	Abbaye Notre-Dame de Balances	寄進	
349	1243 年 7 月 19 日	Mathieu de Montmorency et Marie	Hôpital Saint-Nicolas d'Abbeville	確認	
350	1243 年 8 月	Mathieu de Montmorency et Marie	Abbaye Notre-Dame de Longpont	寄進	
351	1243 年 12 月	Mathieu de Montmorency et Marie	Abbaye Notre-Dame de Balances	寄進	
352	1243 年 12 月	Mathieu de Montmorency et Marie	Prieuré Saint-Pierre d'Abbeville	合意	
353	1244 年 2 月	Mathieu de Montmorency et Marie	Raoul, maire d'Épinay	確認	
354	1244 年 4 月	Mathieu de Montmorency et Marie	Abbaye Saint-Pierre de Corbie	紛争調停	
355	1244 年 7 月 28 日	Mathieu de Montmorency et Marie	Robert, comte d'Artois	売却	

付録　ポンティウ伯文書一覧　　　　　　　　　　　　　　　　　　　　　　　*211*

番号	年　代	発　給　者	受　益　者	内容類型	カンケラリウス
356	1244 年 10 月	Mathieu de Montmorency et Marie	Gilles Langlois, bourgeois d'Abbeville	確認	
357	1244 年 10 月	Mathieu de Montmorency et Marie	Robert, comte d'Artois	契約	
358	1244 年 11 月	Mathieu de Montmorency et Marie	Robert, comte d'Artois	売却	
359	1245 年 2 月	Mathieu de Montmorency et Marie	Abbaye Saint-Josse-sur-Mer	紛争調停	
360	1245 年 7 月	Mathieu de Montmorency et Marie	Philippe, fils de Gautier Leroux	売却	
361	1245 年 3 月 25-31 日, 1246 年 3 月 1-24 日	Mathieu de Montmorency et Marie	Chapelains de Saint-Croix d'Abbeville	寄進	
362	1245 年 3 月 25-31 日, 1246 年 3 月 1-24 日	Mathieu de Montmorency et Marie	Renier de Ponthes	贈与	
363	1247 年 2 月	Mathieu de Montmorency et Marie	Couvent des Bonne Maison d'Erloy	確認	
364	1247 年 7 月	Mathieu de Montmorency et Marie	Chapitre Saint-Vulfran d'Abbeville	ヴィディムス	
365	1247 年 7 月	Mathieu de Montmorency et Marie	Abbaye de Saint-Josse-au-Bois	規定	
366	1248 年 5 月	Mathieu de Montmorency et Marie	Couvent des Bonne Maison d'Erloy	寄進	
367	1248 年 6 月 20 日	Mathieu de Montmorency et Marie	Abbaye Saint-Riquier	合意	
368	1248 年 6 月 27 日	Mathieu de Montmorency et Marie	Abbaye Notre-Dame de Balances	寄進	
369	1248 年 6 月	Mathieu de Montmorency et Marie	Abbaye de Saint-Josse-au-Bois	マンドマン	
370	1248 年 7 月	Mathieu de Montmorency et Marie	Robert de Laviers	確認	
371	1248 年 7 月	Mathieu de Montmorency et Marie	Abbaye de Saint-Josse-au-Bois	寄進	
372	1248 年 7 月	Mathieu de Montmorency et Marie	Abbaye Notre-Dame de Balances	確認	

番号	年代	発給者	受益者	内容類型	カンケラリウス
373	1248 年 8 月 13 日	Mathieu de Montmorency et Marie	Abbaye Notre-Dame de Balances	マンドマン	
374	1248 年 8 月	Mathieu de Montmorency et Marie	Abbaye Saint-Josse-sur-Mer	寄進	
375	1248 年 11 月	Mathieu de Montmorency et Marie	Abbaye Saint-Acheul d'Amiens	確認	
376	1249 年 3 月	Mathieu de Montmorency et Marie	Couvent des Bonne Maison d'Erloy	寄進	
377	1249 年 3 月	Mathieu de Montmorency et Marie	Ordre de Grandmont	確認	
378	1249 年 4 月	Mathieu de Montmorency et Marie	Abbaye de Saint-Josse-au-Bois	確認	
379	1249 年 4 月	Mathieu de Montmorency et Marie	Chapitre Saint-Vulfran d'Abbeville	確認	
380	1249 年 5 月 7 日	Mathieu de Montmorency et Marie	Abbaye Notre-Dame de Gard	確認	
381	1249 年 6 月 25 日	Mathieu de Montmorency et Marie	Abbaye de Saint-Josse-au-Bois	確認	
382	1249 年 6 月	Mathieu de Montmorency et Marie	Hôpital Saint-Nicolas d'Abbeville	寄進	
383	1249 年 7 月	Mathieu de Montmorency et Marie	Ordre de Grandmont	確認	
384	1249 年 7 月	Marie	Godefroi Langlois et Liéjart, sa femme	確認	
385	1250 年 4 月	Marie	Léproserie de Lannoy	寄進	
386	1250 年 6 月	Marie	Hôpital de Rue	寄進	
387	1250 年 6 月	Marie	Jean de Bayard	確認	
388	1250 年 7 月 2 日	Marie	Chapitre Notre-Dame de Noyelles	寄進	
389	1250 年 8 月 20 日以前	Marie	Barons des Cinq Ports	要求	
390	1250 年 9 月	Marie	Abbaye Notre-Dame de Balances	寄進	
391	1251 年 5 月 26 日	Ferdinand III et Jeanne	Abbaye Notre-Dame de Balances	確認	
392	1251 年 6 月 1 日	Ferdinand III et Jeanne	Abbaye Notre-Dame de Balances	確認	

付録　ポンティウ伯文書一覧

番号	年　代	発　給　者	受　益　者	内容類型	カンケラリウス
393	1251年6月7日	Ferdinand III et Jeanne	Abbaye Notre-Dame de Balances	マンドマン	
394	1254年10月	Jeanne	Chapitre Notre-Dame d'Amiens	確認	
395	1255年1月	Jeanne	Abbaye de Saint-Josse-au-Bois	確認	
396	1255年3月6日	Jeanne	Abbaye Notre-Dane d'Epagne	寄進	
397	1255年3月	Jeanne	Frères de la Bonne Maison près de Choisy	寄進	
398	1255年8月	Jeanne	Chapitre Saint-Vulfran d'Abbeville	確認	
399	1256年1月	Jeanne	Jean de Tofflet et ses hommes	贈与	
400	1256年8月23日	Jeanne	Échevinage de Montreuil-sur-Mer	委任	
401	1256年8月23日	Jeanne	Jean Le Berton	贈与	
402	1257年4月	Jeanne	Eude de Ronquerolles	贈与	
403	1257年5月	Jeanne	Abbaye Notre-Dame de Balances	確認	
404	1257年5月	Jeanne	Abbaye Notre-Dame de Balances	通告	
405	1257年9月	Jeanne	Ferdinand, fils de Jeanne	贈与	
406	1258年1月27日	Jeanne	Mathieu de Trie	ヴィディムス	
407	1258年1月	Jeanne	Abbaye Notre-Dame de Forest-Montiers	ヴィディムス	
408	1258年1月	Jeanne	Jean Bourgeois et Firmin de Hesdin	確認	
409	1258年2月18日	Jeanne	Abbaye Notre-Dame de Willencourt	確認	
410	1258年2月	Jeanne	Abbeye Saint-Acheul près d'Amiens	確認	
411	1258年3月12日	Jeanne	Richart le Maréchal	贈与	
412	1257年3月25日-1258年3月24日	Jeanne	Abbaye Notre-Dame de Willencourt	確認	
413	1258年9月	Jeanne	Abbaye Notre-Dame de Balances	確認	
414	1259年3月	Jeanne	Prieuré de la Sainte-Trinité de Pontarmé	寄進	
415	1259年5月19日	Jeanne	Abbaye Saint-Silvin d'Auchy	マンドマン	
416	1259年5月	Jeanne	Abbaye de Saint-Josse-au-Bois	寄進	

番号	年代	発給者	受益者	内容類型	カンケラリウス
417	1259 年 10 月	Jeanne	Abbaye Notre-Dame de Balances	返還	
418	1260 年 5 月	Jeanne	Simon Dupuch	承認	
419	1261 年 6 月 27 日	Jean de Nesle et Jeanne	Abbaye Notre-Dame de Balances	寄進	
420	1261 年 9 月 29 日	Jean de Nesle et Jeanne	Le maire, les échevins et la commune d'Abbeville	合意	
421	1262 年 6 月	Jean de Nesle et Jeanne	Abbaye Notre-Dame de Balances	確認	
422	1262 年 7 月以前	Jean de Nesle et Jeanne	Jean Silet, bourgeois d'Abbeville	確認	
423	1263 年 2 月 17-28 日	Jean de Nesle et Jeanne	Abbeye Saint-Pierre de Selincourt	ヴィディムス	
424	1263 年 10 月 14 日	Jean de Nesle et Jeanne	Le maire, les échevins et la commune d'Abbeville	合意	
425	1265 年 4 月	Jean de Nesle et Jeanne	Abbaye Notre-Dame de Séry	確認	
426	1266 年 4 月	Jean de Nesle et Jeanne	Abbaye Notre-Dame de Willencourt	確認	
427	1266 年 5 月 21 日	Jean de Nesle et Jeanne	La commune d'Abbeville	合意	
428	1266 年 11 月 9 日	Jean de Nesle et Jeanne	Marquenterre	告示	
429	1267 年 8 月	Jean de Nesle et Jeanne	Abbaye de Saint-Josse-au-Bois	合意	
430	1267 年 12 月 3 日	Jean de Nesle et Jeanne	La communauté des habitants d'Aumale	合意	
431	1267 年 12 月 10 日	Jean de Nesle et Jeanne	Dreux d'Amiens	贈与	
432	1268 年 4 月	Jean de Nesle et Jeanne	Abbaye de Saint-Josse-au-Bois	合意	
433	1268 年 4 月	Jean de Nesle et Jeanne	Mathieu de Lannoy	契約	
434	1268 年 6 月	Jean de Nesle et Jeanne	L'échevinage d'Abbeville	確認	
435	1268 年 7 月	Jean de Nesle et Jeanne	Abbeye Saint-Pierre de Selincourt	ヴィディムス	
436	1268 年 10 月	Jean de Nesle et Jeanne	Abbaye Notre-Dame de Forest-Montiers	確認	
437	1269 年 1 月 7 日以前	Jean de Nesle et Jeanne	Thomas Pullois	確認	
438	1270 年 1 月 19 日以前	Jean de Nesle et Jeanne	Jean Leborgne et Emmeline	確認	
439	1270 年 1 月	Jean de Nesle et Jeanne	Abbaye Notre-Dame d'Épagne	ヴィディムス	

付録　ポンティウ伯文書一覧

番号	年　　代	発　給　者	受　益　者	内容類型	カンケラリウス
440	1270 年 5 月 17 日以前	Jean de Nesle et Jeanne	Abbaye Notre-Dame de Forest-Montiers	確認	
441	1270 年 6 月 29 日	Jean de Nesle et Jeanne	Le maire et les échevins d'Abbeville	マンドマン	
442	1270 年 9 月 5 日	Jean de Nesle et Jeanne	Marguerite, fille du roi de France	告示	
443	1270 年 10 月 17 日	Jean de Nesle et Jeanne	L'échevinage de Montreuil	委任	
444	1271 年 5 月	Jean de Nesle et Jeanne	Le maire et les échevins d'Abbeville	合意	
445	1271 年 11 月 4 日	Jean de Nesle et Jeanne	Les bourgeois de la communauté d'Aumale	合意	
446	1271 年 11 月 21 日	Jean de Nesle et Jeanne	Hugue de Buireviller, bailli d'Abbeville	規定	
447	1271 年 11 月 25 日	Jean de Nesle et Jeanne	Léproserie du Val de Montreuil	確認	
448	1272 年 1 月	Jean de Nesle et Jeanne	Abbaye Notre-Dame de Riéval	確認	
449	1272 年 5 月 6-31 日	Jean de Nesle et Jeanne	Abbaye Notre-Dame d'Épagne	確認	
450	1272 年 6 月 17 日	Jean de Nesle et Jeanne	Abbaye Saint-Acheul d'Amiens	ヴィディムス	
451	1272 年 11 月	Jean de Nesle et Jeanne	Abbaye Notre-Dame de Forest-Montiers	告示	
452	1272 年 12 月 10 日	Jean de Nesle et Jeanne	Roi de France	合意	
453	1272 年 12 月	Jean de Nesle et Jeanne	Roi de France	告示	
454	1273 年 7 月	Jean de Nesle et Jeanne	Abbaye de Saint-Josse-au-Bois	確認	
455	1273 年 12 月	Jean de Nesle et Jeanne	Abbaye Notre-Dame de Forest-Montiers	契約	
456	1274 年 1 月	Jean de Nesle et Jeanne	La commune de Rue	合意	
457	1274 年 11 月 1 日	Jean de Nesle et Jeanne	Le bailli d'Abbeville	委任	
458	1275 年 2 月	Jean de Nesle et Jeanne	Abbaye Notre-Dame de Riéval	返還	
459	1275 年 5 月	Jean de Nesle et Jeanne	Jacques Demmileville, vicomte d'Abbeville	委任	
460	1275 年 6 月 18-30 日	Jean de Nesle et Jeanne	Eveque d'Amiens	返還	
461	1275 年 7 月以前	Jean de Nesle et Jeanne	Curé de Notre-Dame de Châtel	契約	
462	1275 年 7 月	Jean de Nesle et Jeanne	Bailli d'Abbeville	委任	

番号	年代	発給者	受益者	内容類型	カンケラリウス
463	1275年8月	Jean de Nesle et Jeanne	Abbaye Notre-Dame de Balances	確認	
464	1276年3月1-24日	Jean de Nesle et Jeanne	Abbaye Saint-Nicolas d'Arrouaise	寄進	
465	1254年10月-1276年6月19日	Jean de Nesle et Jeanne	Agnès, ouvrière	贈与	
466	1276年6月19日	Jean de Nesle et Jeanne		遺言	
467	1276年3月-6月	Jean de Nesle et Jeanne	Abbaye Saint-Nicolas d'Arrouaise	要求	
468	1277年5月	Jean de Nesle et Jeanne	La ville de Rue	許可	
469	1277年5月	Jean de Nesle et Jeanne	L'échevinage et la communauté de Rue	許可	
470	1277年7月11日	Jean de Nesle et Jeanne	Guérart de Barly, bailli d'Abbeville	委任	
471	1277年7月	Jean de Nesle et Jeanne	Abbaye de Saint-Josse-au-Bois	合意	
472	1277年8月	Jean de Nesle et Jeanne	Chapitre Saint-Vulfran d'Abbeville	確認	
473	1277年10月	Jean de Nesle et Jeanne	Abbaye de Saint-Josse-au-Bois	合意	
474	1278年1月	Jean de Nesle et Jeanne	Abbaye de Saint-Josse-au-Bois	返還	
475	1277年3月25日-1278年3月24日	Jean de Nesle et Jeanne	Le bailli d'Abbeville	委任	
476	1278年9月	Jean de Nesle et Jeanne	Abbaye de Saint-Josse-au-Bois	合意	
477	1278年年末ごろ	Jean de Nesle et Jeanne	Édouard Ier, roi d'Angleterre	書簡	
478	1279年1月	Jean de Nesle et Jeanne		遺言	
479	1279年3月13日	Jean de Nesle et Jeanne	Abbaye Notre-Dame de Balances	寄進	

あとがき

　本書は，2017年3月に九州大学大学院人文科学府より学位（文学）を取得した博士論文に加筆・修正を施し，まとめ直したものである。また本書内の各章は，すでに刊行された論文をもとにしている。以下に初出および原題を記しておく。

　序　章　書き下ろし
　第1章　「12-13世紀におけるポンティウ伯の文書と文書局」，九州西洋史学会『西洋史学論集』第53号，2016年3月，1-22頁。
　第2章　「中世盛期北フランスにおける中規模領邦の展開（12世紀後期―13世紀初期）―ポンテュー伯の側近たちをめぐって―」，九州西洋史学会『西洋史学論集』第46号，2008年12月，39-57頁。
　第3章　「12-13世紀における北フランス中規模領邦の諸権利―ポンティウ伯領を素材に―」，七隈史学会『七隈史学』第18号，2017年3月，111-125頁。
　第4章　「12-13世紀におけるポンティウ伯の上級裁判権」，九州大学文学部『史淵』第156輯，2019年予定。
　第5章　「12-13世紀における北フランス中規模領邦とコミューン―ポンティウ伯領を素材に―」，日本西洋史学会『西洋史学』第255号，2014年12月，22-40頁。
　結　論　書き下ろし

　本書を一冊の書物として刊行することができたのは，ひとえに様々な方々からのご指導とご支援があったからこそである。まず博士論文の指導教授である，九州大学人文科学研究院西洋史講座教授の岡崎敦先生に感謝を述べたいと思う。岡崎先生には，九州大学大学院の修士課程に進学したときから，

博士論文の提出にいたるまで，実に十余年にわたってお世話になった。毎回のランデヴにおいては，理解と作業の遅い私に対し，辛抱強く，厳しさと優しさをもってご指導いただいた。また大学院ゼミのラテン語史料講読においては，岡崎先生からいただく様々な角度からのコメントが勉強になった。ティーチング・アシスタントとして学部生のゼミにも出席させていただき，中世ヨーロッパの様々な事象について幅広く学ぶことができた。私が福岡を離れてからも，論文執筆の指導，文献の貸借などの折には，福岡と沖縄という距離にもかかわらず親切にご対応いただき，大変お世話になった。岡崎先生の主催する中世史料論研究会にも参加させていただき，九州内外から集った錚々たる研究者の方々の活発な報告や議論を耳にする機会に恵まれた。これらの数々のご恩に対し，本書が少しでもそれに報いるものとなればと思う。

また京都女子大学教授の山田雅彦先生には，私が熊本大学の学部生だったとき，卒業論文を指導していただいた。大学に入学して間もない学部1年生の時に山田先生のベルギー史の講義を受け，大学の歴史学の授業の楽しさを知り，毎週とても楽しみにしていたのを覚えている。また学部4年生の時に九州大学大学院の修士課程への進学を進めて下さり，私の研究者としての道を開いていただいたことにも感謝を申し上げたいと思う。山田先生が京都女子大学に転勤された後も，私の研究報告や論文執筆の際には毎回丁寧なアドバイスをいただいた。

九州内外の多くの研究者の方々にもお世話になった。大宅明美先生，および花田洋一郎先生にはコミューンに関する学会報告と論文執筆の際に原稿を丁寧にチェックしていただいた。梅津教孝先生の主催するラテン語勉強会「タキトゥスの会」では，ラテン語を熟読する奥深さを学んだ。古城真由美さんと法花津晃さんには，先輩研究者としてざっくばらんに多くのアドバイスをいただいた。

ベルギーのナミュール大学留学時には，ジャン＝フランソワ・ニウス先生に大変よくしていただいた。ニウス先生の文書形式学の授業は，博士論文執筆の際に大いに助けとなっている。

そのほかにも研究生活の中で多くの研究者の先生方，学生の皆さん，大学

職員の方々に助けていただいた。この場を借りて御礼を申し上げたい。

　本書は出版に当たり，九州大学大学院人文科学研究院による九州大学人文学叢書の出版助成を受けている。出版作業においては，九州大学出版会の奥野有希さんにお世話になった。特に校正作業においては，私の見落とした個所を丁寧に指摘して下さり，大変助けられた。

　そして最後に，私の研究者という夢を理解してくれ，どんな時でも私を励まし，応援し，支えてくれた家族，父・政人，母・啓子，妹の愛香と麗歌に感謝し，本書を捧げたい。

　2019年1月，福岡の自宅にて

大浜聖香子

人名索引

あ行

アダム・ド・ドミノワ Adam de Dominois（ポンティウ伯の側近）　78
アデライド Adélaïde（アンゲラン1世妃，ブーローニュ伯未亡人）　17, 20
アミアン司教 Amiens　33, 149
アラス司教 Arras　11, 28, 175
アラルドゥス・ド・トゥンク Alardus de Tuncq　128
アリウルフ Hariulf（年代記の作者）　21
アリックス Alix（ポンティウ伯ギョーム2世妃，フランス王ルイ7世の娘）　65, 66
アリヌ・ペルシュ Aline Perche　127, 128
アルヌルフ2世 Arnulf II（フランドル伯）　20
アレーム Aleame（セネシャル・アンゲランの兄弟）　83
アンギルベルト Angilbert（サン=リキエ修道院長）　21
アンゲラン Enguerrand（ポンティウ伯のセネシャル）　58, 71, 81-84, 86, 170
アンセルムス Anselmus（ポンティウ伯ギョーム2世の親族）　65, 66
アンリ・デレーヌ Henri d'Aireines　131, 132, 135
イダ Ida（ポンティウ伯ジャンの母）　65-67
インゲラヌス Ingerranus（ポンティウ伯の聖職者）　55
インゲラヌス Ingerranus（ポンティウ伯のカペラヌス）　55
ヴェルマンドワ伯 Vermandois　24
ウード・ド・ロンクロル Eude de Ronquerolles　127
エドワード1世 Edward I（イングランド王）　18
エドワード2世 Edward II（イングランド王）　22
エレーヌ Hélène（ポンティウ伯ジャンの祖母）　65, 66
オットー4世 Otto IV（神聖ローマ皇帝）　164, 173

か行

ギイ Guy（ポンティウ伯ジャンの兄弟，ギョーム2世のおじ）　65-68, 82, 170
ギイ Guy（セネシャル・アンゲランの兄弟）　83
ギイ Guy　111
ギイ・ダルグール Guy d'Argoules（アルグール領主）　79, 80, 82
ギョーム1世 Guillaume Ier（ノルマンディ公）　24
ギョーム・ド・バール Guillaume de Barres　79
ギョーム・ド・ヴィルロワ Guillaume de Villeroy（ポンティウ伯の封臣）　128

ギョーム・ド・ケイユー Guillaume de Cayeux（ポンティウ伯の封臣）　78
ゴーティエ Gautier　149
ゴダン Godin（ポンティウ伯の封臣）　111

さ行

サン＝ポル伯 Saint-Pol　8-12, 19, 29, 61, 70, 76, 81, 85, 86, 89, 105, 120, 132, 133, 136, 141, 157, 165, 170, 174-176
ジゼル Gisèle（ポンティウ伯ユーグ妃，ユーグ・カペーの娘）　20, 21
シモン Simon（ポンティウ伯の封臣）　111
シモン・ド・ドンクール Simon de Donqueur（ポンティウ伯の側近・伯のバイイ）　70, 75-77, 84, 85
シモン・ド・ヌヴィオン Simon de Nouvion（ポンティウ伯の封臣）　102
シモン・ド・マシ Simon de Machy（ポンティウ伯の封臣）　112
シャルル6世 Charles VI（フランス王）　2
シャルルマーニュ Charlemagne　19
ジャン Jean（ルーシー伯）　129
ジャン・ルコ Jean Lecoq　123, 134
シュザンヌ Suzanne（ロベール2世妃）　20
ジュルダン・ド・ボーネイ Jourdain de Beaunay　132, 135
ジョン（イングランド王）John　173
シルベステル Silvester（ポンティウ伯の聖職者，伯のバイイ）　45, 56, 58, 59, 82, 112

た・な行

トマス Thomas（ポンティウ伯の聖職者）　58
ノルマンディ公 Normandie　20, 24

は行

パウロ Paulus　93
フィリップ・オーギュスト Philippe Auguste（フィリップ2世）（フランス王）　18, 22, 23, 44, 118, 144, 145, 148, 173
フィリップ・ダルザス Philippe d'Alsace（フランドル伯）　118
フィリップ5世 Philippe V（フランス王）　22
ブーローニュ伯 Boulogne　17, 20, 44, 66, 77, 173, 174
フェラン Ferrand（フランドル伯）　173
フェルナンド Fernand（ポンティウ女伯ジャンヌの息子）　130
ベアトリス Béatrice（ポンティウ伯ジャン妃）　65, 66
ペテロ Petrus　93, 131

人名索引

ベルナール・チュエル Bernart Tuelou　113
ヘンリー3世 Henry III（イングランド王）　22
ボードゥアン・リ・ワロワ（ポンティウ伯の封臣）　144, 161-163

ま行

マオ Mahaut（ポンティウ伯ジャン妃）　65, 66
マリ Marie（ポンティウ女伯マリの娘）　129

や行

ユーグ・カペー Hugues Capet（フランス王）　16, 17, 19-21, 23, 24, 90
ユーグ・ドクシー Hugues d'Auxy（ポンティウ伯の封臣）　42
ユーグ・ド・フォンテーヌ Hugues de Fontaine（ポンティウ伯の側近）　70, 76, 77
ユーグ・ル・グラン Hugues le Grand（ユーグ・カペーの父）　19
ユーグ4世 Hugues IV（サン＝ポル伯，ギヨーム2世のおじ）　66
ヨハンネス Johannes（ポンティウ伯の聖職者）　53-56, 59
ヨハンネス Johannes（ポンティウ伯の聖職者）　55, 59
ヨハンネス・サルムステルス Johannes Salmustels（ポンティウ伯の印章管理職）　59

ら行

ランベルトゥス Lambertus（ポンティウ伯の聖職者）　53
リキエ Riquier　111
ルイ6世 Louis VI（フランス王）　22, 145, 147
ルイ7世 Louis VII（フランス王）　16, 90
ルイ9世 Louis IX（フランス王）　22
ルニエ・ド・ドリュカ Renier de Drucat（ポンティウ伯の側近）　78, 79
ルノー・ド・ダンマルタン Renaud de Dammartin（ブーローニュ伯）　77, 173, 174
ロベール2世 Robert II（フランス王）　20
ロベール・ダルグール Robert d'Argoules（ギイ・ダルグールの父）　79, 80
ロベール・フルトル Robert Fretel　150
ロベール・ド・モントルイユ Robert de Montreuil　42

ポンティウ伯

アニェス Agnès（ポンティウ女伯，ロベール・ド・ベレーム妃）　17
アンゲラン1世 Enguerrand Ier（ポンティウ伯）　17, 20, 92
エレオノール Éléonore（ポンティウ女伯，イングランド王エドワード1世妃）　18
ギイ1世 Guy Ier（ポンティウ伯）　20-22, 41, 44, 92, 93, 104, 106, 107
ギイ2世 Guy II（ポンティウ伯）　41, 66, 93
ギヨーム1世 Guillaume Ier（ポンティウ伯）　17, 18, 93, 96, 106, 119, 146

ギョーム 2 世 Guillaume II（ポンティウ伯）　17-19, 25, 29-34, 36, 41, 42, 44, 46, 47, 50-52, 54, 56, 58, 61, 64-71, 74-78, 80-82, 85, 86, 95, 96, 99-107, 109, 110, 112-116, 120-124, 126, 133, 134, 144, 169-171

シモン・ド・ダンマルタン Simon de Dammartin（ポンティウ伯、ブーローニュ伯ルノー兄弟）　18, 49, 65, 66, 77, 174

ジャン Jean Ier（ポンティウ伯）　17-19, 22, 29-34, 36, 37, 41, 42, 45-47, 51-54, 56, 64-73, 76, 80-83, 86, 93, 94, 96, 99, 100, 106, 107, 109-116, 120-122, 124, 133, 143, 144, 147, 150, 169-171

ジャン・ド・ネール Jean de Nesle（ポンティウ伯、ジャンヌの夫）　108, 109, 127, 128, 131, 132, 134, 135

ジャンヌ Jeanne（ポンティウ女伯、マリの娘）　18, 22, 98, 99, 103, 107-109, 124, 125, 127, 128, 130-132, 134, 135, 144

マティウ・ド・モンモランシー Mathieu II de Montmorency（ポンティウ伯、マリの夫）　49, 124, 126, 129, 134

マリ Marie（ポンティウ女伯、シモン・ド・ダンマルタン妃）　17, 18, 29-33, 35, 36, 46-52, 55, 65, 66, 77, 97, 99, 101, 103, 106, 107, 109, 114, 124-127, 129-131, 134, 144, 169, 174

ユーグ Hugues Ier d'Abbeville（ポンティウ伯の祖）　14, 17, 20, 92

ロベール・ド・ベレーム Robert II de Bellême（ポンティウ伯、アランソン伯、セー伯）　17, 93, 96

地名索引

あ行

アブヴィル Abbeville　　17, 19-22, 24-26, 45, 55, 68, 71, 93, 96, 101, 103, 106-113, 122, 133, 142-144, 146-150, 152-154, 156, 158-162, 166, 173, 174

アミアン Amiens　　19, 21, 24, 143, 146-149, 151, 152, 159, 166, 172

アム Ham　　143

アラス Arras　　21, 23, 24

アルグール Argoules　　79, 80, 82

アルタヴェンナ Altavenna　　150

アルトワ Artois　　19, 23, 47

アルムネーシュの森 Almenêches　　104

アンジュー Anjou　　2, 8

イヴランシュ Yvrench　　114

イエルモン Hiermont　　130

イタリア Italia　　23

ウ伯領 Eu　　19

ヴァル・ド・ビュイニー Val de Buigny　　130

ヴァル・ド・ビュイニーレプラ院 Léproserie de Val de Buigny　　33, 37, 41, 51, 53, 110

ヴァロワール修道院 Abbaye de Valloires → ノートル＝ダム・ド・バランス修道院を参照

ヴィミルズ Vimilz　　106

ウトルボワ Outrebois　　92

ウルニー Ergnies　　45, 103, 129, 159

エキュイール谷 Écuire　　23

エタブル Étaples　　19

エダン伯領 Hesdin　　19, 25

エリー＝シュル＝ソンム Ailly-sur-Somme　　108

オティ川 Authie　　19, 101, 107, 108

か行

カヴレル Cavrel　　128

ガダン Gaden　　106

ガフェ Gaffé　　108

カンシュ川 La Canche　　19, 23

カンタートルの森 Cantâtre　106, 107, 130, 171
カントヴィック Quentovic　19, 23
グフェールの森 Goufern　106
クレシー Crécy-en-Ponthieu　24, 25, 45, 101, 103, 107, 113, 126, 127, 130, 146, 171
クリュニー修道院 Cluny　92
グルシュ川 Grouche　107
コキン Cokin　109
コタンタン Cotentin　77
コルビー Corbie　143, 148, 151
コロワ Cauroy　108
コントヴィル Conteville　92

さ行

サオヌ Saosnes　119
サン＝ヴァルリー Saint-Valery-sur-Somme　19, 23, 24
サン＝ヴァルリー修道院 Abbaye Saint-Valery　20, 24, 123
サン＝ヴュルフラン・ダブヴィル教会参事会 Chapitre Saint-Vulfran d'Abbeville　33, 58, 126, 127
サン＝カンタン Saint-Quentin　85, 143, 147-149, 151
サン＝クロワ・ダブヴィル教会 Chapelle Sainte-Croix d'Abbeville　124, 134
サン＝ジャン・ダミアン修道院 Abbaye Saint-Jean d'Amiens　40
サン＝ジョス Saint-Josse　122, 133, 134, 163, 166, 173
サン＝ジョス＝オ＝ボワ修道院 Abbaye de Saint-Josse-au-Bois　33, 44, 78, 83, 110, 129
サン＝ジョス＝シュル＝メール修道院 Abbaye Saint-Josse-sur-Mer　122, 133
サン＝ソヴ・ド・モントルイユ修道院 Abbaye Saint-Sauve de Montreuil　44
サン＝ソヴール・ド・ドゥラン修道院 Prieuré Saint-Sauveur de Doullens　40
サン＝タンドレ＝オ＝ボワ修道院 Abbaye Saint-André-au-Bois　110
サン＝ピエール・ダブヴィル修道院 Prieuré Saint-Pierre d'Abbeville　21, 58, 82, 83, 93, 106-108
サン＝ピエール・ド・スランクール修道院 Abbaye Saint-Pierre de Selincourt　131, 132
サン＝ピエール・ド・コルビー修道院 Abbaye Saint-Pierre de Corbie　33
サン＝ポル伯領 Saint-Pol　8-13, 59, 60, 71, 105, 120, 133, 134, 141, 143, 147, 152, 157, 166, 169, 174, 175
サン＝マルタン＝オ＝シャン Saint-Martin-aux-Champs　132
サン＝マルタン＝デ＝シャン修道院 Prieuré Saint-Martin-des-Champs　104
サン＝リキエ Saint-Riquier　102, 103, 143, 145, 147

サン＝リキエ修道院 Abbaye Saint-Riquier　14, 20, 21, 92, 126
シャンパーニュ Champagne　2, 3, 8, 139, 140
スカルドン川 La Scardon　82, 107
セーヌ川 La Seine　19
ソンム川 La Somme　19, 21, 23, 24, 101, 107, 130

た行

タルザック川 La Tallesac　107
ダンマルタン Dammartin　109
ティトル Titre　150, 158
ティニー Tigny-Noyelle　109
ティロワの森 Tilloy　112
ドゥラン Doullens　24, 25, 58, 102, 152, 159
トゥルモン Tourmont　127
ドーヴァー海峡 Dover　19, 21
トール山 Taules　53
ドマール Domart-en-Ponthieu　19
タランス川 La Talance　109
トリケレ Triquelet　109
ドリュカ Drucat　78

な行

ナンポン Nampont　109
ヌヴィオン Nouvion　108, 150
ノートル＝ダム・エ・サン＝タンドレ・ド・ヴィニャ修道院 Abbaye Notre-Dame et Saint-André de Vignats　106
ノートル＝ダム・デパニュ修道院 Abbaye Notre-Dame d'Épagne　123, 134
ノートル＝ダム・ド・ウィランクール女子修道院 Abbaye Notre-Dame de Willencourt　127, 128
ノートル＝ダム・ド・ガル修道院 Abbaye Notre-Dame de Gard　33, 40
ノートル＝ダム・ド・スランクール修道院 Notre-Dame de Selincourt　135
ノートル＝ダム・ド・セリ修道院 Abbaye Notre-Dame de Séry　83
ノートル＝ダム・ド・セルカン修道院 Abbaye Notre-Dame de Cercamp　33, 37, 42, 59
ノートル＝ダム・ド・バランス修道院 Abbaye Notre-Dame de Balances（ヴァロワール修道院 Abbaye de Valloires）　33, 37, 40, 42, 51, 59, 60, 79, 80, 82, 83, 102, 108, 110, 112
ノートル＝ダム・ド・フォレ＝モンティエ修道院 Abbaye Notre-Dame de Forest-Montiers

134

ノートル＝ダム・ド・ペルセイニュ修道院 Abbaye Notre-Dame de Perseigne　　119
ノートル＝ダム・ド・ブーローニュ教会参事会 Chapitre Notre-Dame de Boulogne　　33
ノートル＝ダム・ド・ロンプレ教会 Chapitre Notre-Dame de Longpré　　77，78
ノルマンディ Normandie　　8，17，19，20，73，77，93，96，106，109，140，141，171
ノワイエル＝シュル＝メール Noyelles-sur-Mer　　45，68，101，109，129，130
ノワイヨン Noyon　　143

は行

パリ Paris　　21，23，63，71
ピカルディ地方，地域 Picardie　　8-10，12，13，15，19，21，62，73，116，140-142，147-149，159，166，167，172
ビュイニー Buigny　　106，130
ビュイル Buire　　130
ブヴァック Bouvaque　　108，109
フォッサ Fossa　　109
ブランクタク Blanquetaque　　24
フランス王国 France　　8，141，142，167
フランドル伯領 Flandre　　8，9，20，23，60，140，141，160，166
ブリュイル Bruile　　124，126，134
ブルゴーニュ Bourgogne　　2，3
ブルターニュ Bretagne　　3
ブルボン Bourbon　　3
ブルス Bourse　　106
ブレル川 La Bresle　　19
ブーローニュ Boulogne　　8，19，21，23，24
ペロンヌ Péronne　　143
ペルセイニュ Persegne　　106
ボーヴェ Beauvais　　143
ボナンス Bonance　　103
ポール Port-le-Grand　　45，130，150，158
ポルト Porte　　92
ポンティウ伯領 Ponthieu　　13，15，17-25，28，32-34，53，55，59，69，71，76，77，80，91，96，102-104，106，107，111，113-115，119，120，122，128，131-133，135-137，141-144，146-148，156，160，166，167，171，172，174-177
ポントワル Ponthoile　　112，123，130，159

ま行

ムフリエールの森 Mouflières　44
マルカンテル Marquenterre　45, 109, 123, 159, 164
メイ川 La Maye　24
メスニル Maisnil　79
メーヌ地方 Maine　96, 106
モトール Mautort　128, 150
モン＝ド＝コベール Mont-de-Caubert　150
モンティニー Montigny-sur-Authie　129
モントルイユ Montreuil　19, 20, 22, 23, 43, 44, 47, 50, 52, 61, 143, 145, 169

ら行

ラ・ペンヌ La Penne　109
ラ・マドレーヌ谷 La Madelaine　23
ラン Laon　143
ランノワ Lannoy　24
リュ Rue　22, 24, 81, 96, 100-102, 104, 105, 108, 109, 113, 146, 150, 158
ルーアン Rouen　21, 24, 153, 159, 160
ル・ウルドル Le Hourdel　23
ル・クロトワ Le Crotoy　19, 23, 24, 101, 126, 130
ロレーヌ Lorraine　2

わ行

ワヴァン Wavans　161, 162, 166
ワベン Waben　101, 102, 104, 105

事項索引
（ラテン語の表記は斜体で示す）

あ行

挨拶書式　31, 47
アヴエ　*avoué*　14, 20
宛先　*adresse*　31, 45, 47
アレンガ　*arenga*　41, 45, 48, 50-52
インヴォカチオ　*Invocatio*　37, 42, 43, 50, 51
印章　*sceau*　38, 41, 46-50, 52, 59-61, 67, 68, 149, 160, 169, 170
印章管理職　*sigilli mei custodia*　59, 61, 170
インティチュラチオ　*Intituratio*　37, 42, 45, 47, 50, 51
ヴィコンテ　*vicomté*　25, 68, 100, 101, 103, 113, 115, 116, 126, 131, 150, 171
ヴィコント　*vicomte*　81, 101, 122, 132, 142, 150, 153, 154, 156, 157, 160, 164, 166, 173, 175
ヴィディムス　*vidimus*　32, 36, 44, 61, 126, 128, 131, 132, 135
ヴィラ　*villa*　92, 93, 95, 97-99, 114, 115, 122, 127, 130, 133, 150, 151, 171
エシュヴァン　*échevin*　12, 150, 152, 154, 155, 157, 160
王国三部会　*État*　22
王の騎士　*miles regis*　63
王領　*domaine royal*　2, 23, 25, 43, 71, 90, 143, 166
オマージュ　*hommage*　32, 114

か行

下級裁判権　*basse justice*　118-120, 129, 130
カペー朝　*Capet*　8, 9, 29, 63, 90, 166
カペラヌス　*capellanus*　55, 56
カンケラリウス　*cancellarius*　11, 55, 56, 59-62, 170, 175
カンダヴェヌ家　*Candavene*　10
貴族　*noblesse*　11, 63, 69-71, 76, 86, 170, 174
キログラフ　*chirograf*　160
近代国家　*État moderne*　1, 3, 5
「近代国家の生成」　4, 5, 176
グランギア　*grangia*　94, 95, 97, 100, 101, 103, 115, 171
クリスマス　102
クレリクス　*clericus*　56

君主的諸権利　　10, 26, 62, 91, 105, 109, 115-117, 171, 176
謙譲書式　　37, 42, 43, 51
高貴なる人間　vir nobilis　　70
公権力　pouvoir public　　1, 27, 61, 89, 90, 105, 117, 129, 135, 136, 170, 172, 173
告示書式　　40, 41, 48, 52, 169
コミューン　commune　　11-13, 23, 26, 42-44, 46, 48, 58, 65, 81, 87, 100, 108, 110, 112, 113, 122, 123, 133, 136, 139-167, 172-176
コミューン運動　　140, 142, 143, 146, 147, 167
コミューン文書　　11, 12, 22-26, 32, 36, 45, 122, 133, 136, 139, 141-149, 153, 158-161, 163-166, 171, 172
コロボラチオ　corroboratio　　41, 46, 48, 50, 52

さ行

三種の大罪　　118, 133, 134, 175
サンス　cens　　11, 85, 96, 99, 112, 113, 132, 156, 162, 163, 171
サン＝レミの祭日　Saint-Rémi　　102
塩　sel　　22, 24, 93, 95, 97, 99, 101, 104, 105, 115, 171
シャティヨン家　Chatillon　　10, 11, 174
シャトラン　châtelain　　157
十字軍　　22
重大裁判権　grande justice　　117, 118
10分の1税　dîme　　78, 79, 83, 93, 94, 124
終末定式　eschatocole　　25, 41, 46, 50
受益者作成文書　　25, 50, 54
宿泊権　hôtes　　78, 129
守護者　adovocatus　　84
ジュレ　juré　　12, 152, 153
上級の裁判権　superiori justitia　　124
上級裁判権　haute justice, alta justitia　　10, 13, 26, 89, 116-121, 123-136, 154, 157, 159, 171-173, 175, 176
証書　charte　　30, 169
書簡　lettre　　31, 47, 52, 169
書記　clerc　　52, 54, 55, 58-62, 170, 175
諸侯国家　État princier　　3
親書　lettre missive　　31
親族　famille　　2, 6, 9, 65-68, 82, 85, 86, 127, 170
親王領　apanage　　2

森林（森）forêt　22, 24-26, 44, 77, 94, 95, 97, 98, 102, 105-107, 112, 115, 123, 126, 127, 130, 151, 162, 171
水車 moulin　58, 79, 82, 94-98, 105, 107-109, 129, 171
聖ヨハネ騎士団　85, 114
絶対王政 absolutism　2, 5
セネシャル sénéchal, *senescallus, dapifer*　11, 58, 71, 81-84, 86, 170, 174, 175
洗礼者ヨハネの祭日 Jean-Baptiste　102
造幣 monnayage　111, 113, 116, 171
俗人領主 seigneur laïque　9, 36, 69-72, 74-77, 80, 81, 86, 143, 144, 161, 162, 165, 170
側近 entourage　11-13, 26, 29, 53, 54, 56, 58, 61, 63, 64, 68-71, 75-79, 81, 84, 86, 87, 142, 152, 157, 169, 170, 173-176

た行

地方役人　11, 58, 65, 81, 84, 85, 142, 156, 157, 175
中規模領邦 principauté moyenne　1, 8-10, 12, 13, 59, 62-64, 86, 87, 89, 105, 116, 117, 120, 137, 140, 142, 166, 167, 172-174, 176, 177
中級裁判権 moyenne justice　118, 130
通行税 tonlieu　11, 85, 107, 109, 110, 113, 171
テンプル騎士団　37, 67, 68

な行

ニシン　96, 101, 104, 115, 171
ノタリウス *notarius*　53, 55, 56
ノティティア notice　30
ノティフィカチオ *notificatio*　40, 44, 45, 48, 50-52

は行

バイイ bailli　11, 58, 59, 76, 81, 84, 85, 101, 175
バイヤージュ bailliage　11, 19, 100
パグス *pagus*　2, 9
伯の騎士 *miles meus, milites mei*　69, 71, 78, 127, 128, 131, 132, 135, 170
伯の宮廷 cour comtale　9, 11, 26, 64, 65, 68-70, 76, 81, 84, 86, 142, 157, 174
伯の助言者 *consilius meus*　65, 68, 69, 86
伯の聖職者 *clericus meus*　29, 45, 53, 54, 56-58, 60, 61, 81, 82, 112, 169
伯のバロン *barones mei*　70
伯の封臣 *homines mei*　42, 69, 70, 82, 111, 112, 128, 144, 160, 161
発展史観　2, 5

パリ貨 *solidus, libra Parisiensis*　　77, 78, 96, 114, 116, 131, 132, 171
パリ条約 Paris　　22
バンリュウ banlieue　　44, 130, 131, 150, 151
ブーヴィーヌの戦い bataille de Bouvines　　18, 22, 44, 114, 164, 173, 174, 176
複合王政 composite monarchy　　7
複合国家 composite state　　7, 8, 137, 176
不動産復帰権 *excadentia*　　129
フランス王権 royauté française　　1, 2, 3, 5, 8, 9, 11, 17, 20, 22, 23, 61-64, 71, 76, 86, 90, 105, 114, 116, 140, 143, 145, 169, 170, 173, 174, 176, 177
ブルゲンセス *burgenses*　　153
プロソポグラフィ prosopographie　　4
紛争と紛争解決研究　　5, 6
封建制 féodalité　　6, 10, 89, 90
ベレーム家 Bellême　　17, 18, 93, 106, 109, 115, 171
宝物漂着物取得権 *scatus*　　131, 133-136, 172, 175
ポンティウ貨 *solidus, libra Pontivensis*　　68, 96, 111-114, 116, 123, 151, 171
ポンティウとモントルイユの伯 *comes Pontivi et Monsteroli*　　43, 47, 50, 61, 169
ポンティウの共通の単位 *mensura publica Pontivi*　　102, 103, 115, 171
ポンティウ伯文書（集）recueil des actes des comtes de Ponthieu　　13, 14, 16, 18, 21, 25-34, 36, 37, 42, 50, 53, 55, 56, 59, 62, 64, 67, 70, 81, 84, 91, 105, 119, 124, 133, 169
ボンヌ・ヴィル bonne ville　　22

ま行

水 eau　　26, 79, 82, 105, 107-110, 129, 171
メール maire　　12, 151, 152
文書局 chancellerie　　11, 25, 28, 29, 36, 49, 50-56, 59-61, 169, 170, 175
文書局作成文書　　49-52, 54, 60, 169
文書形式学 diplomatique　　14, 28, 36, 169

や・ら行

4種の援税 aides　　112, 171
ラント rente　　77, 93, 96, 99-102, 104, 114, 116, 129, 156, 171, 175
留保された裁判権 justice retenue　　117, 118, 120, 133-136, 171
領主的諸権利　　26, 62, 84, 87, 91-93, 96, 99, 106, 171, 173
領邦君主 prince　　2, 8, 10, 28, 29, 52, 87, 89, 90, 116, 159, 166, 173, 176, 177
ルーアン法 Rouen　　153, 159

令状 mandement　　31, 47, 52, 169
レガリア *regalia*　　90, 105, 111
礫岩国家 conglomerate state　　7, 8, 137, 176
両替 change　　111, 171

欧文
Datum per manum N 書式　　52, 54, 59, 60, 170

著者紹介

大浜 聖香子（おおはま　みかこ）

1983 年　沖縄県沖縄市生まれ
2006 年　熊本大学 文学部 歴史学科 卒業
2016 年　九州大学大学院 人文科学府 歴史空間論専攻 博士後期課程
　　　　 単位修得後退学
2017 年　博士（文学）取得
現在　九州大学人文科学研究院西洋史講座助教

主要業績

「中世盛期北フランスにおける中規模領邦の展開（12 世紀後期-13 世紀初期）―ポンテュー伯の側近たちをめぐって―」（九州西洋史学会『西洋史学論集』第 46 号，2008 年，39-57 頁）
「12-13 世紀における北フランス中規模領邦とコミューン―ポンティウ伯領を素材に―」（日本西洋史学会『西洋史学』第 255 号，2014 年，22-40 頁）
「12-13 世紀におけるポンティウ伯の文書と文書局」（九州西洋史学会『西洋史学論集』第 53 号，2016 年，1-22 頁）

九州大学人文学叢書 15
12-13 世紀におけるポンティウ伯の中規模領邦統治

2019 年 3 月 31 日　初版発行

著　者　大　浜　聖香子
発行者　笹　栗　俊　之
発行所　一般財団法人　九州大学出版会
　　　　〒 814-0001　福岡市早良区百道浜 3-8-34
　　　　九州大学産学官連携イノベーションプラザ 305
　　　　電話　092-833-9150
　　　　URL　https://kup.or.jp/

印刷・製本／大同印刷㈱

Ⓒ Mikako Ohama　2019
Printed in Japan　ISBN978-4-7985-0255-7

「九州大学人文学叢書」刊行にあたって

九州大学大学院人文科学研究院は，人文学の研究教育拠点としての役割を踏まえ，一層の研究促進と研究成果の社会還元を図るため，出版助成制度を設け，「九州大学人文学叢書」として研究成果の公刊に努めていく。

1　王昭君から文成公主へ――中国古代の国際結婚――
　　藤野月子（九州大学大学院人文科学研究院・専門研究員）

2　水の女――トポスへの船路――
　　小黒康正（九州大学大学院人文科学研究院・教授）

3　小林方言とトルコ語のプロソディー――一型アクセント言語の共通点――
　　佐藤久美子（長崎外国語大学外国語学部・講師）

4　背表紙キャサリン・アーンショー――イギリス小説における自己と外部――
　　鵜飼信光（九州大学大学院人文科学研究院・准教授）

5　朝鮮中近世の公文書と国家――変革期の任命文書をめぐって――
　　川西裕也（日本学術振興会特別研究員PD）〈第4回三島海雲学術賞受賞〉

6　始めから考える――ハイデッガーとニーチェ――
　　菊地惠善（九州大学大学院人文科学研究院・教授）

7　日本の出版物流通システム――取次と書店の関係から読み解く――
　　秦洋二（流通科学大学商学部・准教授）〈第7回地理空間学会賞学術賞受賞〉

8　御津の浜松一言抄――『浜松中納言物語』を最終巻から読み解く――
　　辛島正雄（九州大学大学院人文科学研究院・教授）

9　南宋の文人と出版文化――王十朋と陸游をめぐって――
　　甲斐雄一（日本学術振興会特別研究員PD）

10　戦争と平和，そして革命の時代のインタナショナル
　　山内昭人（九州大学大学院人文科学研究院・教授）

11　On Weak-Phases: An Extension of Feature-Inheritance
　　大塚知昇（九州共立大学共通教育センター・講師）

12　A Grammar of Irabu: A Southern Ryukyuan Language
　　下地理則（九州大学大学院人文科学研究院・准教授）

13　石器の生産・消費からみた弥生社会
　　森貴教（新潟大学研究推進機構超域学術院・特任助教）

14　日本の近代美術とドイツ――『スバル』『白樺』『月映』をめぐって――
　　野村優子（愛媛大学法文学部・講師）

15　12-13世紀におけるポンティウ伯の中規模領邦統治
　　大浜聖香子（九州大学大学院人文科学研究院・助教）

（著者の所属等は刊行時のもの，以下続刊）

九州大学大学院人文科学研究院